主　编

曹守晔　侯国跃

副主编

谢　鹏　丁　磊

中国法院类案检索与裁判规则专项研究

民法典
不可抗力与情势变更
裁判规则

曹守晔　侯国跃 / 主编

中国法制出版社
CHINA LEGAL PUBLISHING HOUSE

序　言

《民法典》合同编在继承《民法通则》和《民法总则》所设立的不可抗力制度的同时，吸收民意，凝聚共识，在总结司法实践经验的基础上，吸收《合同法司法解释（二）》第26条，把民事司法实践的智慧上升为《民法典》第533条新增情势变更制度，填补了原《合同法》的漏洞，完善了合同履行和保全制度，为人民法院审理或仲裁机构仲裁合同纠纷案件提供了更为充分的法律依据。2020年5月《民法典》编纂完成问世，自2021年1月1日起实施。以"民法典第533条""情势变更"为关键词，在Alpha案例库检索出2021年1月1日—2023年6月12日民事裁判文书数量362件。从民事案由分类情况看，当前最主要的案由是合同、准合同纠纷，有342件，占97.47%。从一审裁判结果看，法院全部/部分支持的有154件，占比为80.63%；全部驳回的有28件，占比为14.66%；从二审裁判结果看，维持原判的有145件，占比为86.31%；改判的有20件，占比为11.90%。引用《民法典》第533条情势变更的计147次，并引用《合同法》第117条不可抗力的计79次，引用《合同法司法解释（二）》计37次，引用《民法典》第6条公平原则的计36次。在362件中，最高人民法院先后于2021年3月1日和2022年3月7日作出裁决的2件：最高人民法院（2020）最高法民终629号二审民事判决书、（2021）最高法民申7192号合同纠纷民事申请再审审查民事裁定书；河南省、重庆市、山西省、安徽省高级人民法院各1件；6件中河南省、山西省、安徽省高院支持情势变更规则的适用，最高人民法院的2件和重庆市高级人民法院的3件未支持情势变更规则的适用。以"不可抗力"为关键词，在Alpha案例库检索出2021年1月1日—2023年6月12日民事裁判文书数量230388件，其中由最高人民法院作出的民事裁判文书数量190件。

司法实践中，人民法院对当事人以众所周知的理由、原因或者合同的基础条件发生的重大变化为由请求解除合同或者免除违约责任的合同纠纷，并能够证明存在《民法典》规定的不可抗力事件或者情势变更情况的，准确查明构成理由、原因或重大变化所处时空阶段和范围、理由、原因或重大变化与合同违约或者履行不能的因果关系和原因力大小，根据案件中的影响因素及其对个案的实际影响，在具体的合同法律关系中加以判断：是否构成不可抗力事件，构成的是适用不可抗力免责规则还是不可抗力解除合同规则；是否构成情势变更事件，构成的是变更合同还是解除合同，根据当事人的诉讼请求和《民法典》规定的公平原则、诚信原则，妥善处置纠纷。司法实践具体掌握的原则如下：

一是遵循合同严守、鼓励交易原则。依法成立的合同，受法律保护，双方应当按照合同约定全面履行各自的义务。情势变更规则是《民法典》合同编通则第四章规定的合同履行规则中的一项例外规则。根据《民法典》第509条的规定，信守合同全面履行是合同当事人应当遵循的基本原则，第533条设立的情势变更规则是例外："合同成立后，合同的基础条件发生了当事人在订立合同时无法预见的、不属于商业风险的重大变化，继续履行合同对于当事人一方明显不公平的，受不利影响的当事人可以与对方重新协商；在合理期限内协商不成的，当事人可以请求人民法院或者仲裁机构变更或者解除合同。人民法院或者仲裁机构应当结合案件的实际情况，根据公平原则变更或者解除合同。"正常情况下，当事人签订合同，形成合意，就应当秉持诚实，恪守承诺，积极全面地履行合同。但在合同的基础条件发生了当事人在订立合同时无法预见的、不属于商业风险的重大变化，符合情势变更的条件的特殊情况下，应当允许根据公平原则灵活变通。其中"继续履行合同对于当事人一方明显不公平"，是情势变更制度得以成立的首要条件，"继续履行合同"与"明显不公平"具有因果关系，同时也表明合同尚能履行而不是不能履行，导致合同不能履行的，适用不可抗力规则而不是情势变更规则。鉴于其中并没有"合同成立后因不可抗力致使继续履行合同对于当事人一方明显不公平的"表述，在《民法典》明确将情势变更作为一种独立事由、一种独立制度、一种独立规则加以明文规定以后，以立法事实区别了不可抗力事由、制度、规则，此时不再面临《合同法》立法和《合同法司法解释（二）》制定时将二者混为一谈、不加区分的乱象和不可抗力包含情势变更的错误认识问题，因而也就不需要在《民法典》第533条法条中再明文排除不可抗力，显然这是立法者惜墨如金智慧的体现。对于各自有其适用范围的正当防卫、紧急避险、见义勇为、自力救助等制度，《民法典》第533条也都没有明文排除，它们也都很难隔山打牛构成情势变更的原因，显然也不需要在第533条中规定。那种把不可抗力解释为情势变更的原因，情势变更为不可抗力的结果之一的观点虽然具有教义学意义，但是毫无法律依据。

《国际商事合同通则》（PICC）、《欧洲合同法原则》（PECL）和《欧洲示范民法典草案》（DCFR）在确立情势变更制度时也有"合同的均衡性被重大情势变化根本改变"这一条件。《民法典》第533条规定的情势变更规则适用的前提为，虽然合同的均衡性因情势重大变化被根本改变，但合同事实上是能够履行的，只是继续履行会对当事人一方明显不公平。换言之，《民法典》第533条不包括合同成立后情势发生重大变化致使债务人不能履行合同的情形——区别于不可抗力（适用《民法典》第180条第2款、第563条第1款、第590条等）。司法审判和仲裁积极鼓励当事人继续履行合同，严格审查合同解除、变更条件及违约责任免除条件，慎用不可抗力[①]或情势变更规则，防止

---

① 比如，与疫情关系密切的不可抗力，可以分为国际贸易合同中常见的明示条文和默示条文，以及约定的适用法。默示条文如中国合同法第117-118条。普通法中，默示条文没有不可抗力的说法，而是只有合同受阻理论：因发生了令合同无法履行的完全是外来的事件而直接将合同"杀死"，无需双方再履行，不存在延期履行问题，而不可抗力存在延期履行问题；在合同需要严格履行的普通法契约精神下，合同的受阻很难成立；履行合同是合同方的严格责任，任何一方都不可轻易脱身，所以对不可抗力（效果是可延迟履行，甚至严重延误的情况下解除合同）的解释是非常严格的。约定适用中国法的，不可抗力与情势变更的默示法律地位就可以适用。参见杨良宜：《再谈不可抗力》，载《中国远洋海运》2020年第3期，第72-73页。

违约方滥用权利、动辄以不可抗力或情势变更为名损害守约方利益。对于能够继续履行的合同，积极促成当事人继续履行；对于确有原因所构成的不可抗力事件影响，合同不能按约履行的，引导当事人协商变更合同，采取替代履行或者迟延履行等方式，维持交易的稳定性；合同的基础条件发生了《民法典》第533第1款规定的重大变化，当事人请求变更合同的，人民法院不得解除合同，当事人请求解除合同的，人民法院可以根据案件具体情况判决变更或者解除合同。

二是遵循公平公正、平等保护原则。全面贯彻新发展理念，全面实施《民法典》，深刻领悟《民法典》的精神实质和微言大义，秉持系统思维、大局思维、融会贯通、准确理解，依法认定和正确适用不可抗力规则、情势变更规则，排除非法干涉，不受偏见误导，不受杂音影响，以事实为根据，以法律为准绳，追求社会主义核心价值，把握利益平衡，公平处理合同履行、合同解除、变更及违约责任免除等问题，平等保护各方当事人的合法权益，充分发挥司法、仲裁调解作用。合同成立后，因国家政策调整或者市场供求关系异常变动导致价格发生常人无法合理预见的涨跌，继续履行合同对于一方当事人明显不公平的，即可认定合同基础发生了《民法典》第533条第1款规定的重大变化，但是合同涉及市场属性活泼、长期以来价格波动较大的大宗商品以及股票、期货等风险投资型金融产品的除外。

三是遵循合同正义、合同自由原则。是否构成不可抗力、是否构成情势变更因案而定，不搞"一刀切"，具体案件具体分析，审时度势，因势利导，因案施法。既防止滥用，又避免该用不用。具体原因在不同时空、不同地区差别很大，凡不影响合同履行当事人能够履行的，应当继续履行，一方当事人以不可抗力或者情势变更请求解除合同，不予支持，具体原因虽然对合同履行有影响但并未导致合同目的无法实现，当事人请求解除合同的，不予支持；具体原因仅导致合同履行困难而非不能履行，但使得合同的基础条件发生了当事人在订立合同时无法预见的、不属于商业风险的重大变化，继续履行合同对当事人一方明显不公平的，受不利影响的当事人可与对方重新协商,在合理期限内协商不成的,当事人根据《民法典》第533条请求变更或者解除合同的,直接适用情势变更规则予以支持;也有个别法官受误导绕道即先认定不可抗力,然后类推适用情势变更,如此探索勇气可嘉,但是徒增原告的举证负担,而且毫无法律依据;当事人以自然措施为由主张免除违约责任,但不能够提供证据证明自然措施对其合同履行造成影响,当事人未履行或未全面履行合同的,依法承担违约责任;当事人未履行合同或迟延履行,以自然措施为不可抗力为由而主张免责,承担举证责任,能够举证证明的,人民法院、仲裁机构根据自然措施发生时间、持续期间、严重程度、地域范围、防控措施类型等因素综合考量对合同履行的影响,准确把握自然措施与合同不能履行或迟延履行之间的因果关系和原因力大小,依照《民法典》第180条和第590条之规定,符合"四个不能"(不能预见、不能避免、不能克服、不能履行)且自然措施与其不能履行之间具有因果关系的,认定构成不可抗力,根据个案中不可抗力对合同的影响大小,全部或者部分免责;符合"三个不能"(不能预见、不能避免、不能克服),暂时不能履行但推迟时间能够履行的,支持变更合同履行时间继续履行,免于承担迟延履行的违约责任。合同自由不是绝对的。不承认当事人排除适用情势变更制度的"自由"。凡当事人事前约定排除《民法典》第533条适用的,人民法院应当认定此类约定无效。

四是遵循合同诚信、法治统一的原则。以《民法典》等案涉法律为准绳,发挥司法解释、司法政策和典型案例对于正确适用法律、统一裁判规则、统一裁判效果的指导作用。当事人在订立合同时对于合同履行期间的自然措施已经预见,合同约定因自然措施造成违约,违约责任不因自然措施而免除,合同可以履行,事后违约方请求确认该条款无效的,不予支持;实际导致合同不能履行的自然措施不同于预见的情形,符合"四个不能"条件的,认定自然措施属于不可抗力,当事人约定排除不可抗力免责的条款无效;当事人在疫情期间订立合同或者因国家调控政策(如教育培训整改等)而针对先前的合同已经作了调整,对于履行期间或自然措施能够预见,并已约定相应的克服、避免方案，或者能够采取克服、避免措施，或者已经采取克服、避免、调整措施的，个案当中自然措施不构成不可抗力，当事人事中事后的约定，有利于合同履行和交易完成的，符合诚信原则，合法有效。最高人民法院2020年5月13日发布的人民法院大力弘扬社会主义核心价值观十大典型民事案例之案例七，开发商"自发举报"无证卖房毁约案，①其核心价值就是诚信原则。

五是遵循辨证施治、对症下药的原则。以案件事实为根据，以案件证据为根据，因自然措施导致买卖合同出卖人部分不能履行，符合不能预见、不能避免且不能克服的，可以认定构成部分不可抗力，部分不能履行的部分免除责任，其余部分能够履行的继续履行；因自然措施导致合同暂时不能履行，不能按照约定的期限、方式交货，当事人请求变更履行期限、履行方式，凡变更履行期限、履行方式不能实现合同目的的，合同终止，应当依照《民法典》第563条的规定予以解除；凡变更履行期限、履行方式能够履行，可以实现合同目的，磋商不成的，或者因自然措施导致人工、原材料、物流等履约成本显著增加，或者导致产品价格大幅波动，或者导致按约履行困难，继续履行合同对一方当事人明显不公平，受不利影响的当事人请求调整价款，磋商不成的，应当依照《民法典》第533条关于情势变更的条件审查确定，符合适用该条规则的予以变更或者解除。

六是遵循依法裁决、独立审判的原则。所谓依法裁决，是指以法律为准绳，遵循法律规则；所谓独立审判，是指"让审理者裁判"不受干预不受干扰，包括不受个别学者对法律规则于法无据的误读曲解的干扰。不可抗力不仅仅是一种事实、事件、客观情况，在《民法典》中也是一种法律规则，如总则编第180条第2款规定的不可抗力客观情况一旦发生，则适用第1款不承担责任的规定。不可抗力规则不应该恣意随性使用，不宜移花接木、隔

---

① 人民法院大力弘扬社会主义核心价值观十大典型民事案例，载中华人民共和国最高人民法院网，https://www.court.gov.cn/zixun-xiangqing-229041.html，访问日期：2023年4月6日。

山打牛，其适用应当于法有据。《民法典》总则编第180条、第194条分别规定的可发生不承担民事责任、诉讼时效中止法律效果以及合同编第563条明确规定的合同法定解除、第590条明确规定的违约责任免除等法律效果的不可抗力规则，按照文义解释方法，因果关系文字表述鲜明准确，法律依据充分，侵权责任编适用不可抗力规则亦然，《民法典》以外的特别法（如铁路法、电力法等）同样如此，因果关系法定。而《民法典》第533条规定情势变更的条文根本没有"因不可抗力……"这类因果关系的表述。因此，应当尽量避免无视文义，牵强附会，把与不可抗力没有因果关系的情势变更规则混入具有法定因果关系的不可抗力规则之中的错误。

对于自然措施，能否一律适用《民法典》规定的不可抗力规则？① 具体案件中涉及自然措施，是一律认定为不可抗力，还是根据其对案件的实际影响因案依法而定？构成不可抗力的，不可抗力规则与情势变更规则，是选择其一适用，还是合二为一类推适用情势变更规则？是疫情期间所有的案件都适用，还是根据其对案件的影响程度达到"不能履行"和因果关系因案而异？

最高人民法院于2020年4月16日和2020年5月15日印发的《涉新冠疫情民事案件指导意见（一）》《涉新冠疫情民事案件指导意见（二）》没有"一刀切"地定性为不可抗力，而是总体上将自然措施作为情势变更事由进行了规定，是直接适用而不是类推适用，根据其影响程度和因果关系因案而定适用规则。地方各级法院也没有满足于机械运用"不可抗力"一刀切的结论，而是在司法实践中实事求是进行了积极的探索。本书收集的案例就是这种积

---

① 全国人大常委会法制工作委员会发言人就企业因疫情不能正常履行合同，有无针对性规定，答复："当前我国发生了新型冠状病毒感染肺炎疫情（2022年12月26日，国家卫生健康委将新型冠状病毒肺炎更名为新型冠状病毒感染）这一突发公共卫生事件，为了保护公众健康，政府也采取了相应疫情防控措施。对于因此不能履行合同的当事人来说，属于不能预见、不能避免并不能克服的不可抗力。"载中国人大网，http://www.npc.gov.cn/npc/c30834/202002/b9a56ce780f44c3b9f6da28a4373d6c3.shtml，访问日期：2023年8月8日。不少人完全忽视了发言人所称"因此不能履行合同"的后果要件。在此情况下，先入为主地将具体案件中所涉新冠疫情相关情形一律认定为不可抗力的不乏其人。

极探索的缩影。事实上，回答这些问题、解决这些问题，应当以影响程度和后果这些事实为根据，应当以法律为准绳。不应该忽视新闻发言人关于如何认定不可抗力的完整表述而使简单结论成为机械执法的依据。

不宜泛化情势变更事件，认为情势变更"包括不可抗力"，错误表述："不可抗力发生，没有导致合同不能履行"。不可抗力发生的后果是合同不能履行而不应该是能够履行。换言之，不可抗力的合同免责，以不可抗力发生的事实与合同不能履行之间的因果关系为前提；有人一方面认为不可抗力与情势变更之间是因果关系；另一方面又不认同不可抗力与情势变更既有联系也有区别这一共识，①形式上其自相矛盾显而易见，实质上于法无据。

合同领域不可抗力与情势变更既有联系也有区别。共同联系之处在于：客观上均非商业风险，均出现在合同订立以后至按期履行完毕以前，主观上都不可归责于当事人，均能产生合同解除的法律后果，均可协商变更合同，而不在于不可抗力与情势变之间所谓的因果关系。不可抗力与情势变更是不同的制度，整部《民法典》不存在不可抗力构成情势变更原因的法律条文，因而原告一方当事人在二者之间无从自由选择，因为适用不可抗力规则具有法定性，无论是合同责任还是侵权责任，均是如此。凡是以不可抗力为原因为大前提的，《民法典》均有法律条文明确表达。主要区别在于：一是居于不同的法律体系地位。不可抗力制度居于《民法典》总则编，并且在合同编、侵权责任编以及特别法设立了具体的规则，情势变更制度只是居于合同编合同履行一章的例外。二是不同的制度价值。不可抗力可构成民事责任法定免责事由、法定解除合同事由，情势变更只可构成当事人再磋商、请求变更或者请求解除合同的事由。三是不同的适用范围。不可抗力规则适用于几乎全

---

① 参见黄薇主编：《中华人民共和国民法典合同编释义》，法律出版社2020年7月第一版，第162-163页；中国审判理论研究会民事审判理论专业委员会编著：《民法典总则编条文理解与司法适用》，法律出版社2020年7月第一版，第322-323页，《民法典合同编条文理解与司法适用》，第125-129页；最高人民法院民法典贯彻实施工作领导小组主编：《中华人民共和国民法典合同编理解与适用》，人民法院出版社2020年7月第一版，第481页；最高人民法院政治部编：《民法典重点问题解读》，人民法院出版社2021年2月第一版，第454-455页。

部民事责任领域，而情势变更规则限于合同履行领域的特殊情况。四是不同的适用条件。在合同领域不可抗力往往适用于不能履行的合同，实行严格的法定原因主义，而情势变更则往往适用于合同本身并没有达到不能履行的程度，合同尚可履行，只是履行结果会导致对于一方明显不公，双方利益重大失衡。五是不同的权利性质。因不可抗力而请求合同免责、合同解除的权利是形成权，可以通知对方的形式行使，因情势变更而请求与对方磋商或者请求司法、仲裁变更或者解除合同的权利是请求权，不属于形成权，至多是形成诉权。六是不同的法律效果。适用不可抗力规则可依法全部免责或者部分免责，不必然变更合同；部分不能履行的其他部分继续履行，现时不能履行的延期后续可履行而不承担违约责任，致使合同目的不能实现的可以解除合同；具有中止诉讼时效的效力。而适用情势变更不直接免责，程序上产生再交涉义务，当事人可协商变更或者解除，变更或者解除以前合同权利义务不变；协商不成的，当事人有权请求裁决变更或者解除合同①；不具有中止诉讼时效的效力。七是不同的请求权基础。当事人主张适用情势变更规则请求变更或者解除合同的请求权基础是《民法典》第533条，当事人主张适用不可抗力规则的请求权基础是《民法典》规定的不可抗力规则条款。不可抗力规则

---

① 《合同法司法解释（二）》第26条规定："合同成立以后客观情况发生了当事人在订立合同时无法预见的、非不可抗力造成的不属于商业风险的重大变化，继续履行合同对于一方当事人明显不公平或者不能实现合同目的，当事人请求人民法院变更或者解除合同的，人民法院应当根据公平原则，并结合案件的实际情况确定是否变更或者解除。"2009年最高人民法院同时发布的关于正确适用该解释的配套通知规定了合同双方的磋商义务。针对合同立法中因为对法官自由裁量权的疑虑和学者关于不可抗力包含情势变更的意见而未规定情势变更，司法解释试图厘清不可抗力、商业风险与情势变更的关系。参见最高人民法院研究室编著：《关于合同法司法解释（二）理解与适用》，人民法院出版社2009年版，第202页。崔建远教授认为最高法院有意识地区分不可抗力规则和情势变更原则，"不适当地缩小了情势变更原则的适用范围"。转引自李昊主编：《不可抗力与情势变更》，北京大学出版社2021年9月第1版，第31页。崔教授说有意识区分是对的，说"不适当地缩小"恐怕是缺乏体系解释的误读曲解了。结合该解释的配套通知可以看出，恰恰相反，不是不适当地缩小，而是适当界定、慎重适用。尹飞教授对不可抗力与情势变更作了认真比较，认为二者都是合同法律中的重要制度，但是两个不同的制度，主要区别体现在制度功能、适用情形、解除效果、法律效果、主张方式五个方面，参见王利明主编、朱虎副主编：《中国民法典释评合同编通则》，中国人民大学出版社2020年8月第1版，第349页。

在《民法典》总则编共有两条，其一，第180条将其作为免除民事责任的原因作了规定："因不可抗力不能履行民事义务的，不承担民事责任。法律另有规定的，依照其规定。不可抗力是指不能预见、不能避免且不能克服的客观情况。"显然，这是个因果关系十分清晰的完全法条，大前提是不可抗力客观情况发生，小前提是不能履行民事义务，结论是不承担民事责任；其二是总则编第194条将不可抗力作为诉讼时效中止的原因作了规定："在诉讼时效期间的最后六个月内，因下列障碍，不能行使请求权的，诉讼时效中止：（一）不可抗力；……"这里的因果关系也十分清晰。《民法典》分编第563条、第590条、第832条、第1239条、第1240条等，因果关系表述鲜明清楚。

适用《民法典》第533条情势变更有赖于当事人举证，第533条并没有把司法解释中的"非不可抗力"改为"因不可抗力"，没有明文将"因不可抗力……"作为适用的原因加以规定，说明其不是原因。当事人以《民法典》第533条为请求权基础的，为消除不公平起见，人民法院或者仲裁裁决机构还可以参照《民法典》第1186条公平原则处理。

按照《最高人民法院关于统一法律适用加强类案检索的指导意见（试行）》要求，办案法官应当做好类案检索和分析，有指导性案例的应当参照指导性案例裁判，其他典型案例可以作为裁判的参考。本书的目的不在于提供标准答案，而在于结合立法本意从案例出发、从实际出发总结经验，挖掘实践一线司法人员的智慧，发现存在的优秀案例，提炼裁判规则，为初入道者提供指导案例参考规则——通往司法公正的捷径，为已入道者强化民法思维、请求权思维提供事半功倍的方法，以引导或指导审判实践、仲裁实践，服务于法律适用的统一。

《民法典》合同编第533条继《合同法司法解释》之后从立法上结束了学者所谓不可抗力包含情势变更的历史，从而情势变更与不可抗力成为《民法典》规定的两项各自独立互不隶属的制度，不可抗力事件是不可抗力规则适用的法定原因，不是情势变更规则适用的原因，情势变更规则也不是不可抗力规则的附属规则。鉴于情势变更是《民法典》正式以立法形式确立的新的民事法律制度，理论界和实务界尚有不同理解和认识，为切实实施《民法典》，统一法律适用，为便于读者在了解司法案例实际的情况下，全面、系统、完整、准确理解和正确适用"合同编"第533条，自2020年5月《民法典》颁布之后，我们即策划编写本书，梳理不可抗力与情势变更裁判规则，以便于实务一线读者参考借鉴既往案例规则，提高办案效率和质量，努力实现让人民群众感受到司法公正的目标。

时值癸卯仲夏，大疫已去，案件犹存。本书历经四个春秋，虽然各位作者认真撰写、反复修改，但囿于水平，限于见识，本书中如有不准确、不正确甚至舛误错讹之处，诚挚期望广大读者批评指正。

曹守晔

凡　例

为行文方便，本书对相关法律法规和司法解释等规范性法律文件的名称做了缩略。

一、法律法规

1.《中华人民共和国民法典》（自2021年1月1日起施行），简称《民法典》

2.《中华人民共和国民法总则》（自2017年10月1日起施行，自2021年1月1日起废止），简称《民法总则》

3.《中华人民共和国民法通则》（自1987年1月1日起施行，2009年8月27日修正，自2021年1月1日起废止），简称《民法通则》

4.《中华人民共和国合同法》（自1999年10月1日起施行，自2021年1月1日起废止），简称《合同法》

5.《中华人民共和国商标法》（自1983年3月1日起施行，1993年2月22日第一次修正，2001年10月27日第二次修正，2013年8月30日第三次修正，2019年4月23日第四次修正），简称《商标法》

6.《中华人民共和国劳动合同法》（自2008年1月1日起施行，2012年12月28日修正），简称《劳动合同法》

7.《中华人民共和国消费者权益保护法》（自2014年3月15日起施行），简称《消费者权益保护法》

8.《中华人民共和国产品质量法》(自1993年9月1日起施行,2018年12月29日修正),简称《产品质量法》

9.《中华人民共和国海商法》(自1993年7月1日起施行),简称《海商法》

二、司法解释及司法文件

1.《最高人民法院关于适用〈中华人民共和国合同法〉若干问题的解释(一)》(法释〔1999〕19号,1999年12月19日发布,自1999年12月29日起施行,自2021年1月1日被废止),简称《合同法司法解释(一)》

2.《最高人民法院关于适用〈中华人民共和国合同法〉若干问题的解释(二)》(法释〔2009〕5号,2009年4月24日发布,自2009年5月13日起施行,自2021年1月1日被废止),简称《合同法司法解释(二)》

三、其他文件

1.《国务院办公厅关于金融支持经济结构调整和转型升级的指导意见》(国办发〔2013〕67号,2013年7月1日发布,自2013年7月1日起施行),简称《关于金融支持经济结构调整和转型升级的指导意见》

2.《国有土地上房屋征收与补偿条例》(国务院令第590号,2011年1月21日发布,自2011年1月21日起施行)

目录

上篇　不可抗力裁判规则

专题一　不可抗力的认定 003

不可抗力裁判规则第1条：不可抗力的构成要件之一"不能预见"的认定标准，包括不能预见客观情况的发生和影响范围、影响程度等因素 004

不可抗力裁判规则第2条：战争、动乱等社会现象具有不可预见的偶然性和不可控制的客观性，可以构成不可抗力 017

不可抗力裁判规则第3条：极端天气等若成为导致合同不能履行的主要原因，可以构成不可抗力 030

不可抗力裁判规则第4条：国家政策调整在协议签订时就在进行中，对协议履行而言不属于不可抗力情形；国家颁布新政策导致合同不能履行，则属于不可抗力 038

不可抗力裁判规则第5条：法院强制执行行为不构成不可抗力 048

专题二　当事人约定不可抗力的适用 063

不可抗力裁判规则第6条：约定的不可抗力范围大于法定范围时，超出部分视为约定免责 064

不可抗力裁判规则第 7 条：当事人将不可抗力排除在免责事由之外的约定无效·················077

不可抗力裁判规则第 8 条：不可抗力的免责范围仅限于违约责任，不免除当事人必要的附随义务和后合同义务·················086

不可抗力裁判规则第 9 条：法律法规或政策出台满足不能预见、不能避免、不能克服要件，且致使合同目的不能实现的，当事人可以据此行使解除权解除合同·················100

不可抗力裁判规则第 10 条：金钱债务一般不发生履行不能，一般不适用不可抗力免责·················117

不可抗力裁判规则第 11 条：不可抗力导致租赁物毁损、灭失的，损失由出租人承担，承租人可以要求减少或者不支付租金，甚至解除合同·················129

不可抗力裁判规则第 12 条：承运人对因不可抗力造成的货物损失不承担责任·················140

下篇　情势变更裁判规则

专题一　情势变更的认定·················157

情势变更裁判规则第 1 条：情势变更规则中的"重大变化"是指发生严重影响合同履行致使显失公平的情况·················158

情势变更裁判规则第 2 条：在国家政策调整过程中签订相关协议，政策变化不构成情势变更·················174

情势变更裁判规则第 3 条：当事人不得以其迟延履行期间国家政策变化为由主张适用情势变更规则·················189

情势变更裁判规则第 4 条：情势变更是当事人缔约时无法预估到的非常态风险，而非正常的商业风险·················203

情势变更裁判规则第5条：当事人在合同中作出明确约定的风险或者变故具有可预见性，不构成情势变更·······················220

　　情势变更裁判规则第6条：客观情况发生变化后双方当事人已经就此达成补充协议的，不适用情势变更规则·······················234

　　情势变更裁判规则第7条：合同履行障碍事实的发生可归责于当事人的，该方当事人不得主张适用情势变更规则·······················245

　　情势变更裁判规则第8条：因第三人原因导致合同无法履行的，不构成情势变更·······················256

专题二　情势变更的适用·······················271

　　情势变更裁判规则第9条：无效合同不适用情势变更规则·······················272

　　情势变更裁判规则第10条：情势变更规则的适用应由当事人提出请求·······················286

　　情势变更裁判规则第11条：情势变更规则主要适用于合同法领域，还扩张适用于其他法律领域·······················299

专题三　情势变更中止履行的法律责任·······················313

　　情势变更裁判规则第12条：情势变更事由成立，受不利影响的当事人及时请求再协商，双方尚未就变更或者解除合同达成一致，一方中止履行合同的，适当承担违约责任·······················314

编写后记·······················327

上篇　不可抗力裁判规则

专题一 不可抗力的认定

不可抗力裁判规则第1条：

不可抗力的构成要件之一"不能预见"的认定标准，包括不能预见客观情况的发生和影响范围、影响程度等因素

〔规则描述〕不可抗力指不能预见、不能避免且不能克服的客观情况。不能预见通常是指依据现有技术水平和一般人的认知而不可能事先预知。对于不可抗力而言，不能预见的范围包括客观情况的发生和影响范围、影响程度等因素。例如，对于台风而言，根据现有技术手段，人类可能在一定程度上提前预知，但是无法准确、及时预见其发生的确切时间、地点、持续时间、影响范围等。同时，属于不可抗力的事件可能会重复发生，如地震、洪涝，但先前已发生的类似偶发事件不会阻却之后类似事件发生的不可预见性，否则不能预见的条件就很难得到满足，不可抗力的制度价值可能落空。

一、类案检索大数据报告[①]

时间：2021年4月9日之前，案例来源：Alpha数据库，案件数量：193件，数据采集时间：2021年4月9日，检索关键词：不可抗力；预见；客观；影响范围；影响程度。经排除无关案例后，本次检索获取了2021年4月9日前共193份裁判文书。其中支持不可抗力的构成要件之一"不能预见"的认定标准包括不能预见客观情况的发生、影响范围和影响程度等因素的案件有193件，占比100%。从是否支持"不可抗力的构成要件之一'不能预见'的

[①] 本书中的类案检索大数据报告均来自Alpha网站，https://promote.alphalawyer.cn. Alpha数据库是一款法律检索系统。

认定标准包括不能预见客观情况的发生、影响范围和影响程度等因素"裁判思路的比例来看，检索到的所有判决或裁定均支持这一观点。检索整体情况如图1-1所示：

■ 支持不能预见的认定标准包括客观情况的发生、影响范围和影响程度等因素（占比100%）

图1-1　是否支持不能预见的认定标准包括客观情况的发生、影响范围和影响程度等因素

如图1-2所示，从案件年份分布情况可以看出当前条件下案例数量的变化趋势。

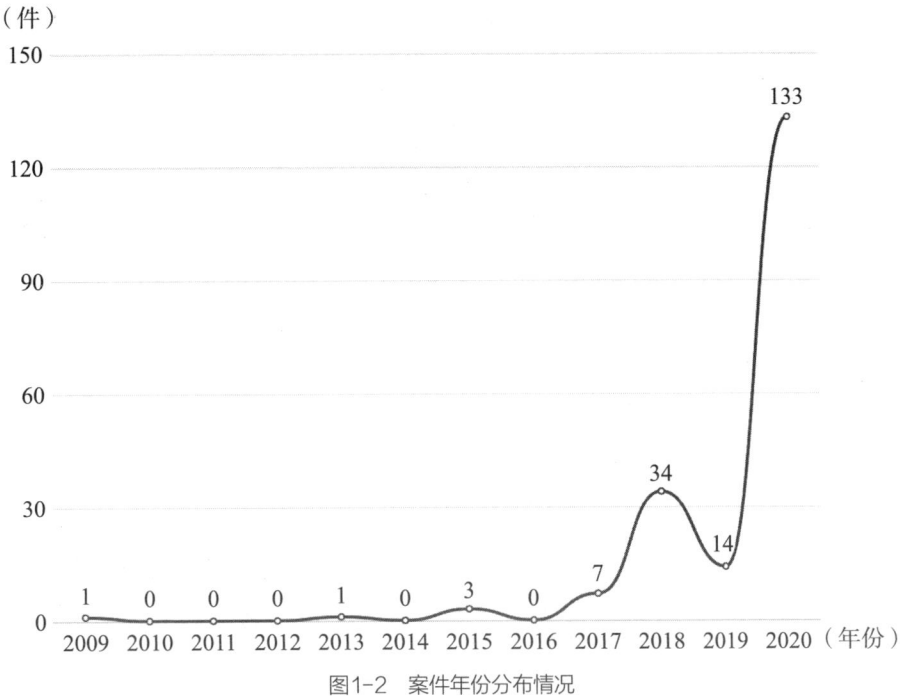

图1-2　案件年份分布情况

如图1-3所示,从案件地域分布情况来看,当前案例主要集中在安徽省、宁夏回族自治区、四川省、黑龙江省、湖南省,其中安徽省的案件量最多,达到83件。

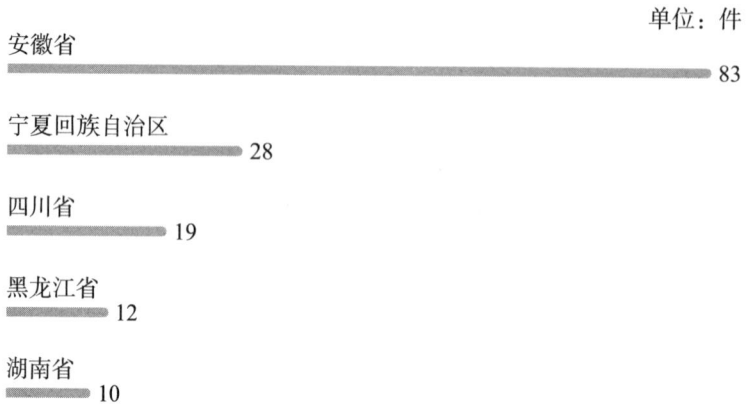

图1-3 案件主要地域分布情况

如图1-4所示,从案件案由分类情况可以看出,当前最主要的案由首先是合同、准合同纠纷,有185件,占绝大多数;此后依次是物权纠纷、侵权责任纠纷。

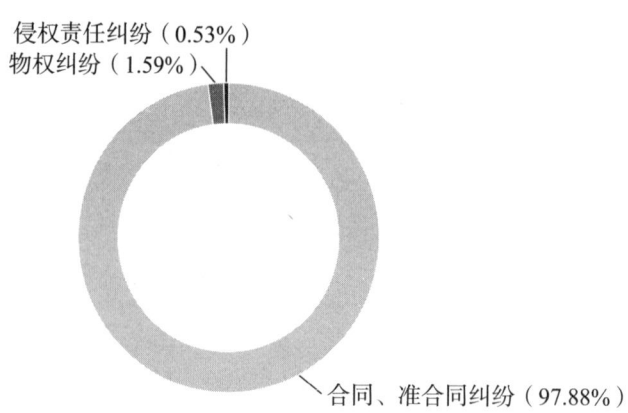

图1-4 案件案由分类情况

二、可供参考的例案

例案一 | 中国某财产保险股份有限公司泉州市分公司诉某集装箱码头有限公司港口货物保管合同纠纷案

【法院】

最高人民法院

【案号】

（2017）最高法民申3253号[①]

【当事人】

再审申请人（一审原告、二审上诉人）：中国某财产保险股份有限公司泉州市分公司

负责人：陈某某，经理

再审被申请人（一审被告、二审被上诉人）：某集装箱码头有限公司

法定代表人：林某某，总经理

【基本案情】

案外人A公司与被申请人某集装箱码头有限公司（以下简称某集装箱公司）协议约定将其经营的国内航线集装箱班轮及其代理内贸集装箱货物在海口港区的装卸、驳运、仓储作业由被申请人某集装箱公司承担等。

在台风"海鸥"发生前，海南省以及海口市新闻媒体对台风"海鸥"登陆时间和最大风力进行了预报。在台风登陆之前，某集装箱公司及时通知货主、船运公司提货以降低损失，同时召开防台会议、部署防台方案等措施，明确防台方案为重箱区域施行平铺，层高不能超过三层，并将堆场内的集装箱按重箱与空箱分类堆放绑扎。台风过境后，实际上，海口市潮水位高达4.37米，达到66年来最高潮位。某集装箱公司召开货物处理协调会，通知货物受损情况。

[①] 本书中的案例没有特别说明的，都来自中国裁判文书网。

事故发生后，申请人中国某财产保险股份有限公司泉州市分公司（以下简称泉州某公司）作为案外人A公司货物的保险人，经现场勘验及第三方公估，确定涉案货损的原因是由台风造成，申请人泉州某公司依据保险责任依约赔付案外人A公司，并取得案外人A公司出具的权益转让书。

【案件争点】

案涉"海鸥"台风是否构成不可抗力？

【裁判要旨】

再审法院认为：不可抗力是指不能预见、不能避免且不能克服的客观情况。通常依据现有技术水平和一般人的认知而不可能预知为不能预见。对于台风而言，根据现有技术手段，人类可能在一定程度上提前预知，但是无法准确、及时预见其发生的确切时间、地点、延续时间、影响范围等。预见的范围包括客观情况的发生和影响范围、影响程度，而该案中的损害结果正是由于未能准确预见的台风影响范围所造成的。虽然在台风"海鸥"发生前，海南省以及海口市新闻媒体对台风"海鸥"登陆时间和最大风力进行了预报，但是上述信息仅为一种预估，并非对将要发生的台风实际情况的准确反映，而且作为货物损失最直接的原因——海水倒灌并未在预报中有所体现。属于不可抗力造成的损害总有重复发生，如果先前已发生的类似偶发事件可以阻却之后发生事件的不可预见性，则不可预见的条件就很难得到满足，不可抗力的制度价值即可能落空。综上，原审判决认定该案台风的发生及其影响为当事人所不能预见，认定该案台风引起的海水倒灌实属不能避免，并无不当。

例案二 | 中国某财产保险股份有限公司珠海中心支公司与某集装箱码头有限公司港口货物保管合同纠纷案

【法院】

海南省高级人民法院

【案号】

（2017）琼民终142号

【当事人】

上诉人（一审原告）：中国某财产保险股份有限公司珠海中心支公司

负责人：温某某

被上诉人（一审被告）：某集装箱码头有限公司

法定代表人：林某某

【基本案情】

2014年1月1日，某集装箱码头有限公司（以下简称某集装箱公司）与中国外运海南公司（以下简称外运公司）签订港航班轮协议，约定外运公司营运的外贸集装箱班轮及其代理外贸集装箱货物在海口港区的装卸、驳运、仓储作业由某集装箱公司方承担。

2014年3月26日，一汽海某汽车有限公司（以下简称海某公司）从现代金知达（中国澳门地区）有限公司进口一批变速器，经中国某财产保险股份有限公司珠海中心支公司（以下简称某珠海公司）承保，于同年7月10日运抵海口港，通过外运公司安排将部分货物堆存于某集装箱公司码头，之后在海口海关完税。

2014年7月17日17时，海口市气象局发出台风警报，台风"威马逊"加强为强台风，最大可能将于7月18日中午前后在琼海、文昌一带沿海登陆。7月18日8时，海口市气象局再次发出台风紧急警报，台风"威马逊"已加强为超强台风，18日有暴雨到大暴雨、局部特大暴雨。据海口潮位站报告，7月18日发生超警戒潮位。虽然新闻媒体及气象部门对该台风进行了预报，但其登陆的实际强度或破坏性已超过气象部门预计，并引发风暴潮与天文潮叠加，引起海水倒灌，造成全市大面积内涝积水，其中某集装箱公司码头堆场集装箱被海水所淹，致使某珠海公司的被保险人海某公司堆存的集装箱内的400台自动变速器总成水湿受损。

经广州海江保险公估有限公司查勘检验，本次出险原因为：2014年7月17日至19日集装箱在堆场堆放期间受到超强台风"威马逊"登陆的影响，码头海水倒灌，致使海水从箱底缝隙进入箱内，造成箱内货物水湿受损。

2015年2月15日,海某公司与某珠海公司此次货损签订保险理赔协议,某珠海公司同意赔付海某公司477,318元,并于3月26日汇给海某公司。

另查明,涉案货物港区堆场工程由海南港航控股有限公司于2009年7月15日建设完工,9月29日交工验收合格。台风"威马逊"登陆之前,2015年7月16日15时,某集装箱公司召开了防台工作会议,积极采取防台措施。在台风"威马逊"登陆后,7月20日,某集装箱公司紧急召开各船务公司(包括外运公司)会议,避免损失扩大。7月21日,某集装箱公司书面通知外运公司"堆场一层的集装箱可能会进水"情况,协助外运公司最快离港,避免扩大损失。

【案件争点】

案涉台风"威马逊"是否构成不可抗力?

【裁判要旨】

一审法院认为:根据《民法通则》第153条①规定,"不可抗力"是指不能预见、不能避免并不能克服的客观情况。首先,根据公估报告,海某公司的货物受损系因"威马逊"台风引起海水倒灌码头堆场浸湿集装箱内货物所致。台风来之前虽有预报,但台风临近时,其强度不断加强,已远远超出预期,最大阵风达17级以上,出现超警戒水位风暴潮,为40年来最大,导致海口市大面积内涝积水,损害严重众所周知,某集装箱公司码头集装箱堆场亦因海水上升被淹致货物浸水受损。故台风"威马逊"影响造成灾难后果的现实性与台风前预报具有较大差距性,超出了正常预见的范围,应视为不能预见。其次,本次台风系几十年不遇的重大自然灾害,已超出某集装箱公司集装箱堆场设计时的预估及承载能力,当超高潮位涌上某集装箱公司码头堆场时,集装箱被水淹货损的情况无法避免;尽管某集装箱公司采取事前防范措施,事后亦尽快止损,但"威马逊"超强台风的巨大破坏力非人力可以抗拒,

---

① 《中华人民共和国民法通则》已于2021年1月1日被废止。《中华人民共和国民法通则》第153条现规定于《中华人民共和国民法典》第180条第2款。

故案外人海某公司的货物损失实属不能克服。综上,该案所涉台风给海某公司的集装箱货物所造成的损害系某集装箱公司不能预见、不能避免并不能克服的客观情况,构成不可抗力。

二审法院认为:不可抗力是指不能预见、不能避免并不能克服的客观情况。首先,根据一审法院认定且双方均无异议的事实,2014年7月17日海口市气象局发布的台风警报为"强度可达14~15级",而从18日台风实际登陆的情况来看,此次台风的强度远超过预报的强度,引起海水倒灌的因素之一正是来自大风带来的风暴潮。加之预报时间与台风登陆的时间间距极为短暂,无论是"威马逊"台风的威力或在其风力影响下的潮高及海水倒灌的灾难性,其后果均不能被准确预见。其次,某集装箱公司的集装箱堆场排水设施符合国家建设标准,但"威马逊"台风引发的潮高已实际超过该公司集装箱堆场码头前沿顶面标高,台风带来的密集降水导致堆场货物因水淹发生货损不可避免。在灾害到来前的极短时间内,且在当时全城被淹的情况下,要求某集装箱公司对堆场码头所有装有货物的集装箱采取防水浸措施,或者转移至安全地带既不现实也不可能。因此,一审法院认定此种强度的天气灾害显已超过某集装箱公司堆场设计时的防灾能力,"威马逊"台风及其造成的损害是不能预见、不能避免并不能克服的客观情况,构成不可抗力并无不当。

例案三 | 汉某材料发展有限公司与艾某国际物流有限公司、某中外运黄埔仓码有限公司财产损害赔偿纠纷案

【法院】

广州海事法院

【案号】

(2019)粤72民初109号

【当事人】

原告:汉某材料发展有限公司

法定代表人:周某某,董事长

被告：艾某国际物流有限公司

法定代表人：赵某某，经理

被告：某中外运黄埔仓码有限公司

法定代表人：谢某某，总经理

【基本案情】

2017年7月1日，原告汉某材料发展有限公司（以下简称汉某公司）与艾某国际物流有限公司（以下简称艾某公司）签订国际进出口货物运输代理协议。2018年9月，艾某公司将汉某公司的出口货物硫酸铝送至某中外运黄埔仓码有限公司（以下简称黄埔仓码公司）仓库储存。

2018年9月15日，为做好港区预防"山竹"台风工作，黄埔仓码公司通过互联网向客户发布了暂停码头装卸作业的通知。受台风"山竹"影响，16日19时，广东省水文局广州水文分局黄埔水文站记录当日最高水位达到3.10米（珠江基面），黄埔仓码公司码头前沿线及面顶高程为2.95米（珠江基面），最高水位已经高出码头防洪高度，潮水漫入港区，导致码头堆场内部分最底层的集装箱货物遭受水浸。

2018年9月17日，黄埔仓码公司通过张贴公告的方式向客户发送紧急通知，称"2018年9月16日超强台风'山竹'登陆，出现了一系列倒灌现象，导致码头底层部分货物局部短时间遭受水浸。本次受台风影响的水湿货物为不可抗拒自然灾害损失……"。9月26日，汉某公司与衡阳市建某实业有限公司（以下简称建某公司）签订工矿产品购销合同，向其采购一批硫酸铝。12月12日，艾某公司向汉某公司出具书面证明，该证明记载：2018年9月16日"山竹"台风登陆，超强台风引起了强风暴潮并叠加天文大潮，珠江水平面升高，超过码头堆场岸线堤围高度，出现了一些倒灌现象，导致存放在码头仓库的货物局部短时间遭受水浸。

经查，据中央气象台预报，2018年9月15日，国家海洋局南海预报中心作出南海海域预警信息快报，预计受"山竹"影响，广东省将出现一次风暴潮过程，黄埔岸段于9月16日14—16时出现最高潮位，高出珠江基面2.2米，最大增水2.4米。9月16日5时50分，广州市气象台突发气象灾害预警信号发布通知：16日5时"山竹"中心位于广州东南方向约370公里的南海东北部海面上，预计受其影响，广州市区最大阵风将会达到12级以上，从16日5时50分起，广州市黄埔区台风红色预警信号生效。同日15时，中央气象台台风网发布"山竹"台风实况记录，最大风力达48米/秒。

【案件争点】

案涉"山竹"台风是否构成不可抗力？

【裁判要旨】

一审法院认为：根据《民法总则》第180条第2款[①]关于"不可抗力是指不能预见、不能避免且不能克服的客观情况"的规定，构成不可抗力必须是同时满足前述不能预见、不能避免、不能克服这三个条件。依据现有技术水平和一般人的认知而不可能预知为不能预见。对于台风而言，根据现有技术手段，人类虽可能在一定程度上提前预知，但是无法准确、及时预见其发生的确切时间、地点、延续时间、影响范围及影响程度。虽然在台风"山竹"发生前，气象部门、新闻媒体等对台风"山竹"登陆时间和风力进行了预报，但该台风带来的风、雨、浪、潮产生的叠加效果以及珠江口多个站点均超历史最高潮位并未在预报中有所体现。该案中的损害结果正是由于无法准确预见的台风影响范围及影响程度造成的。

三、裁判规则提要

（一）不可抗力通常是指依据现有技术水平和一般人的认知而不可能预知的情形

《民法典》第180条第2款规定的不可抗力由不能预见、不能避免、不能

[①] 《中华人民共和国民法总则》已于2021年1月1日被废止。《中华人民共和国民法总则》第180条第2款现规定于《中华人民共和国民法典》第180条第2款。

克服三个要素构成，但不可抗力总体上表现为一种公认的客观现象。具体而言，不可抗力的范围很难通过具体化、类型化的方式予以确定，因为很难穷尽不可抗力的所有情形。故而，我们可以将不可抗力的法律特征概括如下：其一，不可抗力必须是社会公认的客观现象，如洪水、战争和罢工等。其二，不可抗力必须来自行为的外部。自然现象较易确认，而非自然现象不易确认。其三，不可抗力必须是行为人不可预见的表象。其四，不可抗力必须是后果不能抗拒的现象。[1]

预见是人的主观心理活动的一种。不可抗力必须是行为人不可预见的表象，而表象能否预见应当根据行为人应负有的注意义务予以判断。具体来说：如果从时间标准方面观察，不可抗力必须是行为人建立民事关系时无法预见的现象；而如果从预见标准方面观察，不可抗力免责的判断则应当考虑当事人对该事件或现象的发生负有何种注意义务以及当事人是否尽到注意义务。此外，这种预见标准还包括抽象标准和具体标准。就不可抗力的构成要件之一"不能预见"而言，其预见标准应当与过错认定和损害赔偿中的"可预见性"的理念相同，而不能以一方当事人的认知能力与预见能力作为标准来判断不可抗力。换言之，其通常应当坚持"普通人标准"。如果行为人为专业人员，则不能适用"普通人标准"，而应当按照专业人员的标准去判断当事人是否应当预见。[2] 也有观点认为"不能预见"是指一般善意人无法预见，而不是有的人能预见而有的人不能预见。主观上的"不能预见"可分两类：一类是根本不能预见；另一类是不能准确预见。[3]

在例案一中，对于台风而言，普通人无法精确提前预知其发生的确切时间、地点以及延续时间、影响范围等，因而其符合不可抗力的"不能预见"条件。即使根据现有技术手段，人类对于台风的发生在一定程度上可以进行预估，但这种预估并不准确，因此，例案一中的台风仍然属于一般人不能预

---

[1] 参见叶林：《论不可抗力制度》，载《北方法学》2007年第5期。
[2] 参见叶林：《论不可抗力制度》，载《北方法学》2007年第5期。
[3] 参见刘凯湘、张海峡：《论不可抗力》，载《法学研究》2000年第6期。

见的客观现象，亦属于不能准确预见的客观现象。此外，作为货物损失最直接的原因——海水倒灌并未在预报中有所体现。因此，这更加印证了台风在该案中具有不能预见的特征。

（二）不可抗力中不能预见的范围包括客观情况的发生和影响范围、影响程度等因素

不可抗力中当事人不能预见的范围包括客观情况的发生和影响范围、影响程度等因素。对于自然灾害类的不可抗力，此前类似偶发事件不会阻却之后发生事件的不可预见性。法官在裁判案件时也会进行利益衡量，从而维护当事人的合法权益。在例案一中，虽然在台风发生前，有关媒体便对台风登陆时间和最大风力进行了预报，但这种预报仅仅为预估信息，因为该预报并没有准确预测出台风的影响范围、影响程度，因而该台风仍然符合不可抗力中"不能预见"的标准。在例案三中，虽然在台风发生前，气象部门、新闻媒体等对台风登陆时间和风力进行了预报，但该台风带来的风、雨、浪、潮产生的叠加效果以及珠江口多个站点均超历史最高潮位并未在预报中有所体现，故而法院认定损害结果正是无法准确预见的台风影响范围及其影响程度所造成的。可见，不可抗力中不能预见的范围不仅包括了客观情况的发生，也包括了影响范围和影响程度等。

（三）不可抗力超出了正常预见的范围，应视为不能预见

不可抗力制度的设计便是人类在尊重客观存在的基础上，运用法律的手段有效分配自然风险和社会风险的体现。[①]不可抗力的要件兼具主观要件和客观要件，其中主观要件强调客观现象的不能预见性，也即不可抗力的发生并不以人的意志为转移。在司法实务中，一般认为不可抗力若超出了正常预见的范围，则应视为不能预见。

---

① 参见刘凯湘、张海峡：《论不可抗力》，载《法学研究》2000年第6期。

在例案二中，根据公估报告，海某公司的货物受损为"威马逊"台风引起的海水倒灌所致。台风来之前虽有预报，但台风临近时，其强度不断加强，加之预报时间与台风登陆时间的间距极为短暂，台风实际强度已远超出预期，故台风"威马逊"实际造成的灾难后果与台风前的预报具有较大差距，超出了该案当事人所能正常预见的范围，应视为不能预见。

四、关联规定

《民法典》

第180条　因不可抗力不能履行民事义务的，不承担民事责任。法律另有规定的，依照其规定。

不可抗力是不能预见、不能避免且不能克服的客观情况。

不可抗力裁判规则第2条：
战争、动乱等社会现象具有不可预见的偶然性和不可控制的客观性，可以构成不可抗力

〔**规则描述**〕不可抗力是不能预见、不能避免且不能克服的客观情况。通常而言，不可抗力的特征应该包括：第一，必须是社会公认的客观现象。不可抗力应为凭借人类经验确定其存在的客观现象。第二，必须来自行为人外部的因素。不可抗力的外部性是划分行为人自己行为与他人或者社会行为之间的界限，不具有外部性的情形无法归入不可抗力。第三，必须是行为人不能预见的现象。某种现象能否被预见，需根据当事人的注意义务程度来加以判断。以时间标准观察，须是当事人建立民事关系时未能预见的现象。如果当事人预见到某种现象的发生并据此建立民事关系，那么即使履行债务时发生该现象，当事人也不得以此为由主张解除合同或者免除责任。第四，必须是后果不能克服的现象。不可抗力本就属于不能预见的现象，因此很难要求当事人避免意外事故的发生，只能要求当事人避免、减轻意外事故对既存民事关系的影响。战争、动乱作为典型的客观现象，且是绝大部分普通当事人难以预见和难以避免的。因此，当战争、动乱对合同履行造成重大影响以致不能履行的，应将其认定为不可抗力。

一、类案检索大数据报告

时间：2021年4月9日之前，案例来源：Alpha数据库，案件数量：324件，数据采集时间：2021年4月9日，检索关键词：不可抗力；战争；不可预见；情势变更。经排除无关案例后，本次检索获取了2021年4月9日前共324份裁判

文书。其中支持战争、动乱等社会现象可以构成不可抗力的案件有324件，占比100%。从是否支持"战争、动乱等社会现象可以构成不可抗力"裁判思路的比例来看，检索到的所有判决或裁定均支持这一观点。检索整体情况如图2-1所示：

■ 支持战争、动乱等社会现象可以构成不可抗力（占比100%）

图2-1　是否支持战争、动乱等社会现象可以构成不可抗力

如图2-2所示，从案件年份分布情况可以看出当前条件下案例数量的变化趋势。

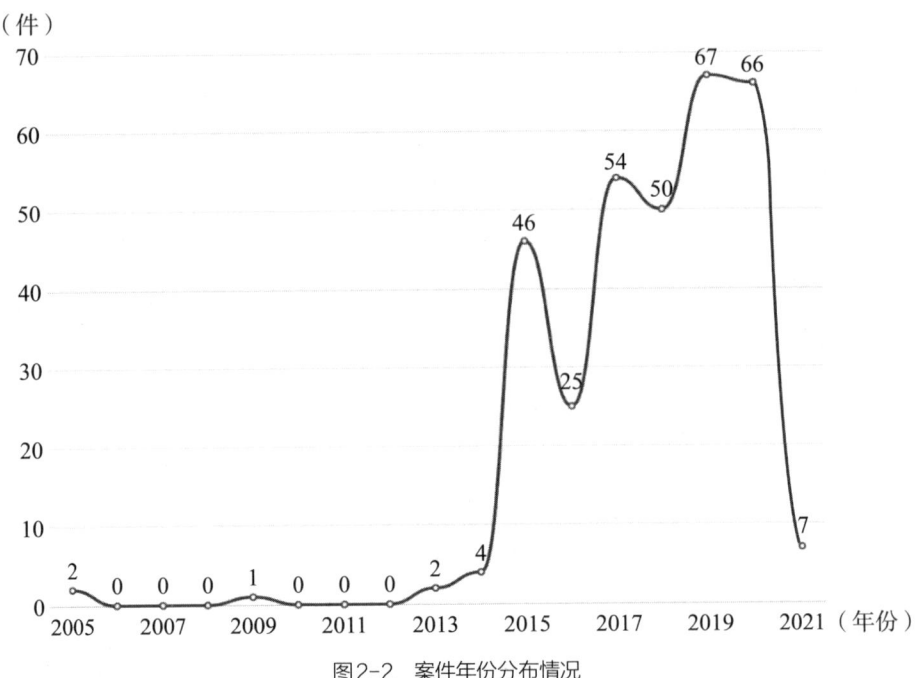

图2-2　案件年份分布情况

如图2-3所示，从案件地域分布情况来看，当前案例主要集中在广东省、贵州省、福建省、河南省、新疆维吾尔自治区，其中广东省的案件量最多，达到67件。

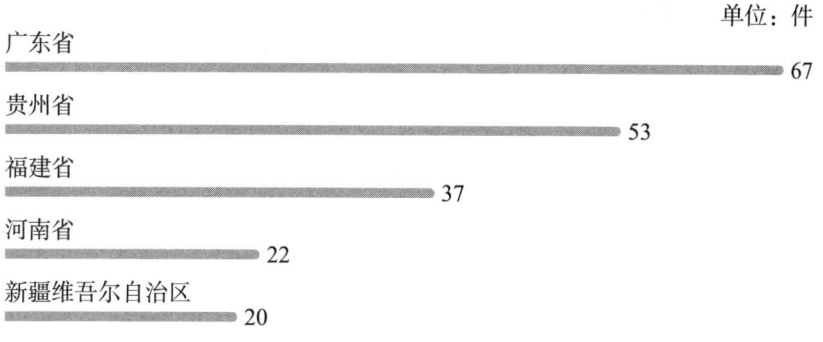

图2-3　案件主要地域分布情况

如图2-4所示，从案件案由分类情况可以看出，当前最主要的案由首先是合同、准合同纠纷，有295件，占绝大多数；此后依次是与公司、证券、保险、票据等有关的民事纠纷，侵权责任纠纷，物权纠纷，人格权纠纷。

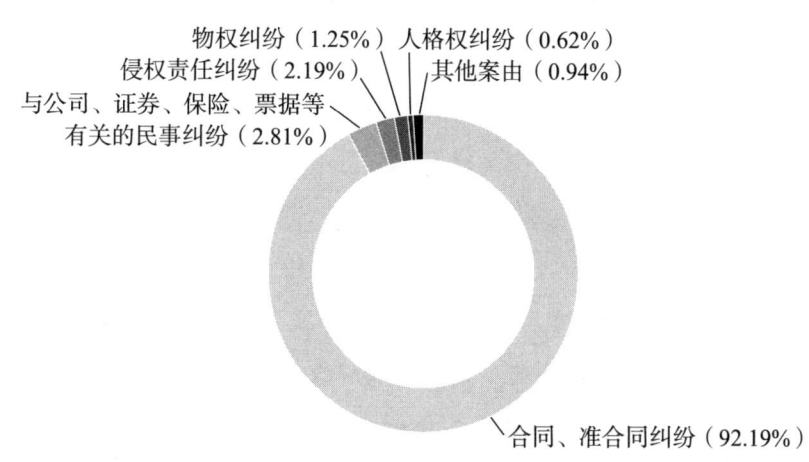

图2-4　案件案由分类情况

二、可供参考的例案

例案一 | 长某岩土工程总公司、中国某银行股份有限公司温岭支行独立保函纠纷案

【法院】

最高人民法院

【案号】

（2019）最高法民终302号

【当事人】

上诉人（一审原告）：长某岩土工程总公司（武汉）

法定代表人：郭某某，总经理

被上诉人（一审被告）：中国某银行股份有限公司温岭支行

负责人：丁某，行长

【基本案情】

2009年7月29日，长某岩土工程总公司（武汉）（总包人，以下简称长某岩土公司）与中某建设工程集团有限公司（承包人，以下简称中某公司）签订《承包合同书》。承包人向总包人提供预付款担保和履约担保。承包人向总包人开具履约保函和预付款保函。保函由中国国内某一商业银行开立，在合同履行期限内有效，其中约定，发生不可抗力以及同总包合同相应条款的事件，总包人和承包人协商一致，可以解除承包合同。承包合同解除后，不影响双方在合同中约定的结算条款的效力。如果因为不可抗力或发包人原因造成工程延期或其他责任，总包人和承包人双方免责，并共同采取措施减少损失。中某公司为履行上述承包合同，向中国某银行股份有限公司温岭支行（以下简称温岭支行）申请开立保函。温岭支行以长某岩土公司为受益人开立了7份保函。2011年3月25日，中某公司向温岭支行发送了《关于暂停支付预付款保函、履约保函保证金额的通知》，称"合同履行过

程中,项目所在国A国发生骚乱及战争,我国政府已动用国力将我国公民全部撤出A国,构成'不可抗力'。鉴于保函提供的保证是建立在合同履行过程中,我司违反合同约定未能履行义务的基础上,现我司并无违反合同约定的行为。希望温岭支行对有效期届满的保函停止支付、有效期内的保函暂停支付。"

【案件争点】

长某岩土公司请求支付保函项下款项是否应予支持?

【裁判要旨】

一审法院认为:对于履约保函,因涉案《承包合同书》第34条已经明确约定,如果因为不可抗力或发包人原因造成工程延期或其他责任,总包人和承包人双方免责,并共同采取措施减少损失。《合同法》第117条规定:"因不可抗力不能履行合同的,根据不可抗力的影响,部分或者全部免除责任,但法律另有规定的除外。当事人迟延履行后发生不可抗力的,不能免除责任。本法所称不可抗力,是指不能预见、不能避免并不能克服的客观情况。"[①]生效判决已经查明因A国内发生战争,中某公司和长某岩土公司为此撤离涉案工程项目。战争、动乱等社会现象具有不可预见的偶然性和不可控制的客观性,应当属于不可抗力范畴。故该案承包合同无法履行的原因是由不可抗力造成的,中某公司并未违约,长某岩土公司对此事实应属明知。并且,长某岩土公司庭审中也确认,其与业主方对涉案工程尚未结算和索赔。根据《最高人民法院关于审理独立保函纠纷案件若干问题的规定》第12条第5项的规定,具有受益人明知其没有付款请求权仍滥用该权利的其他情形的,人民法院应当认定构成独立保函欺诈。[②]因此,长某岩土公司明知涉案工程因不可抗力无法继续的情况下,仍然坚持以中某公司违约为由,要求温岭支行支付履约保

---

① 《中华人民共和国合同法》已于2021年1月1日被废止。《中华人民共和国合同法》第117条不可抗力规则现规定于《中华人民共和国民法典》第180条、第590条。下文不再提示。

② 《最高人民法院关于审理独立保函纠纷案件若干问题的规定》已于2020年12月29日修改。

函项下款项，属于滥用权利，对其诉请依法不予支持。

二审法院认为：《承包合同书》第34条明确约定，如果因为不可抗力或发包人原因造成工程延期或其他责任，总包人和承包人双方免责，并共同采取措施减少损失。长某岩土公司对不可抗力导致各方当事人的风险分担是明知的。一审民事判决已经查明因A国内发生战争，中某公司和长某岩土公司撤离涉案工程项目。中某公司系因不可抗力不能履行合同，并未违约。在此情况下，长某岩土公司对其不享有涉案保函索赔权是明知且清晰的。长某岩土公司明知涉案工程因不可抗力无法继续的情况下，仍然坚持以中某公司违约为由，要求温岭支行支付履约保函项下款项，缺乏诚实信用，属于滥用索赔权。一审法院依据《最高人民法院关于审理独立保函纠纷案件若干问题的规定》第12条第5项之规定，未支持长某岩土公司索赔请求的判决并无不当。

例案二 | 中某某有限公司与四川省国某建设工程公司建设工程施工合同纠纷案

【法院】

最高人民法院

【案号】

（2016）最高法民申63号

【当事人】

再审申请人（一审被告，二审上诉人）：中某某有限公司

法定代表人：童某某，董事长

再审被申请人（一审原告，二审被上诉人）：四川省国某建设工程公司

法定代表人：罗某某，执行董事

【基本案情】

2011年2月18日，四川省国某建设工程公司（乙方，以下简称四川国某公司）与中某某有限公司（甲方，以下简称中某公司）在河北省唐山市丰润

区签订了一份《中某某有限公司、某UCG项目6500t/d水泥生产线总承包项目工程分包合同》。中某公司依约将预估总价3千万元的《中某某有限公司、某UCG项目6500t/d水泥生产线总承包项目工程分包合同》发包给四川国某公司，四川国某公司依约进入施工现场进行施工，当其完成施工进度工程量总价款9,122,457.60元（含各项税款和质量保证金）时，因甲国内战争突然爆发，施工现场受到战争严重威胁而暂时中断施工。

【案件争点】

本案是否适用不可抗力？

【裁判要旨】

一审法院认为：因甲国内战争突然爆发，施工现场受到战争严重威胁而暂时中断施工，该案工程施工的中断原因系战争不可抗力的因素引发，并非双方的主观真实意愿。

二审法院认为：《合同法》第117条规定："因不可抗力不能履行合同的，根据不可抗力的影响，部分或者全部免除责任，但法律另有规定的除外。当事人迟延履行后发生不可抗力的，不能免除责任。本法所称不可抗力，是指不能预见、不能避免并不能克服的客观情况。"涉案合同履行过程中，甲国发生军事冲突，是不能预见、不能避免并不能克服的客观情况，四川国某公司因该不可抗力不能继续履行合同，应免除其责任。

再审法院认为：涉案合同在"不可抗力"部分，明确列举不可抗力包括但不限于军事行动、战争或国家紧急状态等。涉案合同履行过程中，甲国发生军事冲突，合同因此不能继续履行是客观事实。该军事冲突属于合同约定的不可抗力范围，也属于《合同法》第117条规定的不能预见、不能避免并不能克服的客观情况。

例案三｜甲公司与乙公司旅店服务合同纠纷案

【法院】

上海市长宁区人民法院

【案号】

(2010) 长民二 (商) 初字第170号①

【当事人】

原告：甲公司

法定代表人：吴某，董事长

被告：乙公司

法定代表人：李某，董事长

【基本案情】

2008年8月29日，原告与被告就国际会议和团队旅行以及相关服务事宜签订《国际会议旅行服务协议书》，该协议中约定由原告委托被告办理于2008年举办的"2008海康高峰会"的会务活动及相关事宜。双方在该协议第6条第1款约定"甲乙双方因不可抗力原因不能履行本合同的，不承担赔偿责任，但应及时通知对方，并提供事故详情及不能履约的有效证明材料。"2008年7月31日至同年8月27日，原告陆续向被告支付预付款359,648元。后因A国发生军事政变，原告决定取消A国的会议行程。原告取消会议行程后即向被告主张要求返还预付的费用，被告自2008年7月28日至2009年5月31日共向原告返还308,576元，但尚有被告已经转付A国当地酒店用于原告的会务订房费用51,072元未予返还。原告经多次催款未果，遂诉至法院。

【案件争点】

本案是否适用不可抗力？

【裁判要旨】

一审法院认为：原、被告签订的《国际会议旅行服务协议书》均有双方当事人的盖章确认，为双方当事人的真实意思表示，且无悖于现行的法律、法规，故应当认定其为成立、有效。在该合同履行期间，恰逢旅游地A国发生军事政变，该国首都宣布进入紧急状态，说明当时的事态相当严重，正因如此我国相关旅游管理部门发出紧急通知。由于该军事政变中发生有武装冲

---

① 本案二审判决维持原判。

突，并宣布A国进入紧急状态，可视为国内战争，且该事由并非合同当事人能够预料和加以控制的，故应认定为不可抗力。

三、裁判规则提要

（一）不可抗力由不能预见、不能避免并不能克服三要素构成

基于文义解释，"不可抗力"为"不可抗拒的力量"，指人力所无法抗拒的强制力。不可抗力的概念最初源于罗马法，彼时的"不可抗力"除指现代意义的不可抗力事件外，还包括意外事故在内。法学概念的日益特定化和精确化使"意外事故"的概念从罗马法中的"不可抗力"分离出来，并具有了与不可抗力不同的法律意义。一般而言，意外事故并非一概作为免责事由，而不可抗力在各国法律中基本上都被确定为免责事由，并且是一项法定的免责事由。

对于不可抗力的内涵界定，判例和学说存在不同观点，主要有主观说、客观说和折中说。主观说强调事件发生的不可避免性，即当事人主观上尽最大注意仍不能防止阻碍合同履行的事件发生；客观说强调事件是客观情况，即外在于人的行为、发生在当事人意志之外的事件；折中说则是对主观说与客观说的糅合凝练，既认为事件是外在客观的，又要求当事人主观无过错。相较而言，折中说更全面，更能说明不可抗力与免责事由之间的内在联系：一是事件发生的非人的意志性；二是当事人无过错。遂此，不可抗力的外延具体包括自然现象（如地震、台风、洪水、海啸等）和社会现象（如战争等）两大类型。[①]

我国现行立法要求在确定不可抗力时，要符合以下四点：客观情况、不能预见、不能避免和不能克服。

第一，不可抗力是一种"客观情况"。所谓"客观性"，指它必须独立存

[①] 参见谭启平、龚军伟：《不可抗力与合同中的民事责任承担——兼与罗万里先生商榷》，载《河北法学》2002年第3期。

在于人的行为之外,既不是由当事人的行为所派生,也不受当事人的意志左右。例如,第三人的行为不能作为不可抗力来对待,是因其不具备"客观性"的特点。

第二,不可抗力是一种"不能预见"的客观情况。预见是人的主观心理活动的一种。不能预见不是以特定人的预见能力为标准,而是以一般人对某种现象能否预见为标准。另外,科学技术是在不断发展的,以前不能预见的客观情况也许现在已经可以预见,所以要以现在的技术条件作为能否预见的判断标准。

第三,不可抗力是一种"不能避免"的客观情况。所谓"不能避免"是指客观情况的发生具有必然性,是无法回避的。当事人尽了最大努力仍无法对某种客观现象的发生与否、发生程度等做出安排和处置。

第四,不可抗力是一种"不能克服"的客观情况。所谓不能克服,是指该客观情况无法抗拒,尤其是债务人在履行其债务时,因该客观情况的突然出现,无法正常地履行其债务。①

(二)因不能避免的战争、动乱等导致合同无法继续履行的,可以构成不可抗力

现代社会中,由于人类活动范围日益扩大,民事活动受到来自大自然的影响与干扰日益严重;同时,由于人类经济活动日益频繁,社会矛盾与利益冲突亦日益复杂,战争、罢工、国家政策调整等社会因素亦影响着民事活动。难以避免的战争、动乱如果影响合同履行,则可能构成不可抗力。比如前述案例中涉及的甲国发生的战争以及A国国内军事政变,囿于其发生具备不能避免、难以预见等要素,法院遂认为此类情形构成不可抗力。

不能避免一般是指,尽管当事人尽了合理的注意或采取了必要的措施,仍不能阻止不可抗力事件的发生。理论上对于"不能避免"的识别基本一致,

---

① 参见韩世远:《合同法总论》,法律出版社2018年版,第482-483页。

有争议的是对于"不能克服"的理解，即"不能克服"针对的是不可抗力事件的发生，还是针对不可抗力事件的自然后果，抑或针对不可抗力事件的法律后果。

有学者认为，"不能克服"与"不能预见""不能避免"一样，都是指向客观现象本身，而不包括其所引致的损失，即"不能克服"针对的是不可抗力事件的发生。[①]也有法官认为，如果"不能克服"也是指向不可抗力事件的发生，"不能克服"与"不能避免"便无法加以区分。按照这种观点，"不能克服"与"不能避免"实际上含义便相同了，在已有"不能避免"的情况下，再规定"不能克服"便显得多此一举，这显然并非立法者本意。[②]实际上，对不可避免（客观情况发生过程中）和不能克服（客观情况发生之后）应从时间维度上做出划分，"不可避免"侧重于客观情况发生发展的不可阻止性，而"不能克服"侧重于客观结果的难以恢复性。[③]

（三）不可抗力不同于商业风险

风险的种类很多，不可抗力所导致的风险与不能免责的商业风险存在区别。所谓风险，是指一种客观存在的、损失的发生具有不确定性的状态，它具有三个特性：客观性、损失性和不确定性。其一，风险的客观性是指不论人们是否意识到，风险都是客观存在的。例如，吸烟会增加发生肺癌的可能性，这种可能性从世界上第一支香烟问世时就存在了，但直到很晚才被人们认识到。同理，各种经济行为所面临的各种风险，如自然灾害风险、社会异常事件风险以及商业风险，从这些经济行为发生之日起就已经存在，当事人已经身处这些风险之中。其二，风险的损失性是指风险是与损失相关的状态，离开可能发生的损失，谈论风险就没有任何意义。自然灾害风险、社会异常

[①] 参见刘凯湘、张海峡：《论不可抗力》，载《法学研究》2000年第6期。
[②] 参见丁宇翔：《疫情不可抗力的司法认定及其与情势变更的衔接》，载《人民司法》2020年第10期。
[③] 参见李昊、刘磊：《〈民法典〉中不可抗力的体系构造》，载《财经法学》2020年第5期。

事件风险以及商业风险都是与损失相关的。其三,风险的不确定性是指风险所导致的损失的发生与否以及发生的时间、地点、程度等都是不确定的。

与商业风险相比,属于不可抗力的客观现象所引致的风险独具如下特点:①

第一,不可抗力所涉的风险一般是有形的风险。譬如,构成不可抗力的情事之洪水、冰雹、台风、地震、战争等均是有形的风险。而商业风险则一般是以市场需求与价格变化为主要特征的,如银行利率、外汇汇率、供求关系、价格以及政策变化等无形的风险。

第二,不可抗力所涉的风险多为客观的静态风险。属于不可抗力的客观现象所引致的风险一般是由于自然力的作用或变化对社会财富和经济活动所形成的破坏性的风险因素,而商业风险则多是人类有意识的社会行为对社会财富和经济活动所形成的破坏性风险,如市场结构的调整、银行利率的变化、投资环境的改变等,是一种人为的动态风险。

第三,不可抗力所涉的风险多为纯粹风险。属于不可抗力的客观现象所引致的风险,只有造成损失的可能性而无使当事人获利的可能性,②即这种风险所造成的结果只能是社会和个人财富的减少,且这种损失往往是需要通过受害的个人或团体已经积累的财富(如保险)或社会的帮助(如捐助)才能得到弥补的。而商业风险多为投机性风险,既有损失的可能性也有获利的可能性。例如,在货物买卖合同中,若交货时的价格高于签约时的价格则于买方有利,卖方承担了价格风险的损失;反之,若交货时的价格低于签约时的价格则于卖方有利,买方承担了价格风险的损失。

第四,不可抗力所引致的风险损失可以通过保险来加以避免,如国际海上货运保险中就有平安险、水渍险、一切险等;相反,商业风险则不然,一般不能投保,因为有损人利己、冒险获利的赌博性质。

---

① 参加刘凯湘、张海峡:《论不可抗力》,载《法学研究》2000年第6期。
② 参见刘凯湘、张海峡:《论不可抗力》,载《法学研究》2000年第6期。

总而言之，虽说商业风险与不可抗力均无涉及当事人过错，但却有别于不可抗力，任何一方当事人都不得以商业风险给自己带来损失为由不履行合同并要求免责，这是因为商业风险是当事人自愿承受的，是签订合同的理性人应当预期的一般风险。正是由于当事人自愿承受这一风险，双方才达成意思一致。换言之，商业风险的自愿承受是契约程序与契约内容的题中之意。此外，由于商业风险具有投机性，当事人可能受损，也可能从中获利，所以承担由商业风险带来的损失是合理的、公平的。

四、关联规定

《民法典》

第180条 因不可抗力不能履行民事义务的，不承担民事责任。法律另有规定的，依照其规定。

不可抗力是不能预见、不能避免且不能克服的客观情况。

第580条 当事人一方不履行非金钱债务或者履行非金钱债务不符合约定的，对方可以请求履行，但是有下列情形之一的除外：

（一）法律上或者事实上不能履行；

（二）债务的标的不适于强制履行或者履行费用过高；

（三）债权人在合理期限内未请求履行。

有前款规定的除外情形之一，致使不能实现合同目的的，人民法院或者仲裁机构可以根据当事人的请求终止合同权利义务关系，但是不影响违约责任的承担。

第590条 当事人一方因不可抗力不能履行合同的，根据不可抗力的影响，部分或者全部免除责任，但是法律另有规定的除外。因不可抗力不能履行合同的，应当及时通知对方，以减轻可能给对方造成的损失，并应当在合理期限内提供证明。

当事人迟延履行后发生不可抗力的，不免除其违约责任。

不可抗力裁判规则第3条：
极端天气等若成为导致合同不能履行的主要原因，可以构成不可抗力

〔规则描述〕极端恶劣天气等，作为大部分人都无法避免和预见的客观现象，如果对合同的履行产生了重大的影响，可以构成不可抗力。换句话说，只有当极端天气等是合同无法继续履行的主要原因时，方可以构成不可抗力。

一、类案检索大数据报告

时间：2021年4月9日之前，案例来源：Alpha数据库，案件数量：814件，数据采集时间：2021年4月9日，检索关键词：不可抗力；主要原因；极端天气等。经排除无关案例后，本次检索获取了2021年4月9日前共814份裁判文书。其中支持极端天气等只有是合同无法履行的主要原因时才构成不可抗力的案件有814件，占比100%。从是否支持"极端天气等若成为合同无法履行的主要原因，可以构成不可抗力"裁判思路的比例来看，检索到的所有判决或裁定均支持这一观点。检索整体情况如图3-1所示：

专题一 不可抗力的认定

■ 支持极端天气等成为合同无法履行的主要原因构成不可抗力（占比100%）

图3-1 是否支持极端天气等成为合同无法履行的主要原因构成不可抗力

如图3-2所示，从案件年份分布情况可以看出当前条件下案例数量的变化趋势。

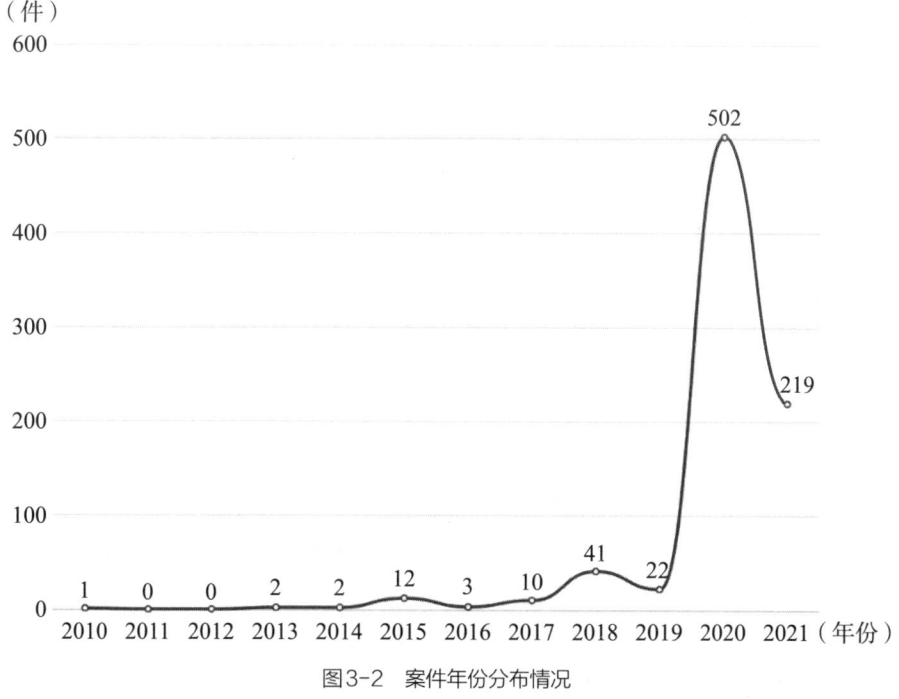

图3-2 案件年份分布情况

如图3-3所示，从案件地域分布情况来看，当前案例主要集中在山东省、河南省、广东省、湖北省、浙江省，其中山东省、河南省的案件量最多，均达到107件。

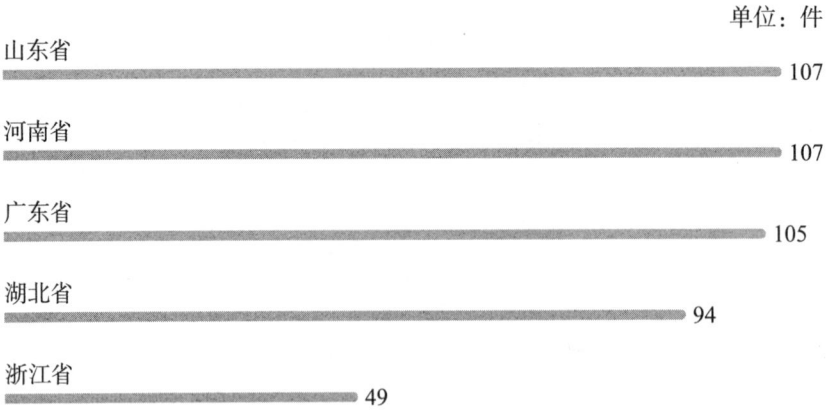

图3-3 案件主要地域分布情况

如图3-4所示,从案件案由分类情况可以看出,当前最主要的案由首先是合同、准合同纠纷,有702件,占一半以上;此后依次是物权纠纷,劳动争议、人事争议,侵权责任纠纷,人格权纠纷。

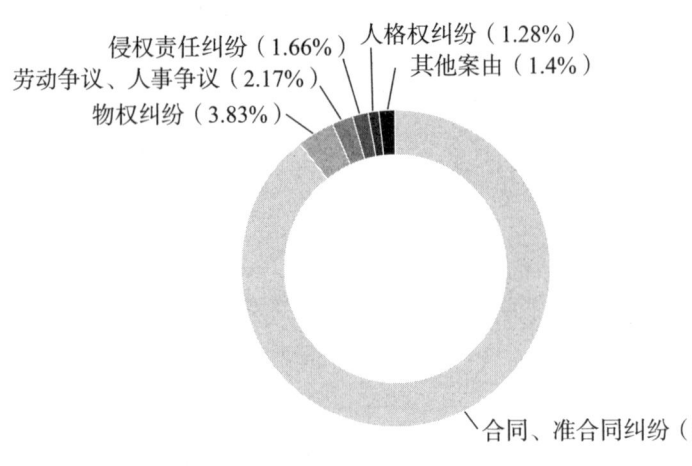

图3-4 案件案由分类情况

二、可供参考的例案

例案 | 某城建（集团）股份有限公司与江某工程爆破有限公司新疆分公司、某金爆器材有限责任公司建设工程施工合同纠纷案

【法院】

新疆维吾尔自治区高级人民法院

【案号】

（2014）新民申字第1448号

【当事人】

再审申请人（一审原告、二审上诉人）：某城建（集团）股份有限公司

法定代表人：刘某，董事长

再审被申请人（一审被告、二审被上诉人）：江某工程爆破有限公司新疆分公司

负责人：陈某某，经理

被申请人（一审被告、二审被上诉人）：某金爆器材有限责任公司

法定代表人：马某某，总经理

【基本案情】

2009年7月27日，某城建（集团）股份有限公司（以下简称城建公司）将其承包的岩石爆破工程以包工包料的方式承包给江某工程爆破有限公司新疆分公司（以下简称江某爆破公司）。双方为此签订《爆破施工合同书》，约定施工期在2009年9月10日前，并注明：在施工期间如果发生人力不可抗拒的灾害，如大风、暴雪等恶劣天气或其他特殊原因，造成工期延误，施工期限由双方协商顺延，顺延期限不得超过误工期限，并由双方签字确认。

2009年12月22日，青某县气象局发布寒潮橙色预警信号，直至2010年4月底，极端天气频发，由于天气情况和路况不适合运输爆炸物，青某县公安局在此期间内没有批准使用炸药。截至2010年5月10日16时，青某县通往外

界的省道228线方才恢复通车。

2010年5月14日，青某县公安局召开联席会议，江某爆破公司与城建公司双方达成由江某爆破公司继续施工的协议，至2010年5月20日涉案工程路段由富某县延顺爆破公司开始施工，江某爆破公司已完工程量和未完工程量未进行确认。

【案件争点】

1. 寒潮等极端恶劣天气是否构成不可抗力？

2. 城建公司在单方发出解除合同通知后，即与第三方重新约定进行施工，其行为是否构成违约？

【裁判要旨】

一审法院认为：《合同法》第117条第2款规定："本法所称不可抗力，是指不能预见、不能避免并不能克服的客观情况。"①

江某爆破公司从城建公司处承包诉争的岩石爆破工程后，施工至2009年12月下旬，由于施工地点所在辖区自2009年12月22日开始突降暴雪，气温骤降，极端恶劣天气导致爆炸物品供给配送单位因此暂停爆炸物品配送服务，此种天气状况持续至2010年3月气温转暖后又发生融雪性洪水，造成桥梁被冲毁，直至2010年5月10日16时才恢复通车。在此期间公安局未给江某爆破公司批准炸药使用手续。此种意外情况一直持续至2010年5月10日，属于法定和双方合同约定的不可抗力。城建公司与江某爆破公司签订补充协议后，在极端异常天气等不可抗力的情况影响下，江某爆破公司再次无法正常施工，而城建公司在单方发出解除合同通知后，即与第三方重新约定进行施工，其行为已构成违约。

二审法院认为：虽有不可抗力因素影响，但江某爆破公司未按期施工客观属实，而城建公司为保证工期完成，与江某爆破公司实际施工人即四个施

---

① 《中华人民共和国合同法》已于2021年1月1日被废止。《中华人民共和国合同法》第117条第2款不可抗力的认定现规定于《中华人民共和国民法典》第180条第2款。下文不再提示。

工队于2010年5月21日已达成劳务报酬支付协议书。城建公司依约履行支付劳务报酬义务后，施工人员及设备撤离现场，即城建公司依据与江某爆破公司施工队的协议书实际已解除与江某爆破公司的《爆破施工协议》，故城建公司不应当承担违约责任。

三、裁判规则提要

（一）极端天气等因素只有是导致合同无法继续履行的主要原因时，才构成不可抗力

极端天气等因素如果导致合同无法继续履行，可以构成不可抗力。但是，如果极端天气等因素并不是合同无法继续履行的主要原因，则其不能被认定为不可抗力。

（二）不可抗力造成合同违约形态不同时的责任承担方式不同

1.不可抗力导致迟延履行时的责任承担

不可抗力导致合同必须迟延履行的情形，如因不可抗力发生交通中断、不可抗力导致供水供电中断以致生产中断等，是指不可抗力未导致合同标的物毁损，而是暂时阻碍了合同的履行，使标的物的按时运送、完工等在时间上有所延迟，但障碍解除后受不可抗力影响履约的一方尚有能力履行合同。这时可能出现两种情况：一是迟延履行不影响合同目的实现，合同相对方仍要求履行；二是迟延履行导致合同目的落空，合同相对方要求解除合同。在第一种情况中，受不可抗力影响履约的一方仍应履行合同，但对于迟延履行引发的违约责任，如违约金责任、损害赔偿责任，可以依据不可抗力免责规则予以免除。

2.不可抗力导致部分履行不能时的责任承担

不可抗力导致部分履行不能，主要指不可抗力导致标的物部分灭失，并

且不论该标的物是特定物还是种类物,都将导致合同部分履行不能。此际,如果不可抗力的发生导致合同部分不能履行,则应由对方决定部分履行不能一方是否履行合同。对方如果认为继续履行对其没有意义,则应当免除部分履行不能一方的履行责任和违约责任。如果对方要求部分履行,则部分履行不能一方应当继续履行其能够履行的部分。①

3.不可抗力引起不适当履行时的责任承担

不可抗力,如水灾、地震,导致标的物质量出现瑕疵或是引起加害给付,都属于不适当履行。不适当履行的违约责任包括采取补救措施、赔偿损失、支付违约金,不可抗力是否可使前述全部责任得到免除不无疑问。结合理论与实践,不适当履行应类比部分履行来处理,对于可继续履行或可采取补救措施的部分不得免责,对于无法补救或补救后仍存在的损失可免责。②

四、关联规定

《民法典》

第180条 因不可抗力不能履行民事义务的,不承担民事责任。法律另有规定的,依照其规定。

不可抗力是不能预见、不能避免且不能克服的客观情况。

第580条 当事人一方不履行非金钱债务或者履行非金钱债务不符合约定的,对方可以请求履行,但是有下列情形之一的除外:

(一)法律上或者事实上不能履行;

(二)债务的标的不适于强制履行或者履行费用过高;

(三)债权人在合理期限内未请求履行。

---

① 参见王利明:《违约责任论》,中国政法大学出版社2000年版,第343页。
② 参见谭启平、龚军伟:《不可抗力与合同中的民事责任承担——兼与罗万里先生商榷》,载《河北法学》2002年第3期。

有前款规定的除外情形之一，致使不能实现合同目的的，人民法院或者仲裁机构可以根据当事人的请求终止合同权利义务关系，但是不影响违约责任的承担。

第590条 当事人一方因不可抗力不能履行合同的，根据不可抗力的影响，部分或者全部免除责任，但是法律另有规定的除外。因不可抗力不能履行合同的，应当及时通知对方，以减轻可能给对方造成的损失，并应当在合理期限内提供证明。

当事人迟延履行后发生不可抗力的，不免除其违约责任。

不可抗力裁判规则第4条：

国家政策调整在协议签订时就在进行中，对协议履行而言不属于不可抗力情形；国家颁布新政策导致合同不能履行，则属于不可抗力

〔**规则描述**〕如果在当事人签订合同的过程中，国家政策正处于调整状态，那么当事人对于政策变化是有所预见的。因此，即使合同签订后，上述国家政策恰好已调整完成，并导致合同履行的客观情况发生变化，该政策变化也不符合不可抗力中不能预见的特征。此种情况下，对于国家政策的调整所造成的履行不能，合同当事人不能主张不可抗力予以免责。

一、类案检索大数据报告

时间：2021年4月9日之前，案例来源：Alpha数据库，案件数量：28件，数据采集时间：2021年4月9日，检索关键词：国家；政策调整；协议签订；不可抗力。经排除无关案例后，本次检索获取了2021年4月9日前共28份裁判文书，其中支持国家政策调整在协议签订时就在进行中，对协议履行而言不属于不可抗力情形的案件有25件，占比89.29%；不支持国家政策调整在协议签订时就在进行中，对协议履行而言不属于不可抗力情形的案件有3件，占比10.71%。检索整体情况如图4-1所示：

专题一　不可抗力的认定

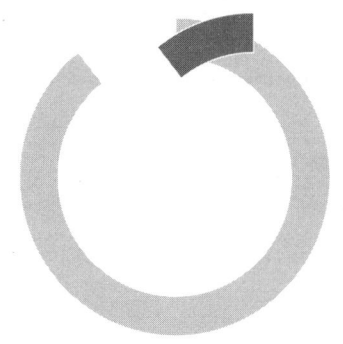

■ 支持国家政策调整属于不可抗力（占比 89.29%）
■ 不支持国家政策调整属于不可抗力（占比 10.71%）

图4-1　是否支持国家政策调整属于不可抗力

如图4-2所示，从案件年份分布情况可以看出当前条件下案例数量的变化趋势。

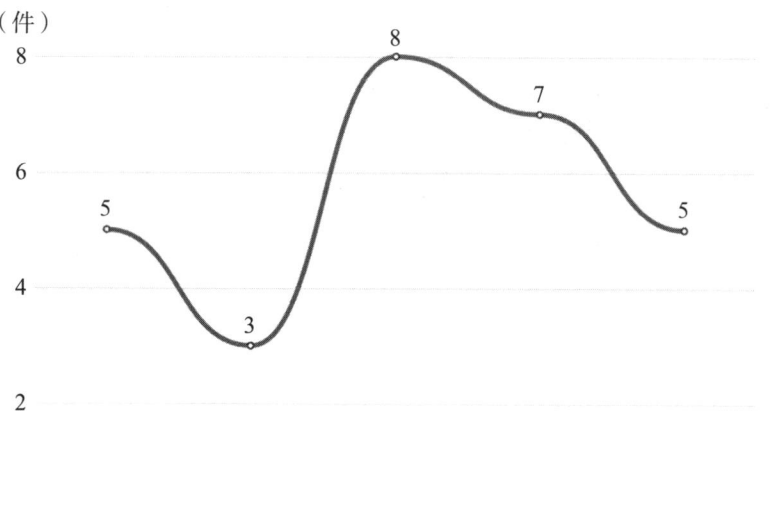

图4-2　案件年份分布情况

如图4-3所示，从案件地域分布情况来看，当前案例主要集中在四川省、最高人民法院[①]、辽宁省、上海市、云南省，其中四川省的案件量最多，达到8件。

---

① 图表中显示地域为"最高人民法院"的三起案件原审地分别为山东省、新疆维吾尔自治区和黑龙江省。

039

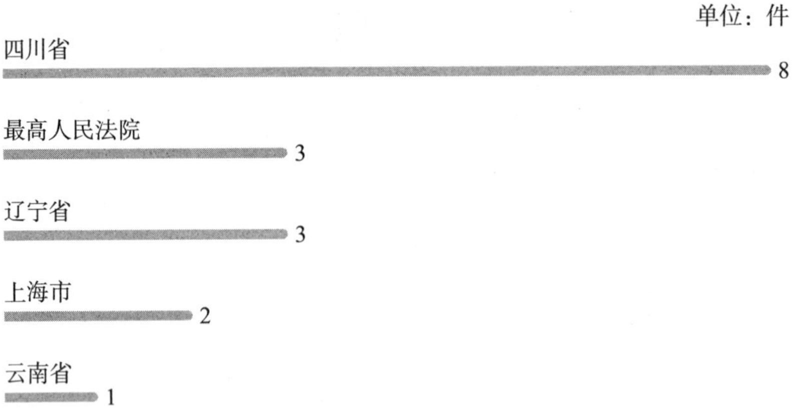

单位：件

- 四川省　8
- 最高人民法院　3
- 辽宁省　3
- 上海市　2
- 云南省　1

图4-3　案件主要地域分布情况

如图4-4所示，从案件案由分类情况可以看出，当前最主要的案由首先是合同、准合同纠纷，有22件，占绝大多数；其次是与公司、证券、保险、票据等有关的民事纠纷，物权纠纷。

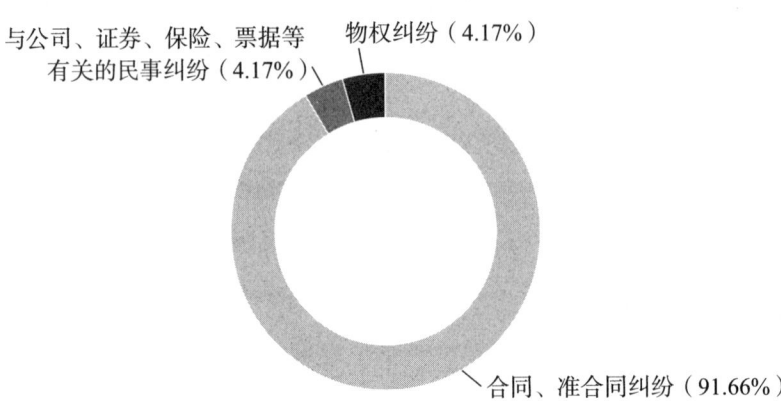

图4-4　案件案由分类情况

二、可供参考的例案

例案一 | 付某、蒋某、张某鸿、盛某煤炭销售有限公司、何某与张某毅、姜某合同纠纷案

【法院】

最高人民法院

【案号】

（2015）民一终字第181号

【当事人】

上诉人（一审被告）：张某鸿

被上诉人（一审原告）：姜某

【基本案情】

2012年1月，某泰煤矿投资人代表张某鸿经付某介绍与姜某洽谈某泰煤矿的转让（投资合作）事宜。2012年9月，张某鸿、付某签署《投资合作备忘录》，该备忘录载明：由姜某先行向张某毅、张某鸿等某泰煤矿投资人支付5000万元，用于清偿某泰煤矿的部分债务及办理煤矿相关手续。2013年2月26日，姜某与张某鸿及付某签订《协议书》，约定：鉴于姜某因织某县某泰煤矿投资合作事宜，委托付某向张某鸿（织某县某泰煤矿实际投资人及投资人代表）支付款项共计5000万元。2013年5月15日，姜某与张某鸿、付某签订一份《补充协议》，约定：张某毅作为织某县某泰煤矿的投资人，自愿向姜某承担连带还款义务，其认可姜某、张某鸿、付某三方于2013年2月26日签署的《协议书》，并自愿接受《协议书》关于张某鸿义务约定及本《补充协议》的约束。2012年1月4日至1月6日，姜某委托第三方向付某银行账户转款共计5000万元。付某已将该款项支付给某泰煤矿投资人。2013年3月28日，张某鸿通过付某向姜某返还1000万元。2013年3月29日，张某鸿通过付某向姜某返还400万元。2013年9月4日以及2013年9月24日，张某鸿向姜某账户分

别汇入100万元。姜某起诉称张某鸿、张某毅仅还款1400万元，余款一直未予归还，至今已逾期还款300日，依约应向其支付违约金约1亿元。现姜某只主张与本金等额的违约金，本金和违约金共计7200万元，故请求判令张某鸿、张某毅依约连带向姜某偿还款项3600万元及违约金3600万元，付某、何某、蒋某、盛某煤炭销售有限公司承担连带清偿责任。

【案件争点】

张某毅是否应当承担违约责任？

【裁判要旨】

一审法院认为：在承担责任的主体方面，根据《补充协议》的约定，张某毅作为共同债务人应当与张某鸿共同承担相应款项的给付责任。

二审法院认为：《合同法》第117条第2款规定，不可抗力是指不能预见、不能避免并不能克服的客观情况。该案中，根据张某毅二审陈述，在签订《补充协议》时，某省煤矿行业政策就一直处于调整状态。张某毅庭审中也承认，"姜某不准备买这个矿了，要求把合作的钱退还，我们研究认为，当时行业形势还没有那么坏，以为可以找到别人来买，但是没有想到后来行业发生变化，也不太好出手了"。法院认为，张某毅同意解除合作关系并返还款项是基于其自身对行业盈利前景和市场风险的商业判断，投资合作不同于返还投资款，国家是否对煤矿进行整合只涉及煤矿能否继续经营的问题，不必然对张某毅能否按时返还姜某的投资款产生影响。《协议书》和《补充协议》约定张某毅的主要义务是返还投资款，国家对煤矿行业的政策调整，对于《协议书》和《补充协议》的履行来讲，不属于不可抗力情形，张某毅关于不可抗力免责的主张于法无据，原判决认定张某毅承担违约责任，有法律和事实依据，法院予以维持。

例案二 | 凯某投资有限公司、张某某确认合同效力纠纷案

【法院】

最高人民法院

【案号】

（2019）最高法民终960号

【当事人】

上诉人（一审被告）：凯某投资有限公司

法定代表人：梁某，总经理

上诉人（一审被告）：张某某

被上诉人（一审原告）：碧某房地产开发有限公司

法定代表人：叶某某

【基本案情】

2017年7月15日，碧某房地产开发有限公司（以下简称碧某公司）作为甲方，凯某投资有限公司（以下简称凯某公司）作为乙方，签订《资产转让合同》。2017年10月31日，凯某公司向碧某公司出具《情况说明》，该说明载明：按照《资产转让合同》第14条的约定，某市政府2017年棚改项目政策调整，致使已经列入其中的某村村棚改项目控制性规划调整未能在10月30日前完成，因而某市海景酒店公寓项目虽然已经被纳入某村村棚改项目控规调整范围，但由于上述政府不可抗力原因，规划调整无法按合同约定完成。为此，凯某公司向碧某公司致函说明，也希望能够就下一步合作事宜提出建议。2017年11月12日，凯某公司收到碧某公司发出的《催款函》，该函载明：凯某公司已逾期退还3.2亿元诚意金，严重影响碧某公司资金安全。现再次函告凯某公司解除合同，请凯某公司立即无条件退还3.2亿元诚意金及相应违约金至碧某公司账户。

【案件争点】

凯某公司能否以不可抗力为由主张免责？

【裁判要旨】

一审法院认为：从某省人民政府两个暂停政策的施行时间来看，其在案涉合同签订之前已经实施，而全国的棚户区政策也在2008年已经开展，2013年已进一步推进，即使案涉项目在2017年10月时被某市人民政府政策调整予以暂停，但由于某市的部分其他项目在2016年时就已经被政府政策调整予以暂停，凯某公司也应能预见案涉项目因棚户区政策调整予以暂停的可能性。故凯某公司主张的棚户区改造政策的调整及某省人民政府的"两个暂停"政策不属于《合同法》第117条第2款规定的本法所称不可抗力，是指不能预见、不能避免并不能克服的客观情况。凯某公司以不可抗力为由主张其未违约应继续履行《资产转让合同》的抗辩意见不能成立，依法不予支持。

二审法院认为：早在2016年2月23日某省人民政府便实施了"两个暂停"政策，2017年9月28日的《某省人民政府关于进一步深化"两个暂停"政策促进房地产业平稳健康发展的意见》是对2016年2月23日《某省人民政府关于加强房地产市场调控的通知》的继续深化落实。《资产转让合同》于2017年7月15日签订，凯某公司作为在某省某市登记注册的专业房地产投资公司，某省人民政府的"两个暂停"政策不属于凯某公司在签订该合同时无法预见的客观情况，现凯某公司主张相关政府政策调整构成不可抗力进而主张其应免责，依据不足，法院不予支持。

三、裁判规则提要

（一）不能预见、不能避免、不能克服这三个要件相互关联，不应孤立进行判断

不可抗力由不能预见、不能避免、不能克服三个要件构成。某一情况是否属不可抗力，应从以下几个方面综合加以认定：

1.不可预见性。法律要求构成不可抗力的事件必须是有关当事人在订立合同时，对该事件是否会发生是不可能预见到的。在正常情况下，判断合同当事人能否预见到某一事件的发生有两个不同的标准：一个是客观标准，即在某种具体情况下，一般理智正常的人能够预见到的，合同当事人就应预见到；如果对该种事件的预见需要有一定的专业知识，那么只要是具有这种专

业知识的一般人所能预见到的,具有相关专业知识的合同当事人就应该预见到。另一个是主观标准,即在某种具体情况下,根据行为人的主观条件来判断合同当事人是否应该预见到,如年龄、智力发育状况、知识水平、教育背景、技术能力等。这两个标准可以单独运用,但在多种情况下应结合使用。

2.不可避免性。合同生效后,当事人对可能出现的意外情况尽管采取了及时合理的措施,但客观上并不能阻止这一意外情况的发生,这就是不可避免性。如果一个事件的发生完全可以通过当事人及时合理的行为来避免,则该事件就不能认定构成不可抗力。

3.不可克服性。不可克服性是指合同的当事人对于意外发生的某一个事件所造成的损失不能克服。如果某一事件造成的后果可以通过当事人的努力来得以克服,那么这个事件就不是不可抗力事件。

(二)国家颁布新政策导致合同实际不能履行的,属于不可抗力

基于《民法典》第180条,除法律另有规定,不可抗力属于法定的免责事由,是指合同签订后,不是由于合同当事人的过失或疏忽,而是由于发生了合同当事人无法预见、无法预防、无法避免和无法控制的事件,以致不能履行或不能如期履行合同,受该事件影响的一方可以免除履行合同的责任或者推迟履行合同。因此,不可抗力应当符合"不能预见、不能避免、不能克服"三大要件。司法实践中通常认为不可抗力包括:重大的自然灾害;重大的社会非正常事件,如战争、骚乱、暴动等。其中重大的社会非正常事件虽然是人为的,但对于一般的合同当事人而言,这些事件是既不能预见也不能避免与克服的,因此属于不可抗力。

当事人在合同履行中因国家颁布新政策而不能实际履行合同的,可以主张不可抗力免责。这是因为合同签订后颁布的国家新政策符合不可抗力的三大要件:首先,新政策是合同签订后才颁布的,因此合同当事人签订时不能预见;其次,新政策颁布后,当事人对可能出现的意外情况尽管采取了及时合理的措施,但客观上并不能阻止合同不能实际履行的发生,该结果不能避

免；最后，一项新的国家政策对于合同当事人有强制约束力，该政策的相关规定不能克服。故而合同当事人提出所在地政府相关文件，证明系政府原因致使案涉合同无法继续履行时，其解除协议系因不可抗力致使合同目的无法实现，就不认为其存在单方违约。

（三）国家政策调整如果在协议签订时就在进行中，则对于合同履行不属于不可抗力情形

如果当事人在签订合同时，国家政策的调整就已经在进行中，那么即使合同签订后国家政策确实进行了调整，客观情况发生了变化，当事人也不得将国家政策的调整作为不可抗力，主张免责。当事人在协议签订时就已经知道国家政策发生了调整，而且在逐步收紧，但仍进行签订，因此国家政策变化导致合同履行受阻是当事人应当预见的。在这种情形下，国家政策变化不满足不可抗力中"不能预见"的特征，违约方不可主张不可抗力加以免责。对此，在例案二中，审判法院认为：某省人民政府的政策调整不属于凯某公司在签订该合同时无法预见的客观情况，现凯某公司主张相关政府政策调整构成不可抗力进而主张其应免责，依据不足。

四、关联规定

《民法典》

第180条 因不可抗力不能履行民事义务的，不承担民事责任。法律另有规定的，依照其规定。

不可抗力是不能预见、不能避免且不能克服的客观情况。

第563条 有下列情形之一的，当事人可以解除合同：

（一）因不可抗力致使不能实现合同目的；

（二）在履行期限届满前，当事人一方明确表示或者以自己的行为表明不履行主要债务；

（三）当事人一方迟延履行主要债务，经催告后在合理期限内仍未履行；

（四）当事人一方迟延履行债务或者有其他违约行为致使不能实现合同目的；

（五）法律规定的其他情形。

以持续履行的债务为内容的不定期合同，当事人可以随时解除合同，但是应当在合理期限之前通知对方。

第577条 当事人一方不履行合同义务或者履行合同义务不符合约定的，应当承担继续履行、采取补救措施或者赔偿损失等违约责任。

第590条 当事人一方因不可抗力不能履行合同的，根据不可抗力的影响，部分或者全部免除责任，但是法律另有规定的除外。因不可抗力不能履行合同的，应当及时通知对方，以减轻可能给对方造成的损失，并应当在合理期限内提供证明。

当事人迟延履行后发生不可抗力的，不免除其违约责任。

不可抗力裁判规则第 5 条：
法院强制执行行为不构成不可抗力

〔规则描述〕法院的强制执行行为不构成不可抗力。不可抗力，是指不能预见、不能避免且不能克服的客观情况。个别法院认为法院的强制执行行为可以构成不可抗力，当事人迟延履行后发生法院的强制执行，事实上导致履行不能，但因当事人迟延履行后发生不可抗力，所以不能免除责任。然而，强制执行行为是司法机关行使权力的表现，属于法院的职权范围，不属于不能预见、不能避免并不能克服的客观情况。因此，法院的强制执行行为，不构成不可抗力，不能适用法律关于不可抗力的相关规定。

一、类案检索大数据报告

时间：2021年4月9日之前，案例来源：Alpha数据库，案件数量：18件，数据采集时间：2021年4月9日，检索关键词：法院；强制执行或执行行为；不可抗力。经排除无关案例后，本次检索获取了2021年4月9日前共18份裁判文书。其中支持法院强制执行行为不构成不可抗力规则的案件有13件，占比72.22%；不支持法院强制执行行为不构成不可抗力规则的案件有5件，占比27.78%。检索整体情况如图5-1所示：

专题一　不可抗力的认定

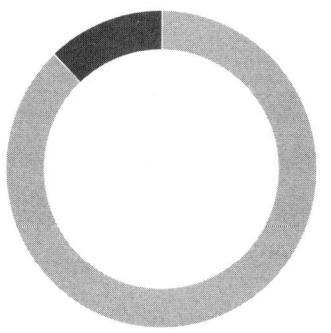

■ 支持法院强制执行行为不构成不可抗力（占比72.22%）
■ 不支持法院强制执行行为不构成不可抗力（占比27.78%）

图5-1　是否支持法院强制执行行为不构成不可抗力

如图5-2所示，从案件年份分布情况可以看出当前条件下案例数量的变化趋势。

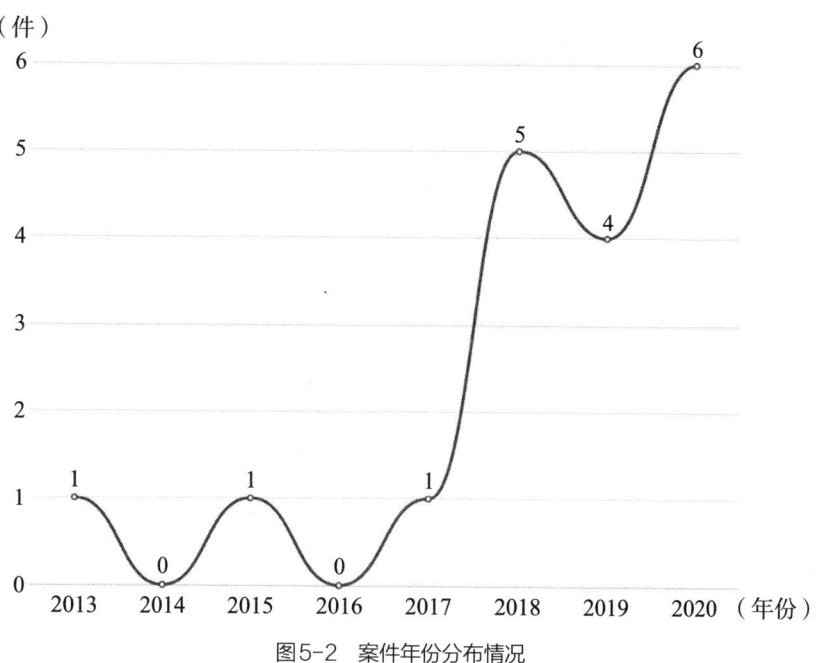

图5-2　案件年份分布情况

如图5-3所示，从案件地域分布情况来看，当前案例主要集中在四川省、贵州省、北京市、河南省和浙江省，其中四川省和贵州省的案件量最多，均达到3件。

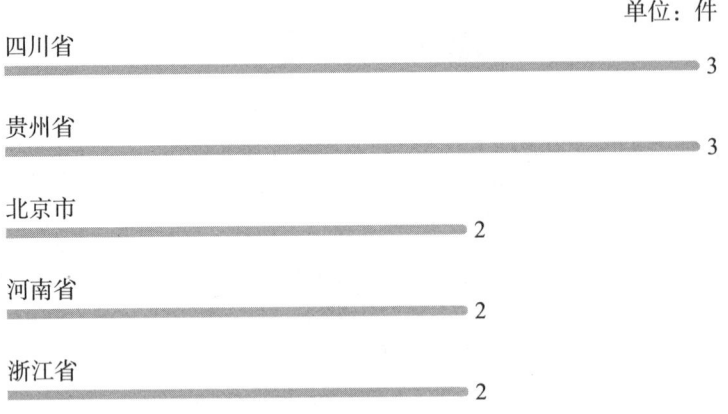

图5-3 案件主要地域分布情况

如图5-4所示,从案件案由分类情况可以看出,当前最主要的案由首先是合同、准合同纠纷,占一半以上;其次是与公司、证券、保险、票据等有关的民事纠纷,海事海商纠纷。

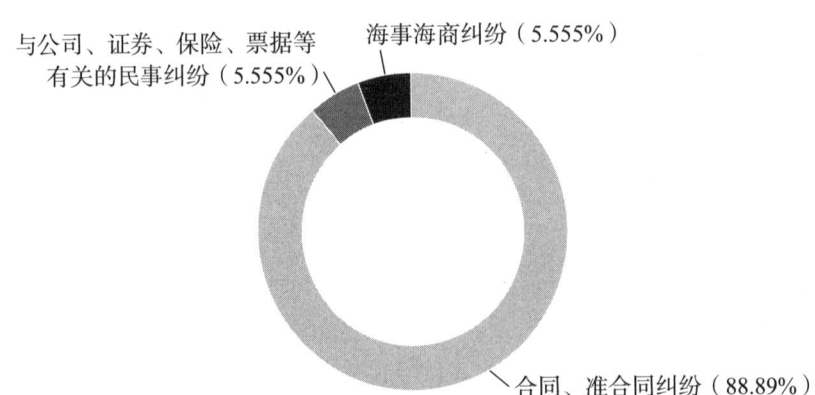

图5-4 案件案由分类情况

二、可供参考的例案

例案一 | 龙某码头有限公司、黑某煤炭销售有限公司港口作业纠纷案

【法院】

最高人民法院

【案号】

(2018)最高法民再65号

【当事人】

再审申请人(一审被告、二审上诉人):龙某码头有限公司

法定代表人:章某,董事长

再审被申请人(一审原告、二审被上诉人):黑某煤炭销售有限公司

法定代表人:肖某某,董事长

【基本案情】

2014年10月30日,黑某煤炭销售有限公司(以下简称黑某公司)与湖北中某经贸发展有限公司(以下简称中某公司)签订《煤炭买卖合同》,约定:黑某公司同意将与神某集团有限公司(以下简称神某公司)签订的《2014年煤炭购销合同》项下货物销售给中某公司。2014年12月10日,黑某公司通知其解除该合同。

2014年11月1日,黑某公司与神某公司签订《2014年煤炭购销合同》,约定后者向前者出售煤炭,前者须承租受载船舶并支付相关费用。后"华江2"轮运载前述煤炭抵达龙某码头有限公司(以下简称龙某公司)码头。龙某公司接收了货物。

2014年9月1日,南京某谷贸易有限公司(以下简称某谷公司)与龙某公司签订《港口货物作业合同》,约定前者应及时申报港口作业计划等。2014年11月23日,某谷公司向龙某公司提交了《货权转让书》等,载明:其将该批煤炭全部货权转移至浙江东某燃料有限公司(以下简称东某燃料公司)。

2015年1月6日,黑某公司与上海云某集团国际贸易有限公司(以下简称云某公司)签订《煤炭采购合同》,约定前者将该煤炭售给云某公司。2015年3月19日,龙某公司致函黑某公司、某谷公司和东某燃料公司,要求各方尽快采取法律手段,解决货权纠纷和处理涉案煤炭。2015年4月14日,神某公司向一审法院出具《证明》,证明涉案煤炭的物权已完全转移至黑某公司。2015年6月1日,龙某公司致函某谷公司,表示:某谷公司未能提供"华江2"轮运单记载的收货人黑某公司将该批煤炭转给中某公司的货权转移证明等。

2015年6月2日,杭州市滨某区人民法院(以下简称滨某区法院)受理了东某燃料公司诉某谷公司买卖合同纠纷一案。滨某区法院裁定:查封某谷公司已发运至南京龙某码头的煤炭。2015年6月25日,龙某公司将该法院出具的协助执行通知书等法律文书发送给黑某公司。2015年7月3日,黑某公司致函龙某公司再次主张其对涉案货物享有所有权和控制权等。2015年7月12日、13日和14日,龙某公司将涉案煤炭分批全部交付给东某燃料公司。2015年7月21日,黑某公司向云某公司发出《解除合同通知书》,以云某公司未依合同约定支付货款为由,通知其解除双方签订的《煤炭采购合同》。

【案件争点】

法院强制执行行为是否构成不可抗力?

【裁判要旨】

一审法院认为:该案中,黑某公司多次向龙某公司要求提取货物,龙某公司均予以拒绝。龙某公司的行为违反了《合同法》第373条第1款[①]"第三人对保管物主张权利的,除依法对保管物采取保全或者执行的以外,保管人应当履行向寄存人返还保管物的义务"的规定,构成迟延履行。龙某公司如依约及时履行了交货义务,则杭州市滨某区人民法院要求其协助执行的情况

[①] 《中华人民共和国合同法》已于2021年1月1日被废止。《中华人民共和国合同法》第373条第1款现规定于《中华人民共和国民法典》第896条第1款。

不可能发生。因此，龙某公司迟延交付货物的行为与黑某公司提不着货的损失之间具有因果关系。该案中，龙某公司迟延履行在先，杭州市滨某区人民法院要求其协助执行在后，因此，龙某公司不能援引该条规定免除其向黑某公司交付货物的义务。涉案货物已交付给东某燃料公司且已运离被告龙某公司码头，龙某公司已无法向黑某公司履行交货义务，因此，被告龙某公司依法应当向原告黑某公司承担货物交付不能的赔偿责任。

二审法院认为：涉案货物被杭州市滨某区法院强制执行，龙某公司已不能向黑某公司履行交付涉案货物的合同义务，即龙某公司的迟延履行事实上导致履行不能。依照《合同法》第117条第2款的规定："不可抗力，是指不能预见、不能避免并不能克服的客观情况。"对龙某公司而言，杭州市滨某区法院的执行行为是其与黑某公司缔约、履约过程中不能预见、不能避免并不能克服的客观情况。该案中，关于不可抗力情形下龙某公司的责任承担，依据《合同法》第117条第1款规定，当事人迟延履行后发生不可抗力的，不能免除责任，因龙某公司迟延履行导致履行不能，故其不能免除责任。

再审法院认为：《合同法》第117条第2款规定："不可抗力是指不能预见、不能避免并不能克服的客观情况。"强制执行是司法机关行使司法权力的表现，属于法院的职权范围，二审判决认定杭州市滨某区法院的强制执行行为属于不可抗力系适用法律错误。

例案二丨中国某华东有限公司金陵分公司与万某某有限公司等仓储合同纠纷案

【法院】
上海市高级人民法院

【案号】
（2017）沪民申2056号

【当事人】
再审申请人（一审被告、二审上诉人）：中国某华东有限公司金陵分公司

负责人：张某某，副总经理

再审申请人（一审被告、二审上诉人）：中国某华东有限公司

法定代表人：王某，董事长

再审被申请人（一审原告、二审被上诉人）：万某某有限公司

法定代表人：鲁某某，董事长

一审第三人、二审被上诉人：上海长某物流有限公司

法定代表人：张某

一审第三人、二审被上诉人：上海思某贸易有限公司

法定代表人：缪某某

【基本案情】

2010年8月25日，万某某有限公司（以下简称万某公司）与中国某华东有限公司（以下简称中某华东公司）签订《万某资源公司与中国某华东有限公司物流合作框架协议》。

2012年5月25日，中国某华东有限公司金陵分公司（以下简称中某金陵分公司）与上海长某物流有限公司（以下简称长某公司）签订《仓储保管合同》一份，约定：前者委托后者仓储保管螺纹钢。同日，万某公司与中某金陵分公司签订《仓储保管协议》，前者为存货方（甲方）、后者为保管方（乙方）。

2012年5月28日，万某公司与上海思某贸易有限公司（以下简称思某公司）签订《购销合同》一份，约定前者向后者购买螺纹钢26,500.429吨，每吨单价3000元。之后，长某公司就上述螺纹钢签发仓单，载明存货单位为"中国某华东金陵分公司代万某公司"。

2012年6月7日，思某公司向万某公司回购螺纹钢1878.616吨，并支付货款5,757,726.84元。

2012年6月15日，万某公司、中某金陵分公司与渣打银行（中国）有限公司上海分行（以下简称渣打银行）签订《三方货物监管协议》，约定根据万某公司与渣打银行签订的《质押协议》，万某公司同意将货物质押给银行。2012年6月18日，就涉案螺纹钢，中某金陵分公司出具仓单，载明：中某金

陵分公司接受了货物,货物主料为24,621.813吨。万某公司将该仓单质押给渣打银行,渣打银行向万某公司发放贷款5539.90万元。2012年7月,万某公司向中某金陵分公司支付监管服务费。

2012年8月29日,万某公司向渣打银行归还上述借款本息。渣打银行向中某金陵分公司出具放货指令,将24,621.813吨螺纹钢发放给万某公司。翌日,万某公司向中某金陵分公司出具放货指令,要求提取24,621.813吨螺纹钢。

2012年9月4日,万某公司函告中某金陵分公司,万某公司于2012年8月30日、9月1日向其司要求提货,但其司拒绝交货,万某公司要求立即交货。同日,中某金陵分公司回函万某公司称,根据《三方货物监管协议》约定,其司在2012年8月29日收到渣打银行放货指令后,即通知万某公司办理提货手续。2012年8月30日,万某公司派遣代表前来其司办理提货手续,其司当场向万某公司出具了出仓通知单,但万某公司代表以出仓通知单字样不符而拒绝签收。2012年9月1日,万某公司至仓库提货,但未持有出仓通知单,故其司无法办理。

2012年9月6日,万某公司向一审法院提起诉讼"(2012)浦民二(商)初字第2725号",要求判令中某金陵分公司、中某华东公司以及长某公司向其交付螺纹钢24,621.813吨。同日,一审法院至上海市宝山区××路××号长某公司仓库查封各类螺纹钢13,100件,计24,621.813吨并拍摄了照片。根据照片,涉案螺纹钢上挂有"中某渣打银行货物监管区域"的指示牌。2013年5月至2014年9月,杭州市拱墅区人民法院、杭州市西湖区人民法院、一审法院等法院共计提取涉案仓库内螺纹钢36,000余吨。

【案件争点】

法院强制执行行为是否构成不可抗力?

【裁判要旨】

一审法院认为:中某金陵分公司虽然提供了证据证明法院共计提取涉案仓库内螺纹钢36,000余吨,但未能证明中某金陵分公司保管的钢材系被法院执行提取,亦未能提供证据证明自2012年9月6日一审法院采取保全措施后,涉案钢材的具体去向。因此，中某金陵分公司不能免除按合同约定承担交货义务以及赔偿责任。

二审法院认为：涉案钢材存放的仓库因其他案件因素由其他人民法院强制执行提取钢材是客观事实，但此并不属于不可抗力情形或归责于第三人所致，故中某金陵分公司不能因此免除合同义务。

再审法院认为：中某金陵分公司、中某华东公司称涉案货物被多家法院强制执行提取完毕，但并未举证证明，故不予采信。

例案三 | 刘某某、蒋某某房屋买卖合同纠纷案

【法院】

四川省成都市中级人民法院

【案号】

（2019）川01民终17127号

【当事人】

上诉人（一审被告）：刘某某

被上诉人（一审原告）：蒋某某

一审被告：袁某

【基本案情】

2017年8月10日，卖方袁某、刘某某与买方蒋某某签订《房屋买卖合同》，约定袁某、刘某某将其所有的房屋出售给蒋某某。合同约定了价钱、付款方式、付款时间等。同日，蒋某某向刘某某支付了购房定金，刘某某出具了收条。2017年8月14日，买卖双方签订《协议书》，并对其进行了公证。

此外，袁某、刘某某因民间借贷纠纷被案外人周某于2017年2月21日诉至四川省崇州市人民法院，四川省崇州市人民法院判令袁某、刘某某共同支付周某借款本金并支付利息，判决生效后，案外人周某向法院申请强制执行，四川省崇州市人民法院依法将案涉房屋进行拍卖。2018年6月25日，案涉房屋被案外人杨某某拍得，2018年8月31日，案外人杨某某在成都市某区不动产登记中心办理了案涉房屋的过户登记手续。

袁某、刘某某于2016年3月28日在崇州市民政局婚姻登记处协议离婚。

【案件争点】

法院强制执行行为是否构成不可抗力？

【裁判要旨】

一审法院认为：四川省崇州市人民法院作出的（2017）川0184执1355号执行裁定书已裁定将案涉房屋过户至案外人杨某某名下，该裁定已执行完毕，袁某、刘某某不再享有案涉房屋的权属，袁某、刘某某客观上已不能协助办理案涉房屋的交易过户手续，由于袁某、刘某某的行为致使蒋某某的合同目的无法实现，属于根本性违约，蒋某某享有合同解除权，双方签订的《房屋买卖合同》于法院向被告方送达民事诉状时即2018年7月9日解除。

二审法院认为：根据《合同法》第117条第2款之规定，不可抗力是不能预见、不能避免并不能克服的客观情况，其具有不可预见性、不可避免性以及不可克服性。案涉房屋买卖合同因司法强制执行而处于履行不能状态，但司法强制执行行为并非不可抗力，因为其虽具有不可预见性，但并非不可避免、不可克服。刘某某系因自身债务问题导致案涉房屋被司法强制执行，不得据此主张不可抗力，故其不存在免责事由，应当承担违约责任。据此，上诉人刘某某作为合同一方当事人没有履行合同义务导致合同目的不能实现已构成根本违约，同时，因司法强制执行导致合同目的不能实现不属于不可抗力，不存在免责事由，一审法院认定案涉《房屋买卖合同》因袁某、刘某某的违约行为导致解除，袁某、刘某某是违约方，应当向蒋某某承担违约责任并无不当，予以支持。

三、裁判规则提要

（一）法院强制执行行为不构成不可抗力

法院的强制执行行为究竟能否构成不可抗力，存在争议。例如，在例案一中，其二审法院认为：法院的强制执行行为，符合不可预见性、不可避免性并不能克服性等构成要件，故可以构成不可抗力，从而适用不可抗力的免责条件。但二审法院又以该案为迟延履行后发生不可抗力的情形从而最终无法判决当事人免责。而在例案三中，其二审法院认为：法院强制执行行为并不完全符合不可抗力的构成要件，不能适用不可抗力的相关规定。根据《民法典》第180条的规定，不可抗力的构成需要以有关客观情况是否同时具备不可预见性、不可避免性、不可克服性等特征加以综合判断。法院的强制执行行为客观上会导致履行不能，但它本身并不符合不可抗力的全部构成要件。申言之，债务人即便对于法院的强制执行行为不能预见，但其根据自身能力对于法院的强制执行行为可以避免和克服，故而不能适用法律关于不可抗力的相关规定。

例案一中，涉案货物被滨某区法院强制执行，龙某公司已不能向黑某公司履行交付涉案货物的合同义务，龙某公司的迟延履行事实上导致了履行不能。二审法院认为对龙某公司而言，滨某区法院的执行行为是其与黑某公司缔约、履约过程中不能预见、不能避免并不能克服的客观情况，因此可以构成不可抗力，但因龙某公司迟延履行导致履行不能，故其不能免除责任。应当说，该二审法院的判决结果是正确的，不过其在裁判论证上仍然存在如下不足：其一，法院属于公权力机关，其所实施的强制执行行为是职权范围之内的事项，受到法律保护，而该二审法院并未如此论证；其二，该二审法院在判断是否适用不可抗力免责条款时对其前提条件判断错误，在没有准确认识到法院强制执行行为并不符合不可抗力的所有构成要件下便作出了判决，这一做法存疑。同样，在例案二中，二审法院虽然肯定了法院强制执行行为不构成不可抗力的观点，但在说理部分略显单薄，仅仅指出了涉案螺纹钢因其他案件因素由其他人民法院强制执行，提取螺纹钢是客观事实，但没有明确指出法院强制执行是属于其职权范围内的事项这一内容。

（二）当事人迟延履行后发生的法院强制执行行为事实上导致履行不能的，不适用法律关于当事人迟延履行后发生不可抗力不能免除责任的规定

合同严守是合同精神的应有之义，司法实践中常有当事人以发生不可抗力为由拒绝履行合同约定的义务，同时主张免责。然而，法律旨在平衡双方当事人之间的利益，故而法律规定当事人迟延履行后发生不可抗力的不能免除责任。不过，适用此条款的前提是当事人所遭遇的事件已经构成不可抗力。换言之，若所发生的事件不构成不可抗力，则不能适用《民法典》第590条的规定。法院的强制执行行为看似符合不可抗力的构成要件，实则不然。有法院在裁判说理部分直接指出，法院的强制执行客观上导致了履行不能，但并非不可抗力，因为其虽然具有不可预见性，但非不可避免、不能克服。

例案三中，二审法院认为司法强制执行导致合同目的不能实现不属于不可抗力，违约方袁某、刘某某不存在免责事由，承担了违约责任，这就是合同严守精神的体现。《民法典》第465条第1款规定，依法成立的合同，受法律保护。《民法典》第577条规定，当事人一方不履行合同义务或者履行合同义务不符合约定的，应当承担继续履行、采取补救措施或者赔偿损失等违约责任。袁某、刘某某应当根据前述规定承担违约责任，而不能适用《民法典》第590条第2款关于迟延履行后发生不可抗力不免责的规定。

（三）法院强制执行行为是司法机关行使权力的表现，属于法院的职权范围，不属于不能预见、不能避免并不能克服的客观情况

法院强制执行是指人民法院执行人员按照法律文书的规定，强制被申请执行人完成指定的行为，该制度的设计兼顾了司法效率和司法公平的价值。债权债务得以及时顺利地实现和承担是市场经济秩序得以正常发展的基础。故而，法院的强制执行行为是社会信用关系的基本保障。法院的审判程序仅是确定当事人的特定请求权，而法院的执行行为则是实现生效法律文书所确

定的请求权。①

法院强制执行行为是司法机关行使权力的表现，属于法院的职权范围，不属于不可抗力。从实施的主体上看，民事强制执行权的主体是法院，其余任何个人或组织均不能成为该民事强制执行权的实施主体；从实施的条件看，强制执行权的启动条件是依据当事人的申请或者审判员的移送执行；从实施的内容看，民事强制执行权又可以分为执行实施权和执行裁判权；从实施的效果看，强制执行权的目的是强制债务人履行义务，以实现权利人在司法上的请求权。②故而，法院强制执行行为是司法机关行使权力的体现，是法院职权范围内的事项，虽然其会导致当事人的合同事实上履行不能，但司法强制执行行为之对于债务人而言并非不可避免、不可克服，从而其并不符合不可抗力的构成要件。因此，不宜将强制执行界定为不可抗力的客观情况，更不能适用不可抗力的相关法律规定。

四、关联规定

《民法典》

第180条 因不可抗力不能履行民事义务的，不承担民事责任。法律另有规定的，依照其规定。

不可抗力是不能预见、不能避免且不能克服的客观情况。

第590条 当事人一方因不可抗力不能履行合同的，根据不可抗力的影响，部分或者全部免除责任，但是法律另有规定的除外。因不可抗力不能履行合同的，应当及时通知对方，以减轻可能给对方造成的损失，并应当在合理期限内提供证明。

---

① 参见刘长春：《民事强制执行理论及司法实践中几个问题探究》，华东政法学院2002年硕士学位论文。

② 参见刘洋洋：《论法院民事强制执行权的属性》，载中国法院网：https://www.chinacourt.org/article/detail/2019/04/id/3827514.shtml，2021年4月9日最后访问。

当事人迟延履行后发生不可抗力的，不免除其违约责任。

第896条 第三人对保管物主张权利的，除依法对保管物采取保全或者执行措施外，保管人应当履行向寄存人返还保管物的义务。

第三人对保管人提起诉讼或者对保管物申请扣押的，保管人应当及时通知寄存人。

专题二 当事人约定不可抗力的适用

不可抗力裁判规则第6条：
约定的不可抗力范围大于法定范围时，超出部分视为约定免责

〔规则描述〕免责事由可分为法定免责事由和约定免责事由，除了法律规定的免责事由，当事人也可对其他免责事由进行约定。不可抗力属于法定的免责事由，当事人不得约定将不可抗力排除在免责事由之外；如果双方约定的不可抗力范围小于法定范围，则当事人仍可援用法律规定主张免责；如果约定的不可抗力范围大于法定范围，则超出部分应视为另外成立了免责条款，为约定免责事由。约定的免责事由是双方当事人对免责事项达成一致的真实意思表示，在不违反法律规定、不损害社会公德和公共利益的情况下，对当事人具有法律约束力。

一、类案检索大数据报告

时间：2021年4月9日之前，案例来源：Alpha数据库，案件数量：8件，数据采集时间：2021年4月9日，检索关键词：约定；不可抗力；大于或超出；法定；免责。经排除无关案例后，本次检索获取了2021年4月9日前共8份裁判文书。其中支持约定的不可抗力范围大于法定范围时，超出部分视为约定免责的案件有8件，占比100%。从是否支持"约定的不可抗力范围大于法定范围时，超出部分视为约定免责"裁判思路的比例来看，检索到的所有判决或裁定均支持这一观点。检索整体情况如图6-1所示：

专题二　当事人约定不可抗力的适用

■支持约定的不可抗力范围大于法定范围，
其超出部分视为约定免责规则（占比100%）

图6-1　是否支持约定的不可抗力范围大于法定范围，其超出部分视为约定免责

如图6-2所示，从案件年份分布情况可以看出当前条件下案例数量的变化趋势。

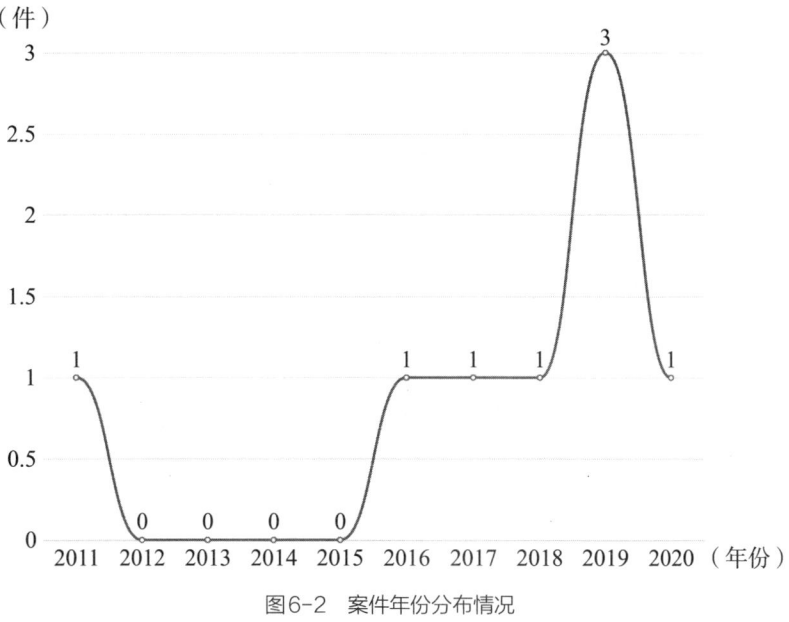

图6-2　案件年份分布情况

如图6-3所示，从案件地域分布情况来看，当前案例主要集中在江苏省、四川省、江西省、浙江省、贵州省，其中江苏省的案件量最多，达到3件。

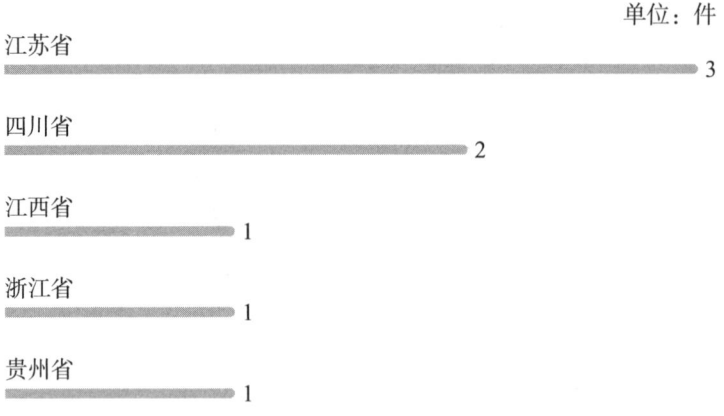

图6-3 案件主要地域分布情况

如图6-4所示,从案件案由分类情况可以看出,当前最主要的案由首先是合同、准合同纠纷,有7件,占一半以上;其次是与公司、证券、保险、票据等有关的民事纠纷。

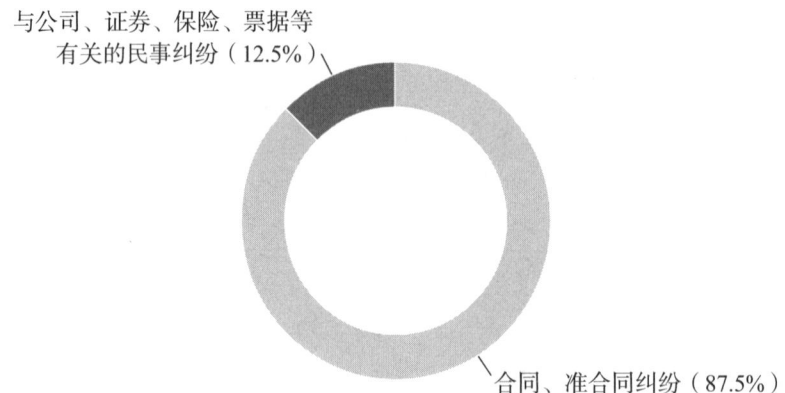

图6-4 案件案由分类情况

二、可供参考的例案

例案一 | 谷某某等与吕某某房屋租赁合同纠纷案

【法院】

湖南省张家界市中级人民法院

【案号】

（2015）张中民一监字第2号

【当事人】

申请再审人（一审被告、二审上诉人）：谷某某、石某某

被申请人（一审原告、二审被上诉人）：吕某某

【基本案情】

2008年4月8日，吕某某（乙方）与谷某某（甲方）、石某某（甲方）签订了一份《某酒店餐厅出租协议》，双方约定：乙方承租甲方经营的位于张家界市永定区某酒店餐厅（含厨房）。

2008年4月28日至8月底，张家界市人民政府启动了包括天门路在内的"六路四桥"改造工程建设，封闭了一审被告酒店入口。2010年12月到2011年3月，一审被告对某酒店进行了装修改造。以上两件事实，造成一审原告餐厅不能正常经营。

2013年6月5日，双方签订《关于终止〈某酒店餐厅出租协议〉的协议》，终止履行合同，双方同时约定：当日办理一切交接手续，乙方所欠甲方的一切款项在2013年6月15日前由双方进行核对并商定偿还方案。后双方因并未核对欠款款项，也没有商定偿还方案，一审原告拒绝腾让餐厅而发生纠纷，双方均将餐厅大门上锁，一审原告将餐厅大门损坏。在诉讼期间，一审原告腾让餐厅，并于2013年年底取走仅剩的麻将机一台。

【案件争点】

本案中政府路桥工程改造是否构成不可抗力？

【裁判要旨】

一审法院认为：根据《某酒店餐厅出租协议》第6条第8项的约定，因政府"六路四桥"改造工程建设和被告对某酒店装修改造，造成原告餐厅不能正常经营。两个期间合计8个月，原告有权要求依照合同约定按照租金标准补偿经济损失，应认定损失金额为106,667元。

二审法院认为：双方在《某酒店餐厅出租协议》第6条第8项约定："如因自然灾害（洪水、塌方、地震等地质灾害）、疾病流行（瘟疫或其他国家有明文规定的规模性疾病）、政治事件（动乱、大规模罢工及游行、战争等）、城市改造等原因造成乙方不能正常经营，甲方应减免相应租金或商议补偿相应损失。"该条款属于双方约定的免责事由。免责事由可分为法定免责事由和约定免责事由，除了法律规定的免责事由，当事人也可对其他免责事由进行约定。不可抗力属于法定的免责事由，当事人不得约定将不可抗力排除在免责事由之外。如果双方约定的不可抗力范围小于法定范围，则当事人仍可援用法律规定主张免责；如果约定的不可抗力范围大于法定范围，超出部分则应视为另外成立了免责条款，为约定免责事由。约定的免责事由作为双方当事人对免责事项达成的一致意思表示，在不违反法律规定、不损害社会公德和公共利益的情况下，对当事人应当具有法律约束力。该案中双方当事人在协议中约定的上述免责事由并不具有无效情形，是双方的真实意思表示，对双方均具有约束力。

再审法院认为：本院二审判决查明某酒店在张家界市"六路四桥"改造工程范围内属于事实认定上存在瑕疵，但谷某某、石某某认可有城市改造的事实，并影响了某酒店餐厅正常经营，造成了被申请人吕某某租赁某酒店期间的损失，故某酒店是否在张家界市"六路四桥"改造工程范围内的事实认定不影响该案的处理。双方签订合同约定谷某某、石某某承担消费签单的付款责任，本院二审据此判决并无不当，申请再审人谷某某、石某某请再审主张应由某旅行社有限公司承担谷某某、石某某消费签单的付款责任没有事实和法律依据。

例案二 | 科某染整科技有限公司与兴某气体有限公司供用气合同纠纷案

【法院】

江苏省南通市中级人民法院

【案号】

（2019）苏06民终32号

【当事人】

上诉人（一审被告、反诉原告）：科某染整科技有限公司

法定代表人：李某某，董事长

被上诉人（一审原告、反诉被告）：兴某气体有限公司

法定代表人：张某某，董事长

【基本案情】

兴某气体有限公司（以下简称兴某公司）经营范围为危险化学品批发及零售；液化石油气批发及零售等。科某染整科技有限公司（以下简称科某公司）系有限责任公司，经营范围为染整技术的研发；针纺织品印染加工（另设分支机构）；服装及辅料、针纺织品、鞋帽、箱包的生产、销售。

2017年11月6日，兴某公司（乙方）与科某公司（甲方）签订液化天然气供应合同一份，就乙方液化天然气供应及甲方使用天然气事宜订立此天然气单点直供业务合同。

合同订立后，兴某公司陆续向科某公司供应天然气。按照双方约定的计量周期与价格，2017年11月，兴某公司合计供货价格123,904.5元并于2017年11月23日向科某公司开具增值税专用发票，科某公司于2017年12月5日给付了该笔货款。2017年11月21日至12月3日，兴某公司分三次向科某公司供气36.09吨，兴某公司供货后于2017年12月22日向科某公司开具了金额246,097.71元的增值税专用发票，科某公司于2017年12月29日签收发票认证后未支付货款，引起诉讼。

兴某公司认为科某公司未再要求供气，故并未继续供气，同时主张科某公司未付货款。科某公司认为，当时天然气价格处于快速上涨阶段，按合同

兴某公司只能获取每吨400元左右的利润，当时的市场价格每吨能获取1000多元，兴某公司将原本卖给科某公司的气体卖给别人可以获取更大的利润，故其并未再继续向科某公司供气，构成违约。另，科某公司认为兴某公司主张的价格计算方式有误，同时提起反诉，并提供了送货单、增值税发票、财务凭证、租赁合同、电费缴纳凭证等证据，以证实因兴某公司的违约行为造成了各项损失共计226,954.9元。

一审法院依职权向案外人周某（兴某公司职员，负责技术、安全、天然气销售）进行调查，周某反映案涉合同系其经办，合同履行过程中，均是科某公司张总给其打电话要货，兴某公司第二天送货过磅，科某公司签收，然后进行对账。2017年12月3日后上游断货，当时全国都闹"气荒"，天然气价格涨幅较大且科某公司付款不及时，故未再供气。其认为断货的原因为全国性的气荒，兴某公司不存在违约行为，兴某公司未继续履行合同确实因为无货可供，这属于双方均不能预见、不可避免、不可克服的事实情况，属于合同条款中的不可抗力。

【案件争点】

本案全国气荒是否构成不可抗力？

【裁判要旨】

一审法院认为：法定的不可抗力是指不能预见、不能避免并不能克服的客观情况。合同中是否约定不可抗力条款，不影响直接援引法律规定。不可抗力条款是法定免责条款，约定的不可抗力范围如小于法定范围，当事人仍可援用法律规定主张免责；如大于法定范围，超出部分应视为当事人合意另外成立免责条款。该案中，双方对不可抗力条款的约定与法定的不可抗力的内涵并不矛盾，问题是原告停止供气是否属于法定或双方约定的不可抗力。该案中，当时由于全国进行煤改气以防污染，冬季供气出现供不应求的状况客观存在，双方对此均无异议，但从客观情况来看，全国出现气荒并非完全没气供应，只是供应的数量不能满足市场的需求且价格因天然气短缺而出现快速上涨现象。同时，全国出现气荒确实是双方当事人在订立合同时所不能预见的，从当时的实际情况来客观分析，原告并非无气可供应给被告，只是数量与价格出现变化，难以像正常情况下一样满足被告需要，故原告在2017年12月3日后不再向被告供气存在违约行为，应承担相应的违约责任。由于原告的违约事出有因，且是双方不可预见的原因导致，故在有关损失的计算与分担时，根据利益衡平原则，兼顾双方利益综合平衡。原告认为被告未及时结清货款，故不再供气，事实上在2017年12月3日原告停止供气后，被告于2017年12月5日仍在支付前期货款，而12月的货款尚未到履行期，故对原告的该说法难以采信。

二审法院认为：在反诉部分，科某公司主张兴某公司于2017年12月3日后停止供气违反合同约定，兴某公司对停止供气事实没有异议，但主张其系因上游供气紧张而无货可供，停止供气符合双方订立的液化天然气供应合同第6条"甲、乙方的权利和义务"乙方部分第3条的约定，即根据政府部门的指令或上游供气情况的变化，如需减少、中断、停止供气，乙方有义务提前通知甲方。根据该条款约定，兴某公司停止供气负有提前通知义务，因双方未约定提前通知的期限，兴某公司应当在合理时间前通知，以便科某公司采取应对措施避免损失。兴某公司陈述其未书面通知，但在与兴某公司经办人员的沟通交流中，该经办人员表示必然会告知对方无气可供的情况，该陈述与科某公司陈述基本一致，不过由此可见兴某公司并未提前通知，而是在科某公司要求供货时才告知上游无货。兴某公司存在违约行为，其违约不在于不供货，而在于未及时提前通知。

例案三 | 李某某与长某房地产开发有限公司商品房预售合同纠纷上诉案

【法院】

福建省漳州市中级人民法院

【案号】

（2014）漳民终字第339号

【当事人】

上诉人（一审原告）：李某某

被上诉人（一审被告）：长某房地产开发有限公司

法定代表人：王某某，董事长

【基本案情】

2010年2月5日，李某某与长某房地产开发有限公司（以下简称长某公司）签订了一份《商品房买卖合同》，约定由李某某向长某公司购买商品房一套，总价款405,249元。李某某依约于2010年3月1日支付首付款125,249元，于2010年4月15日支付按揭款280,000元。

《商品房买卖合同》第8条第3款约定："如遇下列特殊原因，除双方协商同意解除合同或变更合同外，出卖人可据实予以延期：1.遭遇不可抗力，且出卖人在发生之日起60日内书面告知买受人的；2.详见附件六。"

附件六载明：《合同补充协议》第6条第6项约定：出卖人可据实予以延期交房的其他因素：（1）遇到雨天（昼夜降雨量达到25mm及6级以上大风天气造成无法正常施工）；遇到停水、停电等情况造成无法正常施工；（2）遇到政府部门作出禁止施工作业及节日假期，如创卫、实施交通管制、高考、噪声管制、重大传染性疾病、元旦、端午、中秋、国庆春节假期；（3）因市政规划、基础设施建设或更改建设，造成无法正常施工；（4）其他非出卖人所能控制的因素。

2011年4月16日，长某公司就长某小区1号楼、2号楼与连接段的石材幕墙深化设计签订设计合同，该设计变更于2011年6月经相关审查公司审查合格后施工，于2011年9月9日经验收合格，期间共计146天。

2012年2月14日，长某公司以村民黄某因征地拆迁矛盾阻挠施工为由，起诉至区人民法院，要求黄某立即停止阻碍长某公司施工的行为并赔偿损失。2012年3月5日，长某公司以黄某的行为已经政府相关部门协调处理为由，撤回起诉。因村民黄某的阻挠施工行为，施工单位及监理单位出具工程签证单，证明长某公司因此停工共计59天。

原审另查明，因应《漳州市城乡规划局关于建设项目绿化规划实施的温馨提示》的要求，长某公司调整绿化工程设计方案及施工工期，增加工期18天。

此外，自2010年2月5日起至2012年6月28日止，根据漳州市气象科技服务中心出具的《气象报告》，漳州市区昼夜降雨量达到25mm天数40天，6级以上大风及台风天数52天，共计92天；高考共计6天；节假日共计74天。

【案件争点】

本案是否构成不可抗力？

【裁判要旨】

一审法院认为：该案的争议焦点主要是逾期交房的天数问题。双方签订合同的时间是2010年2月5日，交付商品房时间是2012年6月28日，长某公司要求扣除可以延期交房的天数，应自2010年2月5日起计算。

《商品房买卖合同》第8条约定，出卖人应当在2011年5月28日前将商品房交付买受人使用。长某公司于2012年6月28日才交房，比约定交房日期延后390天，扣除合同约定可予延期交房的天数为299天，长某公司实际逾期交房天数为91天。根据《商品房买卖合同》第9条关于出卖人逾期交房的违约责任的约定，该案的逾期交房违约金应为405,249元×0.1‰×91天=3687.77元。李某某主张按中国人民银行中长期贷款利率每日万分之一点八计算违约金，但未能举证证明其合同约定的违约金低于造成的损失，故该主张不予支持。

二审法院认为：虽然《合同补充协议》第6条第6项的部分约定内容不属于法定的不可抗力，但该条款系当事人的真实意思表示，没有违反法律、法规效力性强制性规定，合法、有效，根据《合同法》第60条①的规定，双方均应履行。从内容上看，上述条款涵盖了该案合同第8条第3款第1项中的"不可抗力"，二者在内涵上有所交叉，合同条款在制订技术上显得不够简洁，但这对该合同第6条第6项约定的内容可作为延期交房的情形并无实际影响。法

---

① 《中华人民共和国合同法》已于2021年1月1日被废止。《中华人民共和国合同法》第60条现规定于《中华人民共和国民法典》第509条。

定的不可抗力情形固然可以免责，但当事人约定的免责情形也可以产生免责的后果。在二者有所冲突的情况下，就法律的价值取向而言，约定免责情形的履行位阶甚至高于法定免责情形，这是由尊重合同当事人意思自治的原则决定的。李某某主张《合同补充协议》第6条第6项的约定情形不属于法定的不可抗力情形，不应作为延期交房的情形。此主张系未正确理解法定与约定之间的关系的结果，于法不符，理由不能成立。

三、裁判规则提要

（一）如果双方约定的不可抗力范围小于法定范围，则当事人仍可援用法律规定主张免责；如果约定的不可抗力范围大于法定范围，超出部分则应视为另外成立了免责条款，为约定免责事由

尽管法律对不可抗力的成立和法律效果都作出了明确规定，但在实践中，少数当事人有时也会对不可抗力条款进行具体约定，此为约定的不可抗力免责条款。因而，在此种情况下，就会出现法定的不可抗力规则和约定的不可抗力条款不一致的情形。在交易实践中，当事人关于不可抗力条款的约定，或者扩张不可抗力的范围，在法律规定之外，新增不可抗力事项，如本不属于法定不可抗力情形的可归责于一方当事人的事由，或者全部排除法定的不可抗力规则的适用，或者限缩不可抗力的范围。就第一种情况而言，此时约定的不可抗力条款和法定的不可抗力规则并无实质区别，因此，通说认为该约定并非真正的不可抗力条款。

尽管学界对于约定的不可抗力条款和法定的不可抗力规则的并存存在争议，但司法实践大都认为即使合同中约定的不可抗力范围小于法定范围，或者排除了某些法定的不可抗力事项，此约定仍然无法妨碍当事人主张适用法定的不可抗力规则来免责。同时，即使当事人约定的不可抗力范围大于法定的不可抗力范围，约定的不可抗力条款与法定的不可抗力规则不一致，该约

定也并不一定无效，超出部分可视为当事人另行订立免责条款，为约定的免责事由。

例案二中，法院认为双方对不可抗力的约定与法定的不可抗力的内涵并不矛盾，而问题的关键在于原告停止供气是否属于法定或双方约定的不可抗力。不过法官在最终裁判时，采取了利益平衡原则，认为原告的违约事出有因，且是双方不可预见的原因导致，故在有关损失的计算与分担时，应兼顾双方利益综合平衡。

（二）合同中是否约定不可抗力条款，不影响当事人直接援引法律规定

不可抗力规则是法律明确规定的规则，即使合同中没有约定不可抗力条款，当事人仍然主张适用不可抗力规则时，法院也会予以支持。比如，有法官在司法裁判中指出，不可抗力条款是法定免责条款，合同中是否约定不可抗力条款，不影响直接援用法律规定；如果约定的不可抗力范围小于法定范围，则当事人可援引法律规定主张免责；当事人也不得约定将不可抗力排除在免责事由之外。

（三）约定条款不属于法定的不可抗力，但该条款系当事人的真实意思表示，没有违反法律、法规效力性强制性规定，合法、有效，双方均应履行

合同是市场交易的重要形式。合同正常履行与否，不仅关系到市场主体间交易安全的维护，还关系到市场秩序的运行，更在很大程度上反映出市场的生命力。当事人在订立合同时大都对缔约充满着期许，因此，合同的有效成立在市场交易中扮演着重要的角色。合同约定条款为当事人双方的真实意思表示，在没有违反法律、法规效力性强制性规定的情况下，可以被认定为合法且有效。当事人应当按照合同的约定积极行使权利和履行义务。有观点认为不可抗力条款无须三个"不能"同时具备，因为不可抗力条款不一定按照当事人约定的那样发生法律效力，而是首先受控于法律关于被订入合同的

免责条款有效还是无效的规定。①换言之，就扩张型不可抗力条款而言，对于其效力的判断可适用法律有关合同效力的一般判断规则。

在例案二中，法院认为双方当事人在协议中约定的免责事由并不具有无效情形，是双方的真实意思表示，对双方均具有约束力。在例案三中，法院认为虽然《合同补充协议》第6条第6项约定的部分内容不属于法定的不可抗力事项，但该条款系当事人的真实意思表示，没有违反法律、法规效力性强制性规定，合法、有效，双方均应履行。首先，从内容上看，法院认为《合同补充协议》第6条第6项和第8条第3款第1项中的不可抗力在内涵上具有交叉性，但事实上这对当事人可延期交付的情形认定并无实际影响。其次，法院认为法定的不可抗力情形和约定的不可抗力情形均能产生免责的后果。最后，法院认为法定的不可抗力规则和约定的不可抗力条款发生冲突时，可以立足于法律的价值取向进行思考，正确处理法定不可抗力规则和约定不可抗力条款之间的关系。约定的不可抗力条款是合同双方当事人意思自治的体现，应当得到尊重和保护。

四、关联规定

《民法典》

第180条　因不可抗力不能履行民事义务的，不承担民事责任。法律另有规定的，依照其规定。

不可抗力是不能预见、不能避免且不能克服的客观情况。

第509条　当事人应当按照约定全面履行自己的义务。

当事人应当遵循诚信原则，根据合同的性质、目的和交易习惯履行通知、协助、保密等义务。

当事人在履行合同过程中，应当避免浪费资源、污染环境和破坏生态。

---

① 参见崔建远：《不可抗力条款及其解释》，载《环球法律评论》2019年第1期。

不可抗力裁判规则第7条：
当事人将不可抗力排除在免责事由之外的约定无效

〔规则描述〕当事人一方因不可抗力不能履行合同，根据不可抗力的影响，部分或者全部免除责任，但法律另有规定的除外。不可抗力的免责条款是法律明确规定的免责条款之一，具有法定性和强制性。因此，如果当事人约定将不可抗力排除在免责事由之外，那么该约定因违反法律的强制性规定而无效。当发生不可抗力事件时，当事人一方仍然可以依据法定的不可抗力规则主张免责。

一、类案检索大数据报告

时间：2021年4月9日之前，案例来源：Alpha数据库，案件数量：41件，数据采集时间：2021年4月9日，检索关键词：不可抗力；免责事由；排除；约定；无效。经排除无关案例后，本次检索获取了2021年4月9日前共41份裁判文书，其中支持当事人将不可抗力排除在免责事由之外的约定无效的案件为36件，占比87.80%；不支持当事人将不可抗力排除在免责事由之外的约定无效的案件为5件，占比12.20%。检索整体情况如图7-1所示：

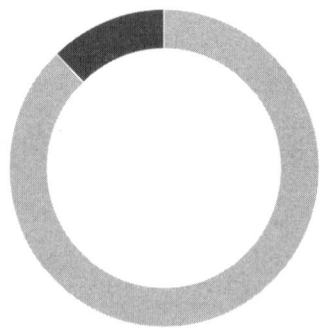

■ 支持当事人将不可抗力排除在免责事由之外的约定无效（占比 87.80%）
■ 不支持当事人将不可抗力排除在免责事由之外的约定无效（占比 12.20%）

图7-1　是否支持当事人将不可抗力排除在免责事由之外的约定无效

如图7-2所示，从案件年份分布情况可以看出当前条件下案例数量的变化趋势。

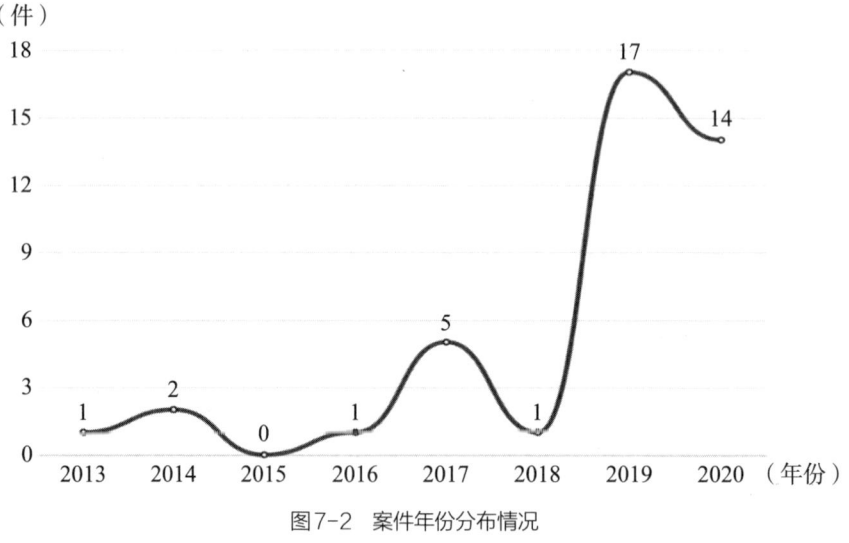

图7-2　案件年份分布情况

如图7-3所示，从案件地域分布情况来看，当前案例主要集中在天津市、广东省、山东省、江苏省、上海市，其中天津市和广东省的案件量最多，均达到16件。

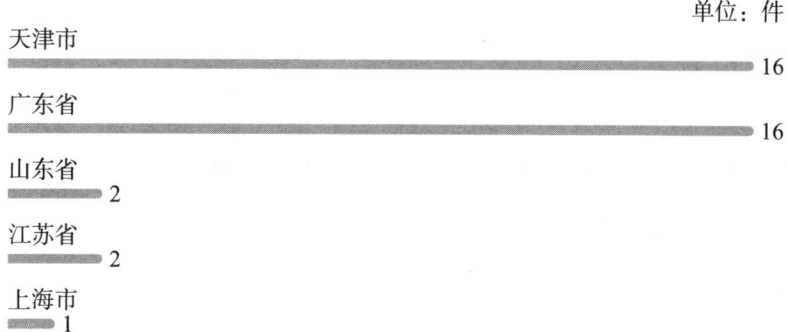

图7-3 案件主要地域分布情况

如图7-4所示,从案件案由分类情况可以看出,当前最主要的案由首先是合同、准合同纠纷,有38件,占绝大多数;其次是侵权责任纠纷。

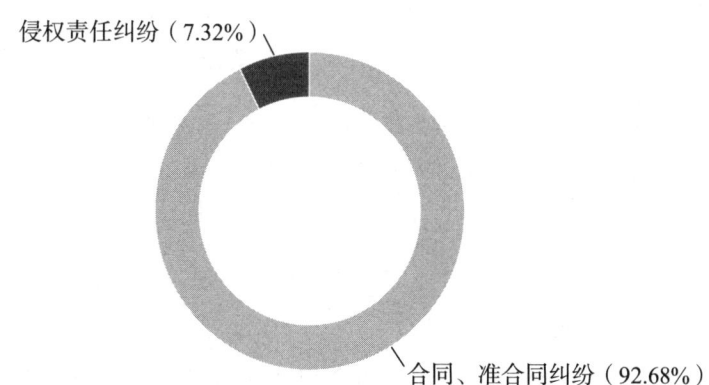

图7-4 案件案由分类情况

二、可供参考的例案

例案一 | 中国某财产保险股份有限公司东莞市分公司与某物资储运广州公司等保险人代位求偿权纠纷案

【法院】

广东省广州市中级人民法院

【案号】

(2017)粤01民终14456号

【当事人】

上诉人(一审原告):中国某财产保险股份有限公司东莞市分公司

负责人:王某某,总经理

被上诉人(一审被告):某物资储运广州公司

法定代表人:周某某,总经理

被上诉人(一审被告):天安某保险股份有限公司广东省分公司

负责人:徐某某,总经理

【基本案情】

2014年12月31日,某石油天然气股份有限公司华南化工销售分公司(甲方、存货方,以下简称某石油华南分公司)与某物资储运广州公司(乙方、保管方,以下简称物资储运公司)签订《固体化工产品仓储服务合同》,约定下列事件可认为是不可抗力事件:战争、动乱、地震、海啸等不能预见、不能避免、不能克服的客观情况。因不可抗力致使合同无法按期履行或不能履行所造成的损失由双方各自承担。未尽通知义务或未采取措施避免、减少损失的,应就扩大的损失负赔偿责任。

2015年1月28日,物资储运公司向天某财产保险股份有限公司投保财产一切险,保险期限自2015年2月1日起至2016年1月31日止。

2015年12月25日,兴某保险公估有限公司出具公估报告,其载明出险原因为龙卷风,本次事故保险责任成立。该公估报告附有中国某财产保险股份有限公司财产一切险条款(2009年版)。该条款第5条载明:"在保险期间内,由于自然灾害或意外事故造成保险标的直接物质损坏或灭失,保险人按照本保险合同的约定负责赔偿。"

某石油华南分公司向中国某财产保险股份有限公司东莞市分公司(以下简称中某东莞分公司)出具权益转让书,载明中某东莞分公司签发的财产一切险(2009年版)保险单承保的某石油华南分公司化工存货,于2015年10月

4日因龙卷风出险受损。本次事故损失应由仓储方"中国某储运广州公司中储佛山一仓"负责向某石油华南分公司赔偿，请中某东莞分公司按照保险单条款规定予以赔付。某石油华南分公司同意，在收到前述款项后，某石油华南分公司向第三方的索赔权即自动转让给中某东莞分公司。

天安某保险股份有限公司广东省分公司（以下简称天某保险广东分公司）提交广东省气象防灾技术服务中心出具的资料证明显示，佛山市顺德区在2015年10月4日，由于受2015年第22号强台风"彩虹"的影响，4日15时至16时，顺德的勒流镇、乐从镇、伦教、杏坛镇等地出现了龙卷风。

【案件争点】

龙卷风是否属于不可抗力事件？

【裁判要旨】

一审法院认为：根据《固体化工产品仓储服务合同》中的约定，"因不可抗力致使合同无法按期履行或不能履行所造成的损失由双方各自承担""下列事件可认为是不可抗力事件：战争、动乱、地震、海啸等不能预见、不能避免、不能克服的客观情况"，以及该案中中某东莞分公司提交的公估报告的认定和众所周知的事实，龙卷风作为自然灾害事故的一种，属于不能预见、不能避免、不能克服的不可抗力事件。根据《民法通则》第107条[①]"因不可抗力不能履行合同或者造成他人的损害的，不承担民事责任"及《固体化工产品仓储服务合同》的约定，因龙卷风致使案涉仓储合同不能履行的，保管方物资储运公司无需承担存货方某石油华南分公司货物损失部分的责任。

二审法院认为：《民法通则》第107条规定："因不可抗力不能履行合同或者造成他人的损害的，不承担民事责任，法律另有规定的除外。"不可抗力条款是法定免责条款，合同中是否约定不可抗力条款，不影响直接援用法律规定；约定不可抗力的范围小于法定范围时，当事人仍可援用法律规定主张

[①]《中华人民共和国民法通则》已于2021年1月1日被废止。《中华人民共和国民法通则》第107条现规定于《中华人民共和国民法典》第180条。下文不再提示。

免责；当事人不得约定将不可抗力排除在免责事由之外。中某东莞分公司上诉认为对于包括不可抗力在内的任何风险所造成的损失，物资仓储公司都不能主张免责的意见，与法律规定和合同约定相悖。不可抗力，是指不能预见、不能避免并不能克服的客观情况。龙卷风的发生纯属偶然且极其快速，难以预见；龙卷风的影响范围小而破坏力极大，造成的损害后果难以避免和克服。一审判决认定龙卷风属于不可抗力的自然灾害事件并无不当。中某东莞分公司提供的公估报告确认本次事故的出险原因为龙卷风天气，一审法院认定因龙卷风致使案涉仓储合同不能履行，保管方物资储运公司无须承担存货方某石油华南分公司因不可抗力造成的损失，符合相关法律规定，应予维持。

例案二 | 唐某某诉四川省某县某职业中学经营合同纠纷

【法院】

四川省某县人民法院

【案号】

（2014）富民二初字第181号

【当事人】

原告：唐某某

被告：四川省某县某职业中学

【基本案情】

2003年6月，被告对面向社会筹集资金修建师生食堂的项目进行公开招标，原告参与投标后中标。2004年3月20日，被告作为甲方与作为乙方的原告签订《食堂合同》。2013年7月28日，双方获知政府决定搬迁学校，在政府正式发出搬迁合并通知前，即按合同约定对原告承包经营期间进行了结算，形成"小卖部承包费结算明细单"。2013年8月12日，某县教育局发出《某教函（2013）194号通知》，决定将四川省某县某职业中学、某县第二高级职业中学校（职高部分）合并到新建立的某职业技术学校，两所学校于2013年秋季起停止招生。2013年9月5日，中共某县委机构编制委员会2003年第2次编委会会议纪要载明，同意四川省某县某职业中学、某县第二职业中学校整合，更名为"某职业技术学校"，为县教育局管理的直属高级职业中学校。此后，原告因处理补偿事宜而提起诉讼。

【案件争点】

学校搬迁是否属于不可抗力事件？

【裁判要旨】

所谓不可抗力，是指合同订立时不能预见、不能避免并不能克服的客观情况，包括自然灾害、政府行为和社会异常事件三个方面。《合同法》第117条关于"因不可抗力不能履行合同的，根据不可抗力的影响，部分或者全部免除责任……"的规定，明确不可抗力是法定的免责事由，且作为免责条款具有强制性，当事人不得约定将不可抗力排除在免责事由之外或将免责范围予以缩小。该案被告不是以盈利为目的的企业法人，是属于政府开办的、具有公益性的教育机构事业法人，实施搬迁不是为了获取经济利益，而是为了提供更好的教育服务，受益者是社会公众；学校搬迁是政府作出的具体行政行为，是不以被告学校意志决定为转移的、不能克服的客观事实，明显符合不可抗力的法律特征，不属于违约行为。虽双方在《食堂合同》第8条约定了"因各种原因……"的内容，但在正确理解该约定时，不应将本属法定免责的政府行为予以排除。现被告认为学校搬迁是政府决策所致，不属于被告违约，不应支付违约金的主张，符合法律规定，法院予以支持。

三、裁判规则提要

（一）当事人一方因不可抗力不能履行合同的，根据不可抗力的影响，部分或者全部免除责任，但是法律另有规定的除外

不可抗力是法律明确规定的免责事由之一。当事人一方因不可抗力不能履行合同的，根据不可抗力的影响，可以部分或者全部免除责任。主张免除责任的一方对不可抗力的事实负有举证责任。但是，需要注意的是，根据

《民法典》第590条第2款的规定，当事人一方迟延履行其义务，迟延履行后发生不可抗力的，迟延履行的一方不得主张不可抗力免责。

（二）不可抗力是法律明确规定的免责条款，当事人不得约定排除适用

不可抗力条款可以由当事人基于意思自治原则在合同中约定。那么，当事人是否也可以基于意思自治，在合同中约定排除不可抗力条款？在法理学上，按照是否允许法律关系的主体对其行为进行自主调整来划分，可将法律规范分为任意性规范与强制性规范。强制性规范是不允许当事人以自己的意思任意变更的、通过国家强制力保证实施的规范。不可抗力免责的法律条文正属于强制性规范。私法领域的强制性规范并不罕见。现代社会的立法兼顾"自治"与"管制"的目标，公法与私法呈现相互交错和融合的态势。不可抗力条款可否被约定排除的问题，实质上是意思自治与强制性规范之间的博弈问题。虽然当事人意思自治作为私法领域的一项重要原则应当受到提倡和保护，但是意思自治不能有悖于强制性规范。如果当事人在合同中约定排除不可抗力作为合同的免责事由，那么由于该种约定不符合国家法律强制性规定，该约定条款应该是无效的。总而言之，合同中是否约定不可抗力条款，不影响直接援用法律规定；约定不可抗力的范围小于法定范围的，当事人仍可援用法律规定主张免责；当事人不得约定将不可抗力排除在免责事由之外，当事人约定将不可抗力排除在免责事由之外的条款因违反法律的效力性强制性规定而无效。此时，如果发生不可抗力，则当事人一方仍然可以依据法定的不可抗力规则主张部分或者全部免除其责任。

四、关联规定

《民法典》

第143条　具备下列条件的民事法律行为有效：

（一）行为人具有相应的民事行为能力；

（二）意思表示真实；

（三）不违反法律、行政法规的强制性规定，不违背公序良俗。

第153条 违反法律、行政法规的强制性规定的民事法律行为无效。但是，该强制性规定不导致该民事法律行为无效的除外。

违背公序良俗的民事法律行为无效。

第180条 因不可抗力不能履行民事义务的，不承担民事责任。法律另有规定的，依照其规定。

不可抗力是不能预见、不能避免且不能克服的客观情况。

第590条 当事人一方因不可抗力不能履行合同的，根据不可抗力的影响，部分或者全部免除责任，但是法律另有规定的除外。因不可抗力不能履行合同的，应当及时通知对方，以减轻可能给对方造成的损失，并应当在合理期限内提供证明。

当事人迟延履行后发生不可抗力的，不免除其违约责任。

不可抗力裁判规则第8条：
不可抗力的免责范围仅限于违约责任，不免除当事人必要的附随义务和后合同义务

> 〔规则描述〕《民法典》第590条第1款前段规定："当事人一方因不可抗力不能履行合同的，根据不可抗力的影响，部分或者全部免除责任，但是法律另有规定的除外。"其中的"免除责任"仅指免除违约责任的承担，但不包括合同双方当事人应履行的附随义务和后合同义务。比如，合同不能继续履行后的及时通知义务以及防止损失扩大的义务等。

一、类案检索大数据报告

时间：2021年4月9日之前，案例来源：Alpha数据库，案件数量：339件，数据采集时间：2021年4月9日，检索关键词：不可抗力；后合同义务；附随义务。经排除无关案例后，本次检索获取了2021年4月9日前共339份裁判文书。其中支持不可抗力的免责范围不包括附随义务的案件有339件，占比100%。从是否支持"不可抗力免责范围不包括附随义务"裁判思路的比例来看，检索到的所有判决或裁定均支持这一观点。检索整体情况如图8-1所示：

专题二　当事人约定不可抗力的适用

■支持不可抗力的免责范围不包括附随义务（占比100%）

图8-1　是否支持不可抗力的免责范围不包括附随义务

如图8-2所示，从案件年份分布情况可以看出当前条件下案例数量的变化趋势。

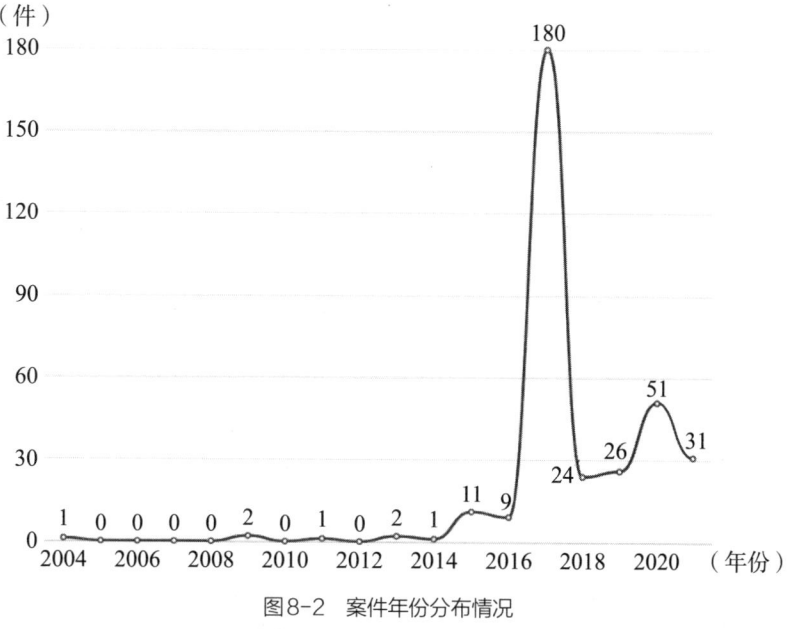

图8-2　案件年份分布情况

如图8-3所示，从案件地域分布情况来看，当前案例主要集中在江苏省、湖北省、贵州省、黑龙江省、四川省，其中江苏省的案件量最多，达到172件。

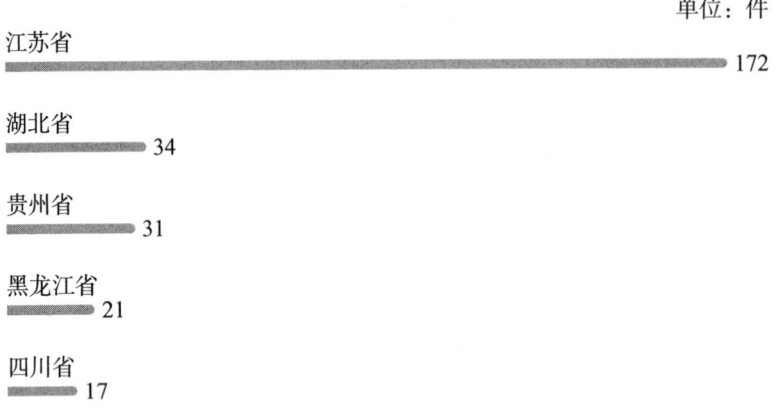

图8-3 案件主要地域分布情况

如图8-4所示,从案件案由分类情况可以看出,当前最主要的案由首先是合同、准合同纠纷,有331件,占绝大多数;其次是与公司、证券、保险、票据等有关的民事纠纷,知识产权与竞争纠纷;最后是侵权责任纠纷,物权纠纷。

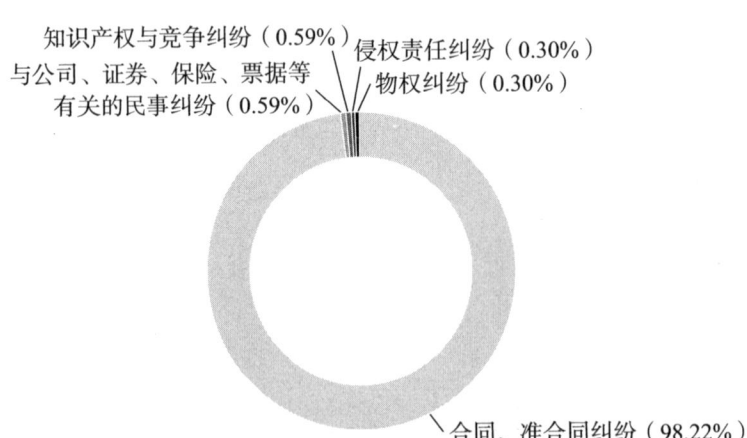

图8-4 案件案由分类情况

二、可供参考的例案

例案一 | 阿某某诉中国某航空股份有限公司航空旅客运输合同纠纷案

【法院】

上海市第一中级人民法院

【案号】

（2006）沪一中民一（民）终字第609号；指导案例51号

【当事人】

上诉人（一审被告）：中国某航空股份有限公司

法定代表人：李某某，董事长

被上诉人（一审原告）：阿某某

【基本案情】

2004年12月29日，阿某某购买了一张由中国香港特别行政区国某航空公司（以下简称国某航空公司）作为出票人的机票。机票列明的航程安排：2004年12月31日11点，上海起飞至中国香港特别行政区，同日16点中国香港特别行政区起飞至卡拉奇；2005年1月31日卡拉奇起飞至中国香港特别行政区，同年2月1日中国香港特别行政区起飞至上海。其中，上海与中国香港特别行政区间的航程由中国某航空股份有限公司（以下简称某航空公司）实际承运，中国香港特别行政区与卡拉奇间的航程由国某航空公司实际承运。机票背面条款注明，该合同应遵守《华沙公约》所指定的有关责任的规则和限制。该机票为打折票，机票上注明"不得退票、不得转签"。

自2004年12月30日15时起上海浦东机场下中雪，机场于该日22点至23点被迫关闭1小时，该日104个航班延误。31日，因飞机除冰、补班调配等原因，该日航班取消43架次、延误142架次，飞机出港正常率只有24.1%。某航空公司的MU703航班也因为天气原因延误了3小时22分钟，导致阿某某及其家属到达中国香港特别行政区机场后未能赶上国某航空公司飞往卡拉奇的衔接航班。某航空公司工作人员告知阿某某只有两种处理方案：一是阿某某等人在机场里等候3天，然后搭乘国某航空公司的下一航班，3天费用自理；二是阿某某等人出资，另行购买其他航空公司的机票至卡拉奇，费用为25,000港元。阿某某当即表示无法接受这两种方案，其配偶杜某打电话给某航空公司，但该公司称有关工作人员已下班。杜某对某航空公司的处理无法接受，且因携带婴儿而焦虑、激动。最终经中国香港特别行政区机场工作人员交涉，阿某某及家属共支付17,000港元，购买了阿联酋航空公司的机票及行李票，搭乘该公司航班绕道迪拜，到达卡拉奇。为此，阿某某支出机票款4721港元、行李票款759港元，共计5480港元。

【案件争点】

某航空公司是否应对阿某某在中国香港特别行政区机场另行购买机票受到的经济损失承担责任？

【裁判要旨】

一审法院认为：2004年12月31日的MU703航班由于天气原因发生延误，对这种不可抗力造成的延误，某航空公司不可能采取措施来避免发生，故其对延误本身无须承担责任。但某航空公司还需证明其已经采取了一切必要的措施来避免延误给旅客造成损失，否则应对旅客因延误而遭受的损失承担责任。阿某某在浦东机场时由于预见到MU703航班的延误会使其错过国某航空公司的衔接航班，曾多次向某航空公司工作人员询问解决方法。某航空公司应当知道国某航空公司从中国香港特别行政区飞往卡拉奇的衔接航班三天才有一次，更明知阿某某一行携带着婴儿，不便在中转机场长时间等候，有义务向阿某某一行提醒中转时可能发生的不利情形，劝告阿某某一行改日乘机。但某航空公司却让阿某某填写《续航情况登记表》，并告知会帮助解决，使阿某某对该公司产生合理信赖，从而放心登机飞赴中国香港特别行政区。阿某某一行是得到某航空公司的帮助承诺后来到中国香港特别行政区的，但是某航空公司不考虑阿某某一行携带婴儿要尽快飞往卡拉奇的合理需要，向阿某某告知了要么等待三天乘坐下一航班且三天中相关费用自理，要么自费购买其他航空公司机票的"帮助解决"方案。某航空公司没有采取一切必要的措施来避免因航班延误给旅客造成损失，不应免责。阿某某迫于无奈自费购买其他航空公司的机票，对阿某某购票支出的5480港元损失，某航空公司应承担赔偿责任。

二审法院认为：1955年在海牙修订的《华沙公约》第19条规定："承运人对旅客、行李或货物在航空运输过程中因延误而造成的损失应负责任。"第20条第（1）款规定："承运人如果证明自己和他的代理人为了避免损失的发生，已经采取一切必要的措施，或不可能采取这种措施时，就不负责任。"2004年12月31日的MU703航班由于天气原因发生延误，对这种不可抗力造成的延误，某航空公司不可能采取措施来避免发生，故其对延误本身无须承担责任。但还需证明其已经采取了一切必要的措施来避免延误给旅客造成的损失发生，否则即应对旅客因延误而遭受的损失承担责任。根据查明的事实，某航空公司始终无法证明阿某某系在明知飞往中国香港特别行政区后会发生对己不利的情况仍选择登机，故法院认定"某航空公司没有为避免损失采取了必要的措施"是正确的。某航空公司没有采取一切必要的措施来避免因航班延误给旅客造成的损失发生，不应免责。二审法院驳回某航空公司上诉，维持原判。

例案二｜东某农场有限公司与某化工科学技术研究总院有限公司合同纠纷案

【法院】
北京市高级人民法院

【案号】
（2018）京民终413号

【当事人】
上诉人（一审被告）：东某农场有限公司

法定代表人：郑某某，执行董事、经理

被上诉人（一审原告）：某化工科学技术研究总院有限公司

法定代表人：杨某，执行董事

【基本案情】

1993年5月6日，某化工科学技术研究总院有限公司（以下简称化工总院）作为甲方与东某农场黄港分场（东某农场有限公司原下设机构，乙方）签订了《关于建设总院试验基地的意向书》（以下简称《建设意向书》），1993年7月6日，化学工业部科学技术研究总院（甲方）和北京市东某农工商联合公司（乙方，以下简称东某公司）分别签订了《合作协议书》和《征地协议书》。《合作协议书》约定，双方签约后，各方应努力完成协议书所约定的责任，如有不可抗拒的原因造成违约时，双方在谅解协商的基础上进行解决。一方未按合同的约定执行，造成本合同及附件不能履行或不能完全履行时，由过失一方承担违约责任和经济损失。

1999年，因转制和改革，原化学工业部科学技术研究总院更名为某化工科学技术研究总院，相关权利义务由某化工科学技术研究总院承继。2017年10月26日，经工商行政管理机关核准，某化工科学技术研究总院变更名称为化工总院。

2015年，东某公司将化工总院及北京六建集团有限责任公司混凝土分公司（以下简称六建公司）诉至朝阳区法院，请求解除《合作协议书》，要求化工总院将承租的土地72.5亩腾退并交还给东某公司，六建公司将使用24,630平方米的土地腾退并交还东某公司。

该案朝阳区法院经审理认为，东某公司、化工总院签订的《合作协议书》系双方的真实意思表示，内容不违反法律、行政法规强制性规定，属有效合同。双方同时签订了《征地协议书》，但结合双方所签《建设意向书》及以上两份文件的内容，鉴于目前征地仍未获准，双方之间实际履行的应为《合作协议书》，根据《合作协议书》的内容判断，双方之间并非单一的土地租赁，应为合同关系。双方签订的《合作协议书》第9条约定，双方如有不可抗拒的原因造成违约时,双方在谅解协商的基础上进行解决,由于一方未按合同的约定执行,造成本合同及附件不能履行或不能完全履行时,由过失一方承担违约责任和经济损失。《合作协议书》在履行过程中,根据东某公司提交的政府文件判断,双方合作的场所因政府征用而无法继续由化工总院使用,东某公司提出解除合同及化工总院腾退标的物的请求有事实及法律依据,法院予以准许。六建公司同意将使用的土地及地上物腾退。

【案件争点】

案涉《合作协议书》解除的过错责任由谁承担?

【裁判要旨】

一审法院认为:东某公司在双方《合作协议书》履行过程中存在根本违约行为,对此具有过错,应对《合作协议书》的解除承担相应责任。首先,根据《合同法》第60条第1款的规定,当事人应当按照约定全面履行自己的义务。根据双方约定,在涉案土地征地或土地使用权过户手续未正式批准前,双方以联营方式合作,双方为此签订《合作协议书》,约定合作期限为50年。化工总院按照《合作协议书》的约定履行了向东某公司的相应付款义务,东某公司向化工总院交付了涉案土地及地上物;同时,东某公司应保证在双方合作期限内化工总院对于涉案土地的使用。在双方合同履行过程中,如发生重大事项变化,东某公司应及时告知化工总院并进行协商。其次,根据《合同法》第6条的规定,当事人行使权利、履行义务应当遵循诚实信用原则。东某公司对于因其发起建设项目及涉案土地进行一级开发导致化工总院无法继续使用涉案土地的后果系明知,但并未与对方当事人协商一致,最终导致双方《合作协议书》解除,合同目的无法实现,故东某公司对此构成根本违约。根据《合作协议书》的约定,由于一方未按合同的约定执行,造成本合同及附件不能履行或不能完全履行时,由过失一方承担违约责任和经济损失。因东某公司存在根本违约行为,依照双方约定,东某公司应赔偿化工总院因《合作协议书》解除而造成的合理损失。

二审法院认为:涉案《合作协议书》无法继续履行系北京市政府为建设

温榆河绿色生态走廊而进行土地一级开发所致,这种情况属于地方政府政策性拆迁,与《合作协议书》签订双方的过错无关,应属于不可抗力。在出现不可抗力后,当事人只要依法取得了确切的证据,履行了法律规定的有关义务,就可以免于承担违约责任。2002年12月26日,东某公司与化工总院和六建公司签订了《协议书》,《协议书》中提及了《合作协议书》中约定的土地在北京市人民政府温榆河绿色生态走廊规划范围内,化工总院作为协议的签订一方,对于涉案土地在规划范围内理应知悉。在2010年北京市国土资源局同意由天某公司作为主体,实施沙子营生态生活园项目的土地一级开发工作后,化工总院、东某公司与北京天某房地产开发经营公司就拆迁补偿等事宜签订了《意向书》。2011年12月13日,东某公司、中化总院与六建公司又签订了《补充协议书》,对六建公司撤出搅拌站项目进行了协商。以上事实也充分证明,在《合作协议书》履行过程中,东某公司履行了重大变化事项的告知与协商等附随义务,没有刻意隐瞒,不应承担相关过错责任。

例案三 | 陈某祥与陈凤某、陈某珍等财产损害赔偿纠纷案

【法院】

广东省广州市中级人民法院

【案号】

(2015)穗中法民五终字第3639号

【当事人】

上诉人(一审被告):陈某祥

被上诉人(一审原告):陈凤某、陈某珍、陈某群、陈某英

【基本案情】

1980年,双方当事人的父亲陈某福在广州市南沙区某镇冯马一村三队自建混合结构一层的住房一间和厨房一间。1989年10月5日,陈某福取得原址房屋的施工许可证,原住房被加建为三层,并于1994年2月4日取得涉

案房屋的房屋所有权证和集体土地建设用地使用证。双方当事人的母亲冯某乙、父亲陈某福分别于2007年5月22日和2008年10月1日死亡。陈某祥在其父母死亡后拆除原厨房，在原位置重建一间新的厨房。陈凤某等四人因继承纠纷于2012年6月25日向原审法院起诉，而陈某祥认为其出资加建房屋和重建厨房，并对被继承人尽了主要的赡养义务，要求由其继承房屋的二分之一。

受广州市南沙区某镇人民政府委托，广州市中某房屋鉴定咨询有限公司对涉案房屋进行鉴定，并于2014年3月4日出具《危险房屋鉴定报告》[中某鉴字（2014）第（0027）号]，并发出《危险房屋通知书》（危房通字2014-006075）。

陈凤某等四人于2014年7月7日向原审法院提起该案诉讼，请求对涉案房屋依法进行分割；如房屋无法分割，则要求陈某祥对陈某珍等四人应分得份额进行折价补偿。由于陈某祥在案件受理后私自拆除了房屋，陈凤某等四人变更诉讼请求为要求陈某祥修复涉案房屋、恢复原状并在此基础上对涉案房屋进行分割，对于难以分割的部分，将陈某祥名下的份额判归陈凤某等四人所有，由陈凤某等四人对陈某祥应分得的数额折价补偿；如果房屋无法恢复，判令陈某祥赔偿陈凤某等四人经济损失，具体数额以评估机构的评估数额为准。陈凤某等四人在案件原审审理过程中撤回要求恢复原状、分割房屋的诉讼请求，明确请求根据评估报告的结果，要求陈某祥赔偿陈凤某等四人房屋被毁损的损失145,680元。

【案件争点】

上诉人拆除房屋的行为是否可以因不可抗力而免除责任承担？

【裁判要旨】

一审法院认为：陈某祥提供的证据不能证明其在拆除涉案房屋前已尽到合理通知的附随义务，要求陈凤某等四人就房屋排危事宜共同商讨解决。陈某祥在未征得三分之二以上的按份共有人同意的情况下拆除涉案房屋存在明显过错，陈某祥以拆除涉案房屋是不可抗力恶劣天气情况下的紧急抢险行为为由要求免除自己责任的理由不成立，不予采纳。

二审法院认为：根据《物权法》第97条①的规定，处分共有的不动产或者动产以及对共有的不动产或者动产作重大修缮的，应当经占份额三分之二以上的按份共有人或者全体共同共有人同意，但共有人之间另有约定的除外。该案中，陈某祥虽提供了《危险房屋鉴定报告》《危险房屋通知书》以反映涉案房屋危险性等级被评定为C级（局部危房）的情况，应尽快进行排危、修缮处理，但未能提供确切证据证明其在拆除涉案房屋前已尽到合理通知义务，要求陈凤某等四人就房屋排危事宜共同商讨解决，故陈某祥在此情况下擅自拆除涉案房屋存在过错。陈某祥以拆除涉案房屋是不可抗力恶劣天气情况下的紧急抢险行为为由要求免除自己责任的理由不成立，原审不予采纳并无不当。

三、裁判规则提要

（一）当事人因不可抗力无法继续履行合同的，可以免除违约责任

《民法典》第590条第1款规定："当事人一方因不可抗力不能履行合同的，根据不可抗力的影响，部分或者全部免除责任，但是法律另有规定的除外……"对此，有学者认为本条免除违约责任的规定不应被称为免责条款。严格地说，在实行过错责任原则的语境下，不可抗力致使合同不能履行，债务人对此无过错，自然不负违约责任，而非本身负有责任但被法律免除。因此，把不可抗力称作不负责任条件或不负责任事由，而非免责条件，更为贴切。②我国《经济合同法》实行的是过错责任原则无疑，然而《合同法》乃至《民法典》合同编，难以得出仍然是过错责任原则的结论。因此，称《民法典》第590条第1款免除违约责任的规定为免责条款是准确的。

---

① 《中华人民共和国物权法》已于2021年1月1日被废止。《中华人民共和国物权法》第97条现规定于《中华人民共和国民法典》第301条。
② 参见崔建远：《不可抗力条款及其解释》，载《环球法律评论》2019年第1期。

与此有别，在法律采取无过错责任原则的框架下，从无过错责任的字面意义来看，在任何合同不能履行的情况下，债务人都要承担违约责任，发生不可抗力的场合也不例外。但是，基于公平、风险分配等考量，法律对债务人作出了"特赦"，即不可抗力致使合同不能履行的，债务人免负责任。在无过错责任原则下，将不可抗力称作免责条款或免责事由在逻辑上是周延的。崔建远教授认为，应将法律规定的债务人免负责任的事由称作免责条件，而非免责条款；将当事人约定的免责事由称作免责条款，而非免责条件。据此，将法律规定的不可抗力致使合同不能履行时债务人免负违约责任的情形，叫作不可抗力免责条件。如果当事人于合同中约定的不可抗力与法律规定的不可抗力在内涵和外延上完全相同，则该不可抗力的约定仍为不可抗力条件，而非不可抗力条款。如果当事人于合同中约定的不可抗力在外延上超出了法律规定的不可抗力，合同约定实质上已改变了不可抗力的法定内涵，则超出部分并非称作不可抗力条件，而应称为不可抗力条款。[1]

（二）不可抗力原因导致合同无法继续履行的，不能免除必要的附随义务和后合同义务

发生不可抗力时，当事人的附随义务体现了民法的诚实信用原则。合同当事人各方应当相互协作履行合同，才能使合同各方的利益都得到满足。一方面，在发生不可抗力事件的情况下，受不可抗力影响的一方应及时将有关情况通知另一方。这样既便于准确界定责任界限，又有利于对方及时采取措施，防止其因对情况不知而继续履行己方义务进而遭受不必要的损失。同时，这样也能使双方尽快协商，对合同权利义务作出处理，或变更或解除合同。如未履行这一通知义务，给对方造成了不必要的损失，则对于此类损失当事人不能以不可抗力为由要求免责。换言之，受不可抗力影响不能履行合同的一方应采取措施防止损失的扩大，而不能认为有了不可抗力作为法定免责事

---

[1] 参见崔建远：《不可抗力条款及其解释》，载《环球法律评论》2019年第1期。

由就可以听任损失的扩大。另一方面，合同相对方也要依诚实信用原则积极作为，主动配合，如将易变质货物及时降价销售、积极寻找替代品等，以防止损失扩大，否则对于其不作为所导致的损失无权要求不能履行合同的一方赔偿。

（三）当事人迟延履行后发生不可抗力的，不能免除责任

当事人迟延履行后发生不可抗力的，不免除其违约责任。如果债务人没有迟延履行，则不可抗力的发生就不会导致债务的不能履行，也就不会给债权人带来损害。因此，债务人的迟延履行与债权人的损害之间具有因果关系，债务人应当就不可抗力所导致的损失负责。但是，如果债务人能够证明，即使其不迟延履行，其也会因不可抗力而不能履行债务，进而给债权人带来损害，则债务人应当能够免责。此时，债务人的迟延履行和债务的不能履行及其所导致的损害之间不存在因果关系。

四、关联规定

《民法典》

第180条 因不可抗力不能履行民事义务的，不承担民事责任。法律另有规定的，依照其规定。

不可抗力是不能预见、不能避免且不能克服的客观情况。

第580条 当事人一方不履行非金钱债务或者履行非金钱债务不符合约定的，对方可以请求履行，但是有下列情形之一的除外：

（一）法律上或者事实上不能履行；

（二）债务的标的不适于强制履行或者履行费用过高；

（三）债权人在合理期限内未请求履行。

有前款规定的除外情形之一，致使不能实现合同目的的，人民法院或者仲裁机构可以根据当事人的请求终止合同权利义务关系，但是不影响违约责

任的承担。

第590条 当事人一方因不可抗力不能履行合同的,根据不可抗力的影响,部分或者全部免除责任,但是法律另有规定的除外。因不可抗力不能履行合同的,应当及时通知对方,以减轻可能给对方造成的损失,并应当在合理期限内提供证明。

当事人迟延履行后发生不可抗力的,不免除其违约责任。

不可抗力裁判规则第9条：

法律法规或政策出台满足不能预见、不能避免、不能克服要件，且致使合同目的不能实现的，当事人可以据此行使解除权解除合同

〔规则描述〕法律法规或政策的出台属于不可抗力抑或情势变更，在理论界一直饱受争议。根据《民法典》第180条第2款规定，不可抗力是不能预见、不能避免且不能克服的客观情况。判断法律法规或政策出台是否属于不可抗力，不宜简单地以法律是否规定或者司法实践是否承认政府行为（国家行使立法、司法、行政等职能）属于不可抗力范围作为判断依据，而应围绕"不能预见、不能避免、不能克服"三个要件在个案中进行具体分析。此外，不可抗力与情势变更不是非此即彼的关系，不可抗力是一种事由、一种原因。在法律法规或政策出台构成不可抗力事由的情况下，当事人应当援引不可抗力解除合同，以《民法典》第563条（原《合同法》第94条）作为请求权基础，至于能否得到法院支持，关键在于法律法规或政策的出台是否达到导致合同目的不能实现的程度。

一、类案检索大数据报告

时间：2021年4月9日之前，案例来源：Alpha数据库，案件数量：69件，数据采集时间：2021年4月9日，检索关键词：法律、法规出台；政策出台；目的不能实现；不可抗力；解除合同。经排除无关案例后，本次检索获取了2021年4月9日前共69份裁判文书。其中支持法律法规或政策出台满足不能预见、不能避免、不能克服三要件，且致使合同目的不能实现的，当事人可以据此行使解除权以解除合同的案件有69件，占比100%。从是否支持"法律法规或政策出台满足不能预见、不能避免、不能克服三要件,且致使合同目的不能实现的,当事人可以据此行使解除权解除合同"裁判思路的比例来看,检索到的所有判决或裁定均支持这一观点。检索整体情况如图9-1所示:

■ 支持解除合同（占比100%）

图9-1 是否支持解除合同

如图9-2所示,从案件年份分布情况可以看出当前条件下案例数量的变化趋势。

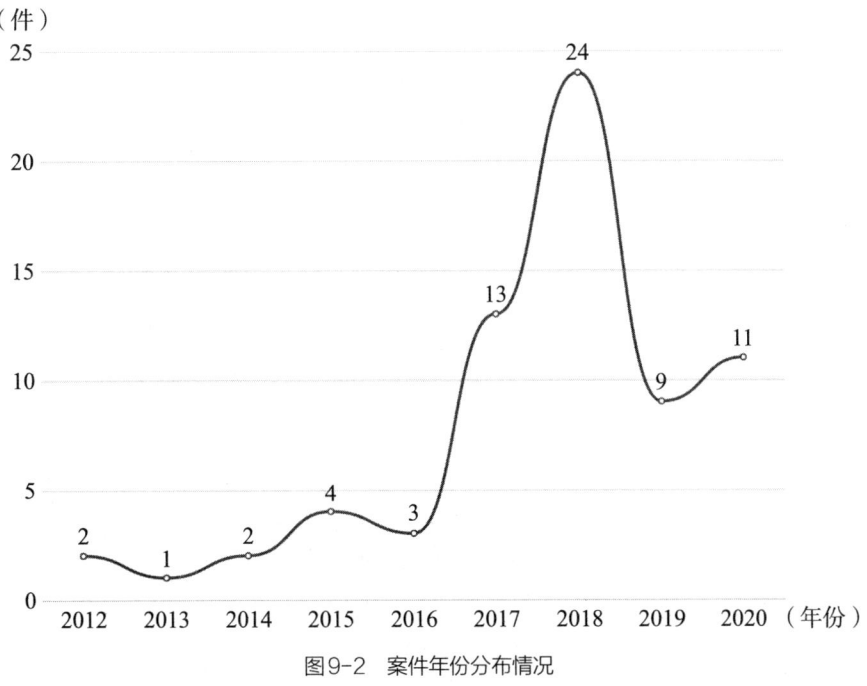

图9-2 案件年份分布情况

如图9-3所示，从案件地域分布情况来看，当前案例主要集中在广东省、四川省、天津市、江苏省、河北省，其中广东省的案件量最多，达到11件。

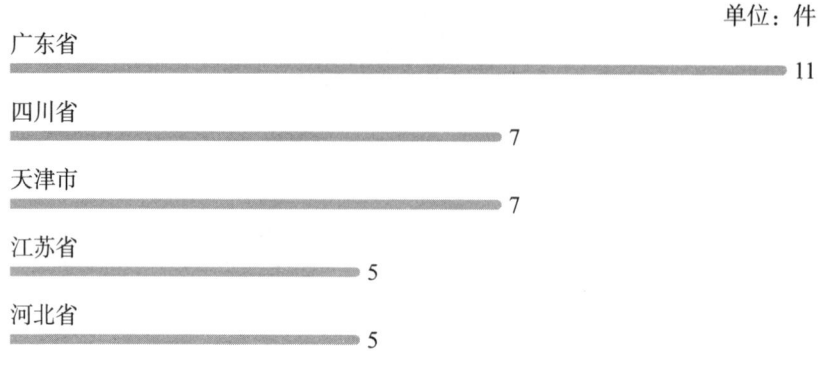

图9-3 案件主要地域分布情况

如图9-4所示，从案件案由分类情况可以看出，当前最主要的案由首先是房屋买卖合同纠纷，有51件，占一半以上；其次是买卖合同纠纷；再次是建设用地使用权合同纠纷，租赁合同纠纷；最后是中介合同纠纷。

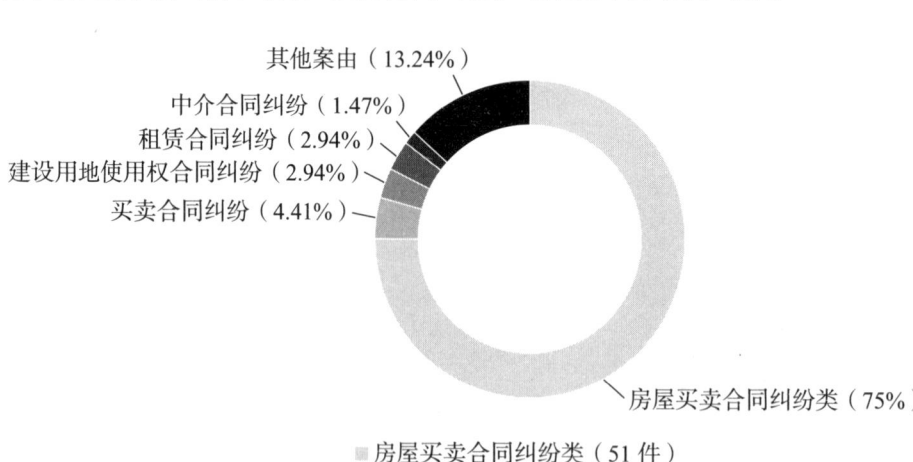

图9-4 案件案由分类情况

二、可供参考的例案

例案一 | 泰某房屋开发有限公司与某市规划和自然资源局建设用地使用权纠纷案

【法院】

最高人民法院

【案号】

(2019) 最高法民再246号；《最高人民法院公报》2020年第6期

【当事人】

再审申请人（一审原告、二审上诉人）：泰某房屋开发有限公司

法定代表人：胡某某，总经理

再审被申请人（一审被告、二审被上诉人）：某市规划和自然资源局

法定代表人：曲某某，局长

【基本案情】

2010年10月18日，某市国土资源局（以下简称某市国土局）发布宽城区已建住宅以东、市第二十五中学以南、某公路以西、空地以北范围内的B地块的挂牌出让公告。公告载明：案涉出让地块为现状土地条件，包括规划用地界线及现状土地整理界线内已拆迁完毕的土地和未拆迁的土地。对于未拆迁的土地由竞得人在竞得土地后自行负责拆迁整理，所发生相关费用自行承担。

2010年11月25日，某市国土局作为出让人与受让人泰某房屋开发有限公司（以下简称泰某公司）签订《国有建设用地使用权出让合同》，主要约定：1.出让人同意在2010年11月25日前将出让宗地交付给受让人，出让宗地为现状交付，即土地及地上建筑物未拆迁部分由该地块竞得人负责，土地及地上物由竞得单位自行拆迁补偿整理；2.受让人因自身原因终止该项目投资建设，向出让人提出终止履行合同并请求退还土地的，出让人报经原批准土地出让方案的人民政府批准后，退还除合同约定的定金以外的全部或部分国有建设

用地使用权出让价款（不计利息），收回国有建设用地使用权，该宗地范围内已建的建筑物、构筑物及其附属设施可不予补偿，出让人还可要求受让人清除已建建筑物、构筑物及其附属设施，恢复场地平整；但出让人愿意继续利用该宗地范围内已建的建筑物、构筑物及其附属设施的，应给予受让人一定补偿。

2011年1月21日，国务院出台《国有土地上房屋征收与补偿条例》，该条例第4条规定，市、县级人民政府负责本行政区域的房屋征收与补偿工作。市、县级人民政府确定的房屋征收部门组织实施本行政区域的房屋征收与补偿工作。

2019年11月29日再审查明，某市国土局于2019年5月10日更名为某市规划和自然资源局。

【案件争点】

案涉《国有建设用地使用权出让合同》应否解除？

【裁判要旨】

一审法院认为：案涉合同合法有效，泰某公司援引情势变更的主张，不符合《合同法司法解释（二）》第26条①的规定，应予驳回。具体理由如下：1.双方在2010年11月25日签订合同时，泰某公司对其自行进行土地及地上物拆迁整理是明知的，对其所负担的土地及地上物拆迁整理开销是有计划的，签订合同后应自行承担由其拆迁的商业风险。2.因泰某公司在签订合同时能够预见到实际拆迁费用的发生，出让合同亦约定由其负责土地及地上物拆迁整理，继续履行合同不存在显失公平情况。3.泰某公司现不能作为拆迁主体进行拆迁，案涉出让合同是否已实际履行不能，泰某公司未提供充分证据予以证实。泰某公司如在2010年11月25日取得土地后积极履行办理拆迁许可证义务，其现作为拆迁主体符合法规规定；如其怠于办理房屋拆迁许可证导致

---

① 《最高人民法院关于适用〈中华人民共和国合同法〉若干问题的解释（二）》已于2021年1月1日被废止。该解释第26条规定情势变更规则，该规则现规定于《中华人民共和国民法典》第533条。

的现阶段拆迁不能，其后果应自行承担。综上，泰某公司请求适用情势变更解除合同的主张不能予以支持。故判决驳回原告泰某公司的诉讼请求。

二审法院认为：该案中《国有土地上房屋征收与补偿条例》的出台不构成情势变更的客观事实。首先，案涉合同签订并生效后，某市国土局已按约定将案涉土地交付给泰某公司，且在交付土地时符合当时法律和政策规定，泰某公司亦支付了土地出让金，合同目的已经部分实现。其次，泰某公司作为专门从事房地产开发的企业，在签订合同时应当能够预见其在履行合同的过程可能存在致使合同目的不能全部实现的商业风险。再次，《国有土地上房屋征收与补偿条例》于双方签订合同近两个月后出台，在此期间，泰某公司申请办理房屋拆迁许可证并不存在障碍。最后，新条例的实施仅影响案涉出让合同中关于拆迁、整理的具体履行方式，土地使用权出让及土地开发等合同赖以存在的客观情况并未发生变化，且履行方式的调整仅影响履行合同成本的变化，并不必然使泰某公司的合同目的落空。故判决驳回上诉，维持原判。

再审法院认为：国家法律、法规及政策出台导致当事人签订的合同不能履行，以致一方当事人缔约目的不能实现的，该方当事人请求法院判决解除合同的，法院予以支持。《国有建设用地使用权出让合同》签订后的两个月内，国务院于2011年1月21日出台《国有土地上房屋征收与补偿条例》。上述法规的出台使得泰某公司无法取得拆迁主体资格，无法按照《国有建设用地使用权出让合同》的约定完成案涉土地的拆迁整理工作。泰某公司受让案涉国有土地使用权的目的系对该土地进行房地产开发，而完成土地拆迁工作是泰某公司开发案涉土地的必经环节。上述法规变化导致泰某公司无法完成对案涉土地的拆迁整理工作，进而无法实现对案涉土地进行开发的合同目的，故泰某公司请求解除案涉《国有建设用地使用权出让合同》，符合其合同目的无法实现的客观实际。再审法院支持当事人解除合同的请求是正确的，其实际的法律依据是《合同法》第94条（虽然判决书未加引用），解除后果适用《合同法》第97条判决返还土地出让金及法定孳息是合理公正的。

例案二 | 某市喜某再生资源回收有限责任公司与中国石油天然气股份有限公司某油田分公司合同纠纷案

【法院】

最高人民法院

【案号】

（2019）最高法民申3854号

【当事人】

再审申请人（一审原告、二审上诉人）：某市喜某再生资源回收有限责任公司

法定代表人：王某某，总经理

再审被申请人（一审被告、二审被上诉人）：中国石油天然气股份有限公司某油田分公司

法定代表人：陈某某，总经理

【基本案情】

2015年5月1日，某市喜某再生资源回收有限责任公司（以下简称喜某公司）与中国石油天然气股份有限公司某油田分公司（以下简称某油田分公司）签订《水电厂粉煤灰储灰场承包管理协议》。协议约定，水电厂储灰场东面两个灰场由喜某公司承包管理经营。承包期内，该公司必须保证灰场堤坝安全，不得损坏现有堤坝，及时向水电厂汇报安全隐患并承担溢坝、溃坝及其他安全、环保责任。

2015年6月5日，某市人民政府办公室某政办发〔2015〕116号《关于印发某市2015年主要污染物减排计划的通知》第3条"重点工作"第5项载明：在2015年6月底前，对纳入全市环境统计范围的所有企事业单位核发排污许可证，自2015年7月1日起，依法对所有未取得排污许可证的单位进行查处。该通知附件2《某市2015年主要污染物减排计划项目表》涉及某油田分公司的部分项目。

2015年5月、6月，某油田分公司组织实施了"水电厂六期锅炉干式除灰

系统完善项目（EPC总承包）"等项目，喜某公司多次阻拦施工无果。在此期间，水电厂分别于2015年7月14日、7月17日向喜某公司发出《终止协议通知书》和《通知书》。《终止协议通知书》载明：因湿式除灰方式不能满足《环境保护法》防止环境污染的要求，根据环评要求，其已将除灰方式改为干式除灰，粉煤灰不再排入储灰场。储灰场内无粉煤灰储放，亦无管理需求，双方所签协议已无履行基础，合同目的已无法实现，故根据法律规定，通知解除该协议。

【案件争点】

1. 某油田分公司解除案涉协议的法律依据？
2. 喜某公司主张预期利益损失应否得到支持？

【裁判要旨】

一审法院认为：某市人民政府办公室《关于印发某市2015年主要污染物减排计划的通知》明确涉及某油田分公司的减排项目系省政府减排计划项目。该通知无论从形式还是内容上看，均应视为行政机关的行政命令，某油田分公司作为监管对象有义务遵照执行。合同解除后的损失赔偿，应当按照《合同法》第97条[①]相关规定处理。喜某公司主张的2015年之后五年预期利益损失不属于合同解除后的赔偿范围，不应支持。

二审法院认为：预期利益损失指当事人一方违反合同或故意、过失损害他人财产或财产权利，使权利人在正常情况下本可实现和取得的财产利益减小或未能实现和取得。该案中，喜某公司所主张的预期利益损失为2015年5月1日案涉第三份协议正常履行状态下因粉煤灰利用而获取的利益，包括履行其与案外人升某工贸有限责任公司（以下简称升某公司）所签《供货合同》的可得利益。如前所述，案涉粉煤灰非喜某公司所有，该2015年协议既未载明喜某公司对案涉粉煤灰享有使用权利亦未约定相应对价，协议解除系水电

---

① 《中华人民共和国合同法》已于2021年1月1日被废止。《中华人民共和国合同法》第97条规定合同解除的效力问题，该规则现规定于《中华人民共和国民法典》第566条第1款。

厂执行国家环保改造项目所致而非水电厂单方违约所致。协议因环保项目改造而解除，仅履行两个月余。因潜在市场经营风险的存在，喜某公司无法保证其在协议未予解除情形下的剩余履行期间内一定会因粉煤灰利用而取得利益，其亦未提交证据证明升某公司向其主张《供货合同》不能继续履行产生的违约责任并已承担相应责任。故一审判决对喜某公司该项诉讼请求不予支持并无不当。

再审法院认为：根据《合同法》第94条第1款第1项①的规定，因不可抗力致使不能实现合同目的，当事人可以解除合同。不可抗力系指不能预见、不能避免并且不能克服的客观情况，因此政府颁布新政策导致合同实际不能履行属于不可抗力。该案中，某油田分公司提交甘肃省某市政府相关文件，证明国家环保项目改造致使案涉《水电厂粉煤灰储灰场承包管理协议》无法继续履行。原审判决认定某油田分公司解除《水电厂粉煤灰储灰场承包管理协议》系不可抗力并非单方违约，具有事实和法律依据。

例案三｜陈某某与李某某房屋买卖合同纠纷案

【法院】

福建省高级人民法院

【案号】

（2018）闽民申4211号

【当事人】

再审申请人（一审被告、反诉原告、二审被上诉人）：陈某某

再审被申请人（一审原告、反诉被告、二审上诉人）：李某某

【基本案情】

2017年3月5日，郑某某作为陈某某的代理人，与李某某在厦门某园房产

---

① 《中华人民共和国合同法》已于2021年1月1日被废止。《中华人民共和国合同法》第94条第1款第1项规定因不可抗力致使不能实现合同目的的，当事人可以解除合同。该规则现规定于《中华人民共和国民法典》第563条第1款第1项。

中介有限公司居间下，签订一份《房产买卖协议》，约定陈某某为甲方、出售方，李某某为乙方、购买方。甲方将坐落于厦门市某路988号19F室的房产出售给李某某。协议签订之日，乙方支付甲方购房定金20万元。协议签订当日，李某某向陈某某的代理人郑某某支付定金20万元。

2017年3月24日，厦门市国土资源与房产管理局等六部门联合发布《关于进一步完善调控措施促进我市房地产市场平稳健康发展的通知》（以下简称《通知》），要求自2017年3月25日起，在严格执行2016年10月5日住房限购政策的基础上，本市户籍成年单身（含离异）人士在本市限购一套住房（含新建商品住房和二手住房），并要求公证机构不受理未取得产权证的房产办理委托权限为出售、抵押（按揭除外）等内容的公证；涉及转委托的，只能转委托一次。未取得房产证即办理委托，以及持超过一次以上转委托的公证委托书，申办房产交易和抵押（按揭除外）登记的，不动产登记中心不予受理。

2017年3月31日，陈某某向郑某某发送短信，表示因新政的颁布无法履行合同，通知郑某某解除合同并要求退还20万元定金。另查明，李某某现系单身人士，名下有建筑面积为115.66平方米的预售商品房一套。

审理中，李某某主张双方《房产买卖协议》第17条"双方约定其他事项"部分的内容系中介要求写入合同，且是否指定第三人过户及是否采取公证委托方式过户系李某某的权利。《房产买卖协议》现因购房政策的出台无法继续履行，属于不可归责于李某某的情势变更，陈某某虽在履约过程中并不存在违约行为，但李某某仍有权解除合同并要求陈某某、郑某某返还定金20万元。

【案件争点】

1.限购政策出台是否会导致本案《房产买卖协议》无法继续履行？

2.李某某以受到政策限制为由主张解除合同是否构成违约？

【裁判要旨】

一审法院认为：虽然李某某因2017年3月24日出台的《通知》成为限购对象，但是其以《通知》的出台构成情势变更为由主张讼争《房产买卖协议》无法履行不能成立。理由如下：1.讼争合同约定李某某有权指定第三方过户以及有权指定第三方为公证受托人或过户方，这足以证明李某某对于讼争房产能否过户至其名下以及是否过户至其名下有充分的考虑和准备。"情势变更"是指合同成立以后客观情况发生了当事人在订立合同时无法预见的、非不可抗力造成的不属于商业风险的重大变化。然而，讼争合同已经就应对政府的调控政策作出了相应的安排，且李某某在该案买卖之前，已经以购买人或代理人的身份参与过至少三次的房产买卖，其在签订合同时对合同订立后可能出现的房地产市场风险及各种履行障碍均有一定程度的预见和判断。2.在案证据不足以证明《通知》出台导致李某某无法履行《房产买卖协议》。作为房屋买受人，且在其已就讼争房产的买卖另行委托了中介方的情况下，李某某主张其在2017年3月31日才知晓《通知》内容明显有悖常理。3.李某某在合同仍有可能履行的情况下以拒绝行使权利的方式导致双方《房产买卖协议》无法履行，显然有违诚实信用原则。

李某某以限购政策导致其与陈某某的《房产买卖协议》无法履行为由要求解除合同，违背诚实信用原则，存在违约的故意。鉴于李某某已明确表示不履行《房产买卖协议》，陈某某亦同意解除合同，一审法院对于李某某要求解除讼争《房产买卖协议》的诉求予以支持。但李某某未依约履行合同且无合法免责事由，应当承担违约责任。

二审法院认为：李某某与陈某某于2017年3月5日签订的《房产买卖协议》系双方当事人的真实意思表示，内容未违反法律、行政法规的效力性强制性规定，应认定为有效合同。《房产买卖协议》约定双方于2017年5月15日办理房产交易过户登记手续。因2017年3月24日厦门市国土资源与房产管理局等六部门联合发布《通知》，李某某成为限购对象，《房产买卖协议》无法继续履行。这种情况属于因不可归责于当事人双方的事由导致合同目的无法实现，李某某据此请求解除《房产买卖协议》是合法的，予以支持。合同解除后，陈某某应将收取的定金20万元返还给李某某。一审认定陈某某有权没收定金不当，予以纠正。

再审法院认为：首先，该案讼争《房产买卖协议》签订于2017年3月5日，而厦门市国土资源与房产管理局等六部门联合发布《通知》的时间系在此之后的2017年3月24日，该《通知》虽然重申坚持原有限购政策，但是针对单身人士作出的限购政策系新规。陈某某以李某某此前有过多次购房经历为由，主张李某某对于限购政策导致的合同履行问题已经进行了充分的考虑和准备，缺乏依据，不能成立。其次，虽然《房产买卖协议》约定李某某可以指定第三方过户，但如前述，该约定发生于新的限购政策颁布之前，目前也无证据证明李某某有符合新的限购政策条件的第三方可过户。陈某某仅依该约定主张在新的限购政策条件下，讼争《房产买卖协议》仍可继续履行，依据不足，也不能成立。最后，《房产买卖协议》有关李某某可以选择第三方过户的约定，系赋予李某某选择第三方过户的权利，而非约定在其本人被限制购买商品房后，应当履行选择第三方过户的义务。同时，行政机关出台相关限购政策，旨在促进房地产市场平稳健康发展，通过选择第三方过户的方式来规避限购政策，也非应当倡导和鼓励的行为。因此，陈某某以李某某应当依据《房产买卖协议》的约定，通过选择第三方过户的方式继续履行合同，合同不应解除，亦不能成立。综上所述，二审判决认定该案《房产买卖协议》因新的限购政策出台而无法继续履行，合同解除系不可归责于双方当事人的原因造成的，对陈某某有关不予返还20万元定金的请求不予支持，并无不当。

三、裁判规则提要

（一）法律法规或政策的出台若满足不能预见、不能避免且不能克服要件，则可以构成不可抗力

根据《民法典》第180条第2款的规定，构成不可抗力需满足四个要件：客观情况、不能预见、不能避免和不能克服。首先，不可抗力是一种客观情况，它必须独立存在于人的行为以外，不受当事人意志的影响。法律法规或政策出台当然属于客观情况。其次，不可抗力属于不能预见的客观情况。"不

能预见"是指当事人在订立合同时不能合理预见到该客观情况的发生,而评判是否能够合理预见应当以一般人的预知能力作为标准。最后,不可抗力属于不能避免且不能克服的客观情况。所谓"不能避免且不能克服",是指当事人在已经尽到最大努力和采取一切可以采取的措施后,仍然无法避免该客观情况的发生或无法克服该客观情况所造成的损害后果。需要注意的是,尽管当事人付出努力可以克服该客观情况,但如果克服该客观情况造成的影响以及履行合同所付出的经济成本远远高于解除合同的经济成本,也应当属于不能克服。

关于不可抗力的具体情形,学理上认为一般包括自然灾害、战争、社会异常事件以及政府行为。其中,政府行为主要指国家行使立法、行政、司法等职能的行为,实践中最常见的是合同订立后政府颁布新法律、法规或政策的行为。尽管理论界以及司法实践对法律法规或政策出台是否属于不可抗力情形尚有争论,但已有不少判决对该问题做出了肯定回答。

不可抗力作为免责事由的依据在于,当事人对不可抗力的发生不仅不存在主观过错,而且不存在预见的可能,故而让当事人承担与其行为无关而又无法控制的事故的后果,对责任的承担者来说是不公平的。因此,判断法律法规或政策出台是否构成不可抗力,不宜简单地根据法律是否规定或者司法实践是否承认政府行为属于不可抗力情形来判断,而应当重点考察该案中法律法规或政策的出台是否能够成为当事人免责的正当依据。具体来说,应当针对个案进行具体分析,紧扣不能预见、不能避免、不能克服这三个要件对法律法规或政策出台这一客观情况进行实质审查。如果该案中法律法规或政策出台同时满足以上三个要件,则其可以构成不可抗力。

(二)在法律法规或政策出台构成不可抗力的条件下,因法律法规或政策出台导致合同无法履行,进而导致合同目的不能实现的,当事人可以行使法定解除权解除合同

《民法典》第563条是关于法定解除权的一般规定。该条第1款第1项

规定，因不可抗力致使不能实现合同目的的，当事人可以解除合同。如前所述，不可抗力是指不能预见、不能避免且不能克服的客观情况。当事人订立合同，旨在通过合同的履行实现其一定的利益。如果不可抗力的发生导致合同客观上已无法履行，进而导致合同目的不能实现，那么此时继续维持合同的效力已无意义，因此法律赋予当事人解除权，允许其解除合同。

需要注意的是，只有在法律法规或政策出台构成不可抗力，且导致合同目的不能实现时，当事人才可以行使解除权。在例案二中，喜某公司与某油田分公司签订《水电厂粉煤灰储灰场承包管理协议》，约定由喜某公司承包管理经营水电厂储灰场东面两个灰场。后因湿式除灰方式不能满足《环境保护法》关于防止环境污染的要求，某油田分公司将除灰方式改为干式除灰，粉煤灰不再排入储灰场，此时储灰场内无粉煤灰储放，亦无管理需求。双方所签协议已无履行基础，合同目的已无法实现，故法院认定某油田分公司解除涉案协议系因不可抗力所致而非单方违约。换言之，如果不可抗力的发生仅导致合同履行出现暂时障碍或者部分内容不能履行但不影响合同目的的实现，则此时不能产生法定解除权。

（三）在法律法规或政策出台构成不可抗力事由的情况下，当事人可以援引不可抗力解除合同，也可以援引情势变更请求变更或解除合同，关键在于法律法规或政策出台是否达到导致合同目的不能实现的程度

情势变更是指合同有效成立后，因不可归责于双方的原因导致合同的基础动摇或丧失，如果继续履行原合同将违背诚实信用原则，导致显失公平，此时应允许当事人协商变更合同内容或者请求解除合同。

关于不可抗力与情势变更的区分问题，从既有的理论学说与实践判例来看，二者的区分主要有两条路径：其一，形态论，即从情势的本身表现形态出发，将自然灾害、战争等视为不可抗力，将社会、经济异常变化（包括政府行为）等视为情势变更。该观点的主要依据来源于原《合同法司法解释

（二）》第26条①，在当时立法中混淆情势变更为不可抗力的背景下，该条文明确规定不可抗力非情势变更。其二，结果论，即从情势对合同目的实现的影响出发，将情势的发生导致合同目的不能实现的视为不可抗力，而将情势的发生并不影响合同的客观履行，仅导致继续履行合同对一方当事人明显不公平的视为情势变更。

《民法典》第533条吸收了《合同法司法解释（二）》第26条的基本内容，同时第1款相对于原《合同法司法解释（二）》第26条有两处文字变化。第一，删除了"非不可抗力的"；第二，删除了"不能实现合同目的"。就这两点变化而言，立法者或许意图表达两层含义：第一，删除"非不可抗力的"这一定语，表明原来《合同法》立法和《合同法司法解释（二）》起草是存在的不可抗力包括情势变更的观点已经没有市场，问题已经解决，但无意混淆两种制度，并没有明确规定不可抗力事由可以构成情势变更的原因，也无意弱化情势变更与不可抗力的规则适用界限。第二，删除"不能实现合同目的"这一与"继续履行合同对于一方当事人明显不公平"并驾齐驱的构成要件，进一步明确"结果论"是不可抗力与情势变更的区分依据。《民法典》第563条第1款第1项规定：因不可抗力致使"不能实现合同目的"的，可以解除合同，这是不可抗力规则之一。因情势变更致使"不能实现合同目的"的，法律付诸阙如不再成为其结果。现实案件中出现此种情况的，可以适用《民法典》第563条第1款第4项。

因此，应当明确的是，一方面，不可抗力与情势变更并不必然冲突，二者从形式逻辑上讲是既有分工又有联系的；另一方面，二者从能否作为解除合同的依据上讲又存在泾渭分明的界限。具体来说，作为一个事件或者事实，如果该事件或者事实的发生不影响合同的客观履行，仅仅导致继续履行合同对一方当事人明显不公平的，则该事实构成情势变更，若协商无果，受影响

---

① 《最高人民法院关于适用〈中华人民共和国合同法〉若干问题的解释（二）》已于2021年1月1日被废止。该解释第26条规定情势变更规则，该规则现规定于《中华人民共和国民法典》第533条。

的一方当事人可以依据《民法典》第533条请求法院变更或者解除合同。如果该事件或者事实的发生导致合同不能履行，则构成不可抗力，因此致使合同目的不能实现，已经达到使合同履行基础不存在的程度，那么此时当事人可以根据《民法典》第563条第1款第1项行使法定解除权。[1]质言之，当客观情况的变化使合同遭受毁灭性打击，继续履行已无可能，合同目的无法达成，解除合同已成唯一选项之时，不可抗力规则便能发挥作用；而当合同未完全毁灭，尚能履行则构不成不可抗力，若能够履行但继续履行可能导致利益失衡，当事人可以协商变更合同来实现利益平衡，也可以请求变更或者解除合同之时，情势变更便有了生存空间。[2]

综上所述，在合同目的不能实现的语境下，例案一中因《国有土地上房屋征收与补偿条例》出台而致泰某公司无法取得拆迁主体资格，进而无法继续履行合同；例案三中李某某因限购政策出台使其无法继续履行《房产买卖协议》，法院分别判令泰某公司、李某某享有法定解除权，且无需承担违约责任，殊值称赞。不过，在法律适用方面，例案一与例案三还可进一步明确援引不可抗力规则，以示于法有据，说理方面还可以进一步廓清不可抗力规则与情势变更规则之间的关系。

四、关联规定

《民法典》

第180条 因不可抗力不能履行民事义务的，不承担民事责任。法律另有规定的，依照其规定。

不可抗力是不能预见、不能避免且不能克服的客观情况。

第533条 合同成立后，合同的基础条件发生了当事人在订立合同时无

---

[1] 参见侯国跃：《不可抗力还是情势变更》，载《中国检察官》2020年第5期。
[2] 参见朱广新、谢鸿飞主编：《民法典评注：合同编通则》，中国法制出版社2020年版，第531页。

法预见的、不属于商业风险的重大变化，继续履行合同对于当事人一方明显不公平的，受不利影响的当事人可以与对方重新协商；在合理期限内协商不成的，当事人可以请求人民法院或者仲裁机构变更或者解除合同。

人民法院或者仲裁机构应当结合案件的实际情况，根据公平原则变更或者解除合同。

第563条 有下列情形之一的，当事人可以解除合同：

（一）因不可抗力致使不能实现合同目的；

（二）在履行期限届满前，当事人一方明确表示或者以自己的行为表明不履行主要债务；

（三）当事人一方迟延履行主要债务，经催告后在合理期限内仍未履行；

（四）当事人一方迟延履行债务或者有其他违约行为致使不能实现合同目的；

（五）法律规定的其他情形。

以持续履行的债务为内容的不定期合同，当事人可以随时解除合同，但是应当在合理期限之前通知对方。

不可抗力裁判规则第10条：

金钱债务一般不发生履行不能，一般不适用不可抗力免责

> 〔规则描述〕债务可以分为金钱债务和非金钱债务，金钱债务也称为金钱之债、货币之债，是指给付一定数额的金钱为标的的债务。非金钱债务，是指除了以金钱作为标的的债务之外的债务。对于非金钱之债，如因不可抗力致迟延履行，债务人得以不可抗力主张免责。但对于金钱之债，债务人并不能以不可抗力为由主张免责。不可抗力规则，实际上是传统债法体系中的嗣后客观不能。客观不能并不是指合同当事人的不能，而是指一般人皆不能履行。金钱债务一般并不存在履行上的客观不能，故一般不能以不可抗力主张免责。

一、类案检索大数据报告

时间：2021年4月9日之前，案例来源：Alpha数据库，案件数量：87件，数据采集时间：2021年4月9日，检索关键词：金钱之债或金钱债务；不可抗力；免责。经排除无关案例后，本次检索获取了2021年4月9日前共87份裁判文书。其中支持金钱债务一般不发生履行不能，一般不适用不可抗力免责的为79件，占比90.80%；不支持金钱债务一般不发生履行不能，一般不适用不可抗力免责的为8件，占比9.20%。检索整体情况如图10-1所示：

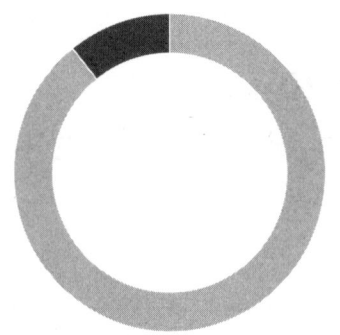

■ 支持不适用不可抗力免责（占比 90.80%）
■ 不支持不适用不可抗力免责（占比 9.20%）

图10-1 是否支持适用不可抗力免责

如图 10-2 所示，从案件年份分布情况可以看出当前条件下案例数量的变化趋势。

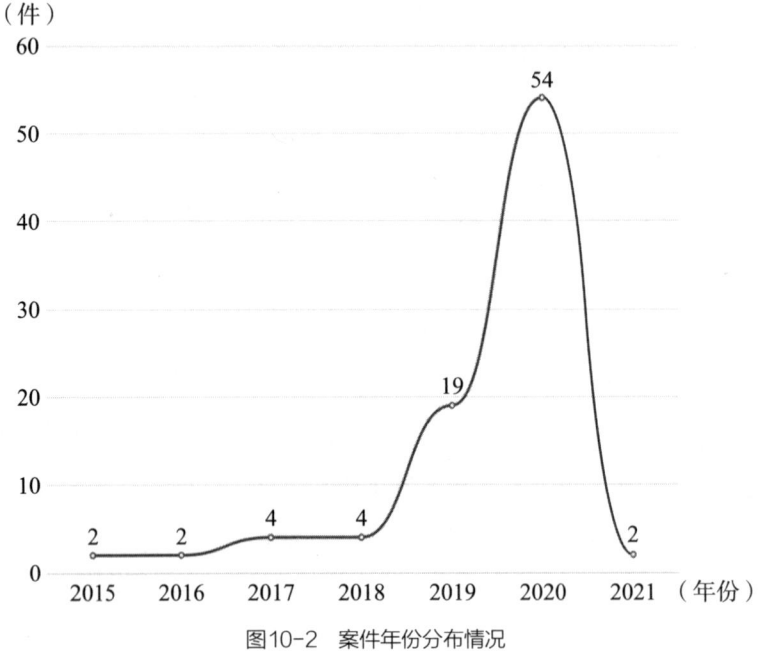

图10-2 案件年份分布情况

如图 10-3 所示，从案件地域分布情况来看，当前案例主要集中在贵州省、广西壮族自治区、四川省、上海市、云南省，其中贵州省的案件量最多，达到 26 件。

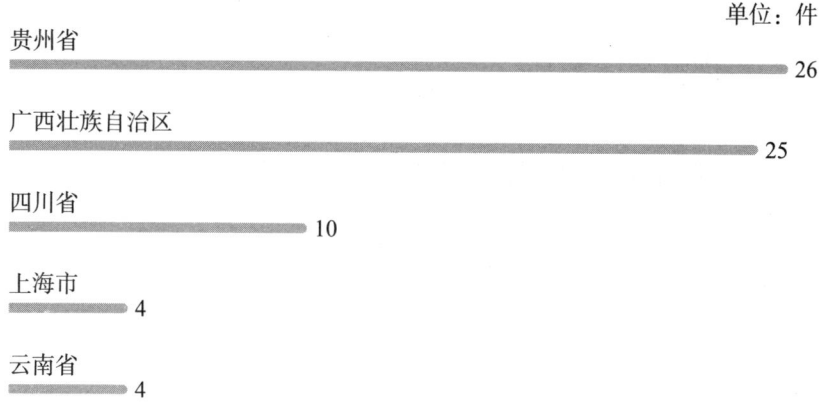

图10-3 案件主要地域分布情况

如图10-4所示,从案件案由分类情况可以看出,当前最主要的案由首先是房屋买卖合同纠纷,有39件,占比45.35%;此后依次是农业承包合同纠纷,买卖合同纠纷,租赁合同纠纷,服务合同纠纷。

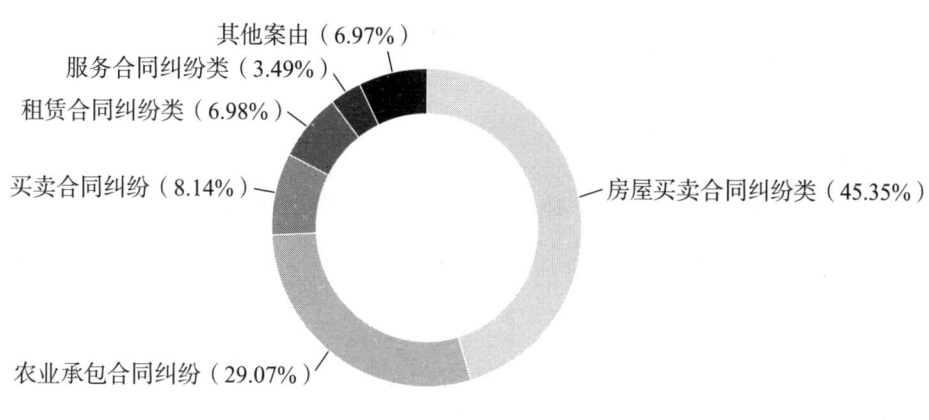

图10-4 案件案由分类情况

二、可供参考的例案

例案一 | 某市公路工程（集团）股份有限公司与刘某某、凯某特种车有限公司等买卖合同纠纷案

【法院】

重庆市高级人民法院

【案号】

（2017）渝民终265号

【当事人】

上诉人（原审被告）：某市公路工程（集团）股份有限公司

法定代表人：沈某，总经理

被上诉人（原审原告）：凯某特种车有限公司

法定代表人：李某某，董事长

原审被告：刘某某、沈某

【基本案情】

2014年9月23日，凯某特种车有限公司（以下简称凯某特种车公司）（卖方）与某市公路工程（集团）股份有限公司（以下简称公路工程公司）（买方）、刘某某、沈某签订《车辆买卖合同》，主要约定：公路工程公司购买重汽牌9种型号车辆共计102辆，对每种型号车辆单价进行了明确约定，总金额为32,986,670元，并对交货方式及付款方式作了约定。同日，凯某特种车公司与公路工程公司、刘某某、沈某签订《车辆价格协议》，主要内容与《车辆买卖合同》一致，但102辆车的总价为30,514,500元。同日，凯某特种车公司与公路工程公司、刘某某、沈某签订《关于车辆分期付款的协议》，在该协议中约定由于公路工程公司采用分期付款须执行11.5%的年利率的计价标准，明确了102辆车的价格本金为30,514,500元，利息为2,472,280元，合同总金额为32,986,780元。

上述合同签订后，凯某特种车公司于2014年11月28日将车辆的合格证等资料交付给公路工程公司，公路工程公司于同日向凯某特种车公司出具了《资料签收单》。凯某特种车公司于2014年11月30日在上海海通码头将102辆车及赠送配件全部交付给公路工程公司，公路工程公司于同日向凯某特种车公司出具了《货物交付验收清单》。2015年1月16日，凯某特种车公司开具了总金额为32,986,780元的37份增值税专用发票给公路工程公司，公路工程公司员工刘某某予以签收。合同约定的付款期限届满，公路工程公司未按约定支付货款，担保人也未承担担保责任。

【案件争点】

公路工程公司主张的不可抗力事由是否成立及其是否应当承担支付货款义务？

【裁判要旨】

一审法院认为：公路工程公司并未举示充分证据证明其是某共和国某段公路项目的承包商，以及该案车辆系用于该工程承包。即使上述事实成立，某共和国突发武装政变的事件虽是公路工程公司在订立合同时不能预见、不能避免并不能克服的客观情况，但该情况须造成当事人客观不能履行合同，即丧失了履行合同的客观实际能力，才构成部分或全部免除合同责任的抗辩事由，故不可抗力并不适用于金钱债务的履行。该案中，公路工程公司虽因某共和国的武装政变导致其自身蒙受经济损失，但其不能据此主张不可抗力，故该案不存在《合同法》第117条规定的免责情形。

二审法院认为：即使如公路工程公司述称发生某共和国武装政变的不可抗力事件，但其所称的事件也仅系公路工程公司与某共和国工程发包方之间的建设工程施工合同履行中的不可抗力事件，而非该案所涉车辆买卖合同履行中的不可抗力事件，公路工程公司不能以该事件免除或减轻在该案所涉车辆买卖合同中的付款义务。

例案二 | 某银行股份有限公司温州分行与致某国际贸易有限公司、致某皮业有限公司等金融借款合同纠纷案

【法院】

浙江省高级人民法院

【案号】

（2015）浙商终字第79号

【当事人】

上诉人（原审被告）：致某国际贸易有限公司

法定代表人：叶某某，董事长

上诉人（原审被告）：致某皮业有限公司

法定代表人：周某康，董事长

上诉人（原审被告）：某市致某皮业有限公司

法定代表人：周某康，董事长

上诉人（原审被告）：叶某某、周某、周某康、周某光、周某英

原审被告：金某皮革有限公司

法定代表人：金某某

被上诉人（原审原告）：某银行股份有限公司温州分行

负责人：林某某，分行行长

【基本案情】

2013年7月8日，致某国际贸易有限公司（以下简称致某贸易公司）以归还政府转贷资金为由，向某银行股份有限公司温州分行（以下简称某银行温州分行）申请贷款。某银行温州分行按规定程序审查、审批后与致某贸易公司签订《流动资金借款合同》，2013年7月9日，某银行温州分行依约发放贷款人民币560万元。

2013年8月15日，致某贸易公司又以归还政府转贷资金为由，向某银行温州分行申请贷款。某银行温州分行按规定程序审查、审批后与致某贸易公司签订《流动资金借款合同》，2013年8月16日，某银行温州分行依约发放贷

款人民币340万元。

2013年8月22日，致某贸易公司又以归还政府转贷资金为由，向某银行温州分行申请贷款。某银行温州分行按规定程序审查、审批后与致某贸易公司签订《流动资金借款合同》，2013年9月25日，某银行温州分行依约发放贷款人民币300万元。

2013年9月27日，致某贸易公司又以归还政府转贷资金为由，向某银行温州分行申请贷款。某银行温州分行按规定程序审查、审批后与致某贸易公司签订《流动资金借款合同》，2013年9月27日，某银行温州分行依约发放贷款人民币2203万元。

以上债务的担保合同如下：

2013年7月8日，致某皮业有限公司（以下简称致某皮业公司）与某银行温州分行签订了《最高额保证合同》，约定：被担保的最高债权额为人民币3500万元，被担保的主债权的发生期间为2013年7月8日起至2015年7月8日止。

2013年7月8日，某市致某皮业有限公司（以下简称宿迁致某公司）与某银行温州分行签订了《最高额保证合同》，约定：被担保的最高债权额为人民币3500万元，被担保的主债权的发生期间为2013年7月8日起至2015年7月8日止。

2013年7月8日，金某皮革有限公司（以下简称金某公司）与某银行温州分行签订了《最高额保证合同》，约定：被担保的最高债权额为人民币3500万元，被担保的主债权的发生期间为2013年7月8日起至2015年7月8日止。

2013年7月8日，叶某某、周某、周某康分别与某银行温州分行签订了《个人最高额保证合同》，约定：被担保的最高债权额各为人民币3500万元，被担保的主债权的发生期间均为2013年7月8日起至2015年7月8日止。

现债务人无法清偿到期债务，构成违约。

【案件争点】

上诉人能否以遭受台风损失系不可抗力为由请求免除借款合同利息？

【裁判要旨】

一审法院认为：致某贸易公司、致某皮业公司、宿迁致某公司、叶某某、周某、周某康以不可抗力造成违约为由，要求免除全部或部分责任，并暂缓判决，缺乏事实与法律依据，不予支持。

二审法院认为：因不可抗力造成合同不能履行或不能完全履行，一般指债务人所有的特定标的物因不可抗力毁损灭失而无法履行合同给付义务，或是具有特定人身属性的债务因不可抗力导致无法履行，在此情况下，可以给予债务人免责的法律效力。该案属于金融借款合同纠纷，债务人应履行的合同义务为按期返还借款及利息的金钱债务，根据《合同法》第109条[①]规定，当事人一方未支付价款或者报酬的，对方可以要求其支付价款或者报酬，故依据该条规定，即使发生不可抗力，也不能免除该案债务人对债权人的给付义务。

例案三丨某省华某实业集团有限公司诉马某汽车某（上海）有限公司服务合同纠纷案

【法院】

上海市第一中级人民法院

【案号】

（2018）沪01民终12272号

【当事人】

上诉人（原审被告）：某省华某实业集团有限公司

法定代表人：张某某，董事长

被上诉人（原审原告）：马某汽车某（上海）有限公司

法定代表人：威某某，总经理

---

① 《中华人民共和国合同法》已于2021年1月1日被废止。《中华人民共和国合同法》第109条现规定于《中华人民共和国民法典》第579条。

【基本案情】

为建立现代化赛车场用于举办符合国际汽联二级标准的国内国际比赛，某省华某实业集团有限公司（以下简称华某公司）与马某汽车某（上海）有限公司（以下简称马某公司）于2017年1月25日签订系争合同。

华某公司于签约次日向马某公司支付50万元预付款，马某公司随即开展规划设计工作。3月10日，马某公司按华某公司修改意见将更新后的最终设计稿发给华某公司。其后，马某公司将合同余款对应的发票及两次差旅报销凭证寄给华某公司，华某公司于3月16日表示均已收讫。马某公司多次向华某公司催讨合同余款，未果。3月21日，华某公司向马某公司出示一张"某区政府方案审核意见"图，显示政府要求土地必须保证原博物馆基本交通流线、车行线人行道不得被赛道打断，向西调整原升级二级赛道设置范围，部分功能区向东侧迁移等。3月31日，华某公司向马某公司发出《关于赛车场概念设计未尽事宜沟通函》，称马某公司的设计中缺少内部道路网、围场尺寸和位置、赛道成本初步计算等，并再次索要知识产权授权。同日，马某公司复函指出上述要素在原稿中已存在，并要求华某公司支付余款。因催讨无果，马某公司诉至法院。

【案件争点】

华某公司能否以政府改变土地规划导致项目搁置为由免除付款义务？

【裁判要旨】

一审法院认为：该案中，马某公司于2017年2月20日已提交最终设计成果，根据合同第7条约定，华某公司应在10天后即2017年3月2日付清余款。华某公司逾期未付，已构成迟延履行，其直至2017年3月21日才告知马某公司土地规划变更，不能免除付款义务。另外，即使政府确实变更土地规划且该事件发生在华某公司履行日之前，华某公司作为接受设计服务一方，其在该案合同项下承担的是给付金钱之债，而土地规划变更不会导致华某公司丧失履行金钱之债的能力。即华某公司并不会因该事件而不能履约。事实上，华某公司是忧虑继续履约将遭受损失。然而，合同本身并不能保证当事人必然获益，马某公司在未取得大部分款项的情况下完成服务，相当于先行承担了损失风险，华某公司即使因其他因素导致无法从合同中获益，该损失风险也无理由转嫁给马某公司。

二审法院认为：在马某公司履行完合同义务后，华某公司即负有付款义务，在此后再出现华某公司所主张的政府规划变更事由，并不能作为其免除付款义务的理由。

三、裁判规则提要

（一）不可抗力作为免责事由的审查要点为是否构成不可抗力、不可抗力对合同履行的影响程度

在合同履行中，因情形的发生导致行为人不能履行合同义务而违约，行为人能否以不可抗力作为部分或者全部免责的抗辩理由。对此，法院通常着重审查以下内容：

其一，应当审查该情形是否构成不可抗力。根据《民法典》第180条之规定，不可抗力是指不能预见、不能避免且不能克服的客观情况。所谓不能预见是指，行为人不能预见作为不可抗力事件的发生，其强调的是在一般理性人和现有的科技或者相应条件下无法预见。如果不能预见是因为行为人自己的过失或者故意未能预见，或者其在签订合同时已经预见到事件将会发生，其仍应承担相应的违约责任。值得注意的是，不可抗力的预见应审视合同约定的交易内容，即在缔约时未能基于交易内容预见事件的发生，对此已经尽到了注意义务。比如，随着现代科技的发展，相当一部分自然事件或社会事件是可以做出一定的预测的。对于这类问题，应充分考虑不可抗力界定的个案属性。所谓不能避免是指，客观情况的发生具有必然性，不以行为人的意志为转移。行为人已经尽自己最大的努力，仍不能避免事件的发生。所谓不能克服是指，行为人在履行合同义务时，因客观情形的发生致使其无法正常的履行合同义务。

其二，应当审查不可抗力对合同履行的影响。如上所述，并不是每一个自然或社会事件均构成不可抗力，该事件应当足以造成合同不能全部或部分履行。倘若某件事没有影响或者影响程度不足以阻却合同义务的履行，即使其符合不可抗力的构成要件，也不能作为债务人的抗辩事由。

（二）金钱债务一般不会发生履行不能，一般不适用不可抗力免责条款[①]

不可抗力作为免责事由须以因果关系为前提，只有当相应的事件对合同履行造成足够的影响，导致履行障碍，且履行障碍不能克服时，才能以不可抗力作为免责事由。就金钱债务而言，是指以给付一定数额的金钱为标的的债务。首先，在金钱债务中，债务给付标的的本身是充当一切商品等价物的货币，属于最具有普遍性的种类物，也鉴于此，传统民法观点大都认为以金钱为给付的内容，无给付不能之问题。[②] 是故，违约方可以免除不可抗力致使的违约责任，但却不能因此免除金钱债务，也不能以不可抗力作为抗辩事由拒绝继续履行该金钱债务。因为不可抗力规则强调的是免除当事人的违约责任，并不涉及合同实体关系的问题，合同法律关系只能由当事人自由创设，法律不能拟制消灭。其次，在现有法律规定上，根据《民法典》第579条之规定："当事人一方未支付价款、报酬、租金、利息，或者不履行其他金钱债务的，对方可以请求其支付。"《民法典》第580条规定："当事人一方不履行非金钱债务或者履行非金钱债务不符合约定的，对方可以请求履行，但是有下列情形之一的除外：（一）法律上或者事实上不能履行；（二）债务的标的不适于强制履行或者履行费用过高；（三）债权人在合理期限内未请求履行。有前款规定的除外情形之一，致使不能实现合同目的的，人民法院或者仲裁机构可以根据当事人的请求终止合同权利义务关系，但是不影响违约责任的承

[①] 参见曹守晔：《最高人民法院〈关于适用〈中华人民共和国合同法〉若干问题的解释（二）〉之情势变更问题的理解与适用》，载《法律适用》2009年第8期。

[②] 参见黄茂荣：《债法总论》（第二册），中国政法大学出版社2003年版，第158-159页。

担。"根据上述法律规定可知,对非金钱债务法律上或事实上不能履行时,对方可以不要求实际履行。而对于要支付价款或报酬的金钱债务,一方未依约支付的,另一方可以要求违约方继续支付。综上所述,无论现行法律规定抑或民法理论通说,基本上都倾向于认为,金钱债务不会发生履行不能的问题,故不能以不可抗力为由免责。

四、关联规定

《民法典》

第180条 因不可抗力不能履行民事义务的,不承担民事责任。法律另有规定的,依照其规定。

不可抗力是不能预见、不能避免且不能克服的客观情况。

第579条 当事人一方未支付价款、报酬、租金、利息,或者不履行其他金钱债务的,对方可以请求其支付。

第580条 当事人一方不履行非金钱债务或者履行非金钱债务不符合约定的,对方可以请求履行,但是有下列情形之一的除外:

(一)法律上或者事实上不能履行;

(二)债务的标的不适于强制履行或者履行费用过高;

(三)债权人在合理期限内未请求履行。

有前款规定的除外情形之一,致使不能实现合同目的的,人民法院或者仲裁机构可以根据当事人的请求终止合同权利义务关系,但是不影响违约责任的承担。

第590条 当事人一方因不可抗力不能履行合同的,根据不可抗力的影响,部分或者全部免除责任,但是法律另有规定的除外。因不可抗力不能履行合同的,应当及时通知对方,以减轻可能给对方造成的损失,并应当在合理期限内提供证明。

当事人迟延履行后发生不可抗力的,不免除其违约责任。

不可抗力裁判规则第11条：

不可抗力导致租赁物毁损、灭失的，损失由出租人承担，承租人可以要求减少或者不支付租金，甚至解除合同

〔规则描述〕不可抗力导致租赁物毁损、灭失的，根据"不幸的事件只能落在被击中者头上"[①]的法律观念，出租人应负担此种情形下租赁物毁损、灭失的风险，而承租人无需承担风险责任。同时，承租人可以行使两种权利：其一，承租人可以要求减少或者不支付租金；其二，当因此致使合同目的不能实现时，承租人可以解除合同。

一、类案检索大数据报告

时间：2021年4月9日之前，案例来源：Alpha数据库，案件数量：246件，数据采集时间：2021年4月9日，检索关键词：不可抗力；租金；解除合同。经排除无关案例后，本次检索获取了2021年4月9日前共246份裁判文书。其中支持因不可抗力导致租赁物毁损、灭失的，损失由出租人承担，承租人可以减少或者不支付租金，甚至解除合同的为246件，占比100%。从是否支持"因不可抗力导致租赁物毁损、灭失的，损失由出租人承担，承租人可以减少或者不支付租金，甚至解除合同"裁判思路的比例来看，检索到的所有判决或裁定均支持这一观点。检索整体情况如图11-1所示：

---

① 参见杨立新：《中华人民共和国民法典条文要义》，中国法制出版社2020年版，第523页。

■ 支持承租人可以减少或者不支付租金，甚至解除合同（占比100%）

图11-1　是否支持承租人可以减少或者不支付租金，甚至解除合同

如图11-2所示，从案件年份分布情况可以看出当前条件下案例数量的变化趋势。

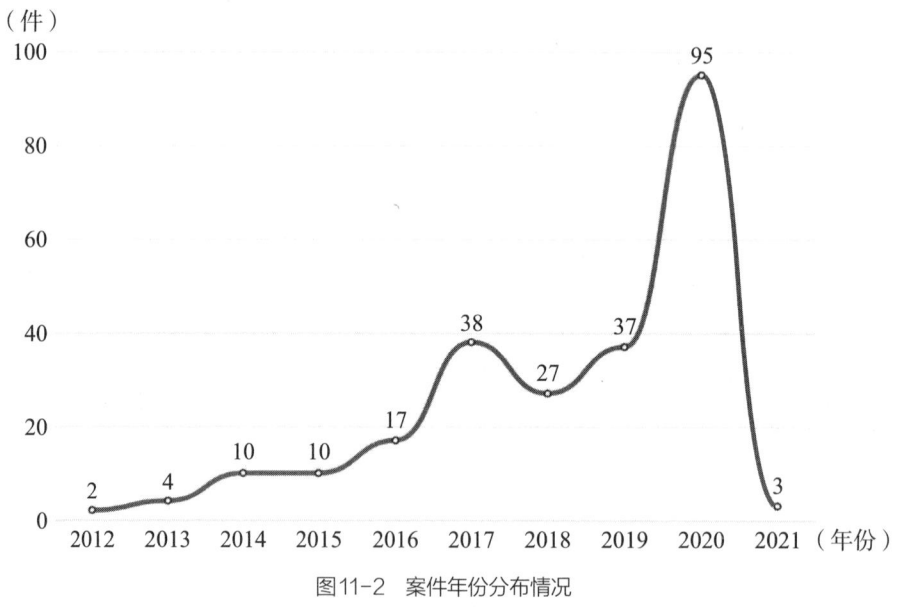

图11-2　案件年份分布情况

如图11-3所示，从案件地域分布情况来看，当前案例主要集中在山西省、陕西省、广东省、四川省、河南省，其中山西省和陕西省的案件量最多，均达到32件。

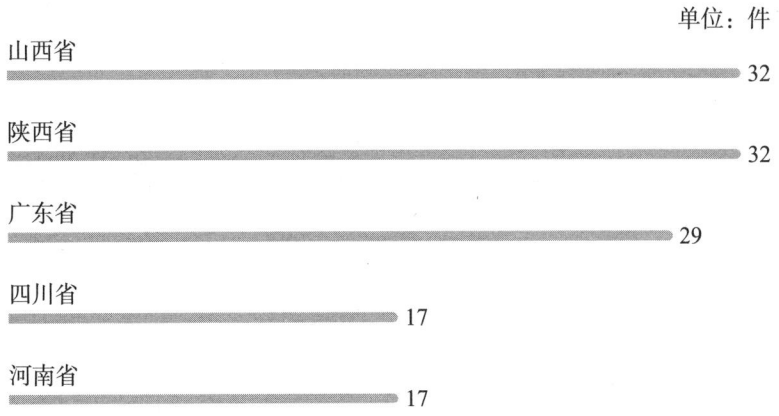

图11-3 案件主要地域分布情况

如图11-4所示,从案件案由分类情况可以看出,当前最主要的案由首先是合同、准合同纠纷,有234件,占绝大多数;其次是与公司、证券、保险、票据等有关的民事纠纷,最后是物权纠纷。

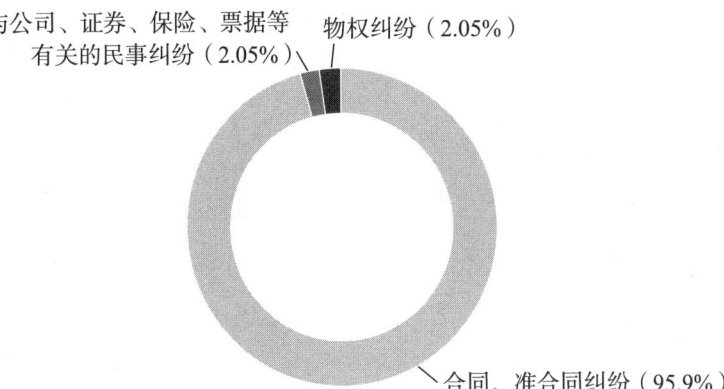

图11-4 案件案由分类情况

二、可供参考的例案

例案一 | 常某某与某县林某种植专业合作社土地租赁合同纠纷案

【法院】

山西省长治市中级人民法院

【案号】

（2020）晋04民终1576号

【当事人】

上诉人（原审原告）：常某某

被上诉人（原审被告）：某县林某种植专业合作社

法定代表人：郑某某

【基本案情】

2017年3月28日，常某某与某县林某种植专业合作社（以下简称某林某合作社）签订了租赁土地协议，某林某合作社租赁常某某耕地4.4亩，租期为五年，租金按年支付，每年12月底给付，每亩600元，合计每年2640元，并签订有违约责任：因一方违约，给对方造成经济损失应予赔偿。2019年春夏，因该县的降水一直持续偏少，尤其是6、7、8月，天气持续晴热干旱少雨，所租赁的土地产量严重减少。常某某要求某林某合作社按照合同支付2019年租赁土地租金2640元；某林某合作社要求减半支付租金，认为所租赁的土地减产是由于天气干旱、晴热少雨造成，并非某林某合作社的责任。某林某合作社虽未支付2019年租金，但没有直接给常某某造成损失。

【案件争点】

某林某合作社要求租金减半支付是否合理？

【裁判要旨】

一审法院认为：2019年春夏，某县由于天气长期持续晴热少雨干旱、耕地水分缺失严重，耕地受到毁损，不可归责任于被告。根据《合同法》第231

条①的规定，被告可以要求减少租金或者不支付租金。被告要求减半支付2019年租金符合法律规定。原告要求按租金的6%赔偿损失，无事实依据，也未向法庭提供证据，法院不予支持。

二审法院认为：根据在案的山西省某县气象局出具的2019年降雨量情况证明及《某县2019年夏季旱情调查》等证据，能够证明2019年某县旱情严重，玉米等作物受损面积大，导致被上诉人经营的土地收成锐减，该情形不可归责于被上诉人，属于不可抗力因素。被上诉人要求减半支付2019年租金符合客观实际和法律规定，一审法院认定并无不当，故二审法院对上诉人的上诉理由不予支持。

例案二 | 曹某某与王某某租赁合同纠纷案

【法院】

山东省临沂市中级人民法院

【案号】

（2019）鲁13民终2822号

【当事人】

上诉人（原审被告）：曹某某

被上诉人（原审原告）：王某某

原审第三人：葛某某

【基本案情】

2013年1月26日，被上诉人王某某（甲方、出租方）与上诉人曹某某（乙方、承租方）签订《租赁协议书》一份，协议约定：上诉人曹某某租赁被上诉人王某某现有占地6亩的工厂；租期自2013年1月26日至2018年1月26日，共5年；租金为10万元/年，不包括土地承包费、土地使用税等各种税费；租

---

① 《中华人民共和国合同法》已于2021年1月1日被废止。《中华人民共和国合同法》第231条租赁物灭失规则现规定于《中华人民共和国民法典》第729条。下文不再提示。

赁期间厂房由租赁方维护，出租人不再负责；租赁方须按约定时间付第二年租金，否则，出租方有权中止协议。协议签订后，被上诉人王某某依约将上述工厂交付上诉人曹某某使用，曹某某亦按照约定支付了2016年度以前的租赁费。2013年11月，上诉人曹某某将上述工厂转租给原审第三人葛某某，租期自2013年11月1日至2018年1月26日，租金为13.5万元/年。2015年11月24日，临沂地区普降大雪，导致上述租赁厂房坍塌。雪灾之后，原审第三人对涉案厂房进行了重建，时间为两个月。因上诉人曹某某未支付2016年度的租赁费，被上诉人王某某于2017年8月8日诉至一审法院。

【案件争点】

上诉人曹某某支付给被上诉人王某某的租赁费用金额75,000元是否合理？

【裁判要旨】

一审法院认为：《合同法》第231条的规定："因不可归责于承租人的事由，致使租赁物部分或者全部毁损、灭失的，承租人可以要求减少租金或者不支付租金……"涉案厂房在租赁使用期间，因不可抗力因素大雪导致其租赁的厂房坍塌的事实，当事人均无异议，涉案厂房在修理重建过程中不能使用，达不到租赁的目的，根据上述法律规定，且为了体现公平，其相应期间的租赁费用应予以扣减。原第三人称其用时两个月对厂房进行了重建，重建后的厂房亦并不必然投入使用，故酌情扣减三个月的租赁费用以弥补上诉人曹某某相应的损失，故上诉人曹某某应支付给王某某租赁费的数额为75,000元。

二审法院认为：曹某某与王某某签订《租赁协议书》系双方的真实意思表示，内容不违反法律、行政法规强制性规定，属于有效合同，各方应信守履约。根据合同约定，承租人曹某某应当向出租人王某某支付租赁费。在租赁期内，案涉厂房因大雪导致坍塌，曹某某无法正常使用，一审法院对诉争厂房租赁费计算系扣除该厂房在维修重建期间租赁费，弥补曹某某租赁损失符合案件实际情况，并无不当，应予维持。

例案三 | 汉某文化发展有限公司、某中原高速公路股份有限公司合同纠纷案

【法院】

河南省郑州市中级人民法院

【案号】

（2018）豫01民终8914号

【当事人】

上诉人（一审原告）：汉某文化发展有限公司

法定代表人：吕某某，总经理

被上诉人（一审被告）：某中原高速公路股份有限公司

法定代表人：金某，董事长

【基本案情】

2005年9月26日，原、被告双方签订《高速公路广告经营权转让协议书》，载明：被告同意将位于京珠高速公路附近的135个广告位及广告设施（附拍卖成交清单）10年的广告经营权通过拍卖方式转让给原告；本协议标的转让总价为人民币4,155万元（原告在拍卖会上的成交价）；本协议下广告经营权整体转让期限为10年，经营期限从2006年7月1日至2016年6月30日。协议落款处均有原、被告双方盖章、法人或授权代理人签字予以确认。2007年7月18日，双方签订《高速公路广告经营权转让补充协议》一份，根据双方签订的高速公路广告经营权转让协议书，参照双方在履行协议过程中存在的问题，经协商，双方就有效经营期内经营权主体的变更、转让标的、价格、转让价款及支付方式等问题，达成补充协议。落款处均加盖有双方公司的合同专用章予以确认。

2015年12月2日，郑州市政府因会议需要，对涉案的广告设施进行了拆除。

【案件争点】

因不可抗力的原因造成广告设施拆除，被上诉人是否应当赔偿上诉人经济损失？

【裁判要旨】

一审法院认为：2015年12月2日，郑州市政府因会议需要，对涉案的广告设施进行拆除，是政府行为，属于不可抗力。对此给原告造成的损失，并不属于原、被告双方约定的违约责任情形，被告不应当承担违约责任。对原告主张被告赔偿其经济损失人民币1,719.7455万元的请求，不予支持。

二审法院认为：郑州市政府因会议需要，对涉案的广告设施进行了拆除，被告并未违约，不应当对拆除广告设施所造成的损失承担违约责任。涉案的广告设施拆除后，原告必然减少广告收入，应相应地减少广告经营权转让费，对减少的转让费数额法院酌定为60万元。

三、裁判规则提要

（一）因不可抗力的原因造成租赁物毁损、灭失的，承租人不承担责任，应由出租人承担

租赁合同是出租人将租赁物交付承租人使用、收益，承租人支付租金的合同，属于有偿、诺成、双务合同。就其实质而言，租赁合同是转移租赁物使用权的合同，即一方当事人将自己的财产交给另一方占有、使用并收益的合同。租赁合同的风险负担应包括两种情况：其一，租赁物自身毁损灭失的风险，此种风险由谁承担？其二，因租赁物毁损灭失导致租赁物无法正常使用，承租人是否还有支付租金的义务？这两个问题其实是一个问题的两个方面，即因不可归责于双方当事人的事由导致租赁物毁损灭失时，租赁物自身风险负担与出租人能否获得对价给付的问题。若认定前者应由出租人负担，则租赁物毁损灭失后出租人对价给付的请求权将不存在；相反，若由承租人承担租赁物毁损灭失的风险，那么这种风险将表现为承租人虽不能继续使用租赁物却须按约定支付租金。

因不可抗力的原因造成租赁物毁损、灭失的，该不可抗力事由也要满足

不能预见、不能避免并且不能克服的条件。例如，在承租人租赁房屋期间，发生洪水，大水冲进房屋导致屋内墙皮脱落。此种情形下，租赁合同双方当事人都无过错。对于因既不可归责于承租人，也不可归责于出租人的不可抗力而出现的租赁物毁损、灭失的情况，应当维护哪一方当事人的利益，是法律所要解决的问题。①

此外，按照民法上的"所有权主义"风险负担原则，物的风险分配是以谁享有所有权为标准的，即所有权人承担所有物毁损、灭失的风险。《民法典》在买卖合同中规定了买卖合同标的物的风险责任在交付后转移至买受人的一般原则。在租赁合同中，多数情况下，出租人是租赁物的所有人，或者至少是可以支配租赁物的人。虽然在出租人将租赁物交付给承租人后，租赁物的占有也发生了转移，但租赁物之毁损灭失风险不能如买卖合同一样以交付作为风险负担转移时点，不能要求获得使用权之承租人与获得所有权之买受人承担同等程度之风险。因为租赁合同并不是以转移所有权为目的，所以当发生不可归责于双方当事人的事由导致租赁物毁损、灭失时，这个风险责任应当由出租人来承担。

（二）因不可抗力的原因造成租赁物毁损、灭失的，承租人可以要求减少租金或不支付租金

在因不可抗力的原因造成租赁物毁损、灭失的情形下，承租人由于已不能正常使用租赁物，有权要求减少租金或不支付租金。减少租金一般适用于租赁物部分毁损但还能够使用的情形。不支付租金一般适用于租赁物虽然部分毁损但已失去效用或者全部毁损、灭失的情形，此时承租人已不能使用该租赁物，当然可以要求不支付租金。

法律适用之关键问题有二：其一，不可抗力与租赁物毁损灭失之因果关系问题。不可抗力事由应是租赁物毁损灭失之直接和主要原因，若租赁物毁

---

① 参见黄薇主编：《中华人民共和国民法典合同编释义》，中国法制出版社2020年版，第562页。

损灭失还有双方当事人、第三人或者其他原因力之影响，则应判断是否还存在违约责任、侵权责任等，不必完全通过不可抗力规则来解决。其二，租赁物部分毁损的，该部分毁损是否影响承租人按约定使用的问题。部分毁损不影响使用或者不影响按约定用途使用的，不应考虑减免租金。例如，如果承租人租赁土地是为了拆除已有设施后重建其他设施，那么在拆除期间不可抗力导致土地上原有设施发生毁损灭失的，该毁损也不妨碍其租赁合同目的的实现，不可抗力使原施工量减少，根本不会造成任何损害，则无需考虑不可抗力之免责问题。

（三）因不可抗力的原因造成租赁物毁损、灭失，致使合同目的不能实现的，承租人可以解除合同

不可抗力事件导致租赁物毁损、灭失，致使合同目的不能实现时，承租人有权解除合同。此条裁判规则实质上是对《民法典》第563条"因不可抗力致使不能实现合同目的"的运用。基于鼓励交易之目的，应尽量维护合同之效力，审慎判断合同目的是否已经不能实现。在司法实践中，不能实现合同目的之判断需综合考虑不可抗力对租赁物的毁损程度、修复难度、约定用途、租赁物毁损灭失后出租人是否积极进行修缮等情况，尤其要考虑对租赁物按约定方式使用的影响程度。

在租赁合同中，只要租赁物毁损、灭失，且承租人对此没有过错，承租人就可以行使解除权，即使没有发生不可抗力，因为合同实际上已经不可能再履行。承租人此时所享有的解除权是法定解除权，其不是请求权而是形成权，且是无需通过诉讼途径行使的形成权。因此，承租人主张解除合同的，只要其解除之意思表示到达出租人，合同即行解除；即使出租人对此有异议并提请诉讼或仲裁，人民法院或者仲裁机构也只是对承租人行使解除权的效力进行确认。[①]

[①] 黄薇主编：《中华人民共和国民法典合同编释义》，中国法制出版社2020年版，第563页。

四、关联规定

《民法典》

第563条 有下列情形之一的,当事人可以解除合同:

(一)因不可抗力致使不能实现合同目的;

(二)在履行期限届满前,当事人一方明确表示或者以自己的行为表明不履行主要债务;

(三)当事人一方迟延履行主要债务,经催告后在合理期限内仍未履行;

(四)当事人一方迟延履行债务或者有其他违约行为致使不能实现合同目的;

(五)法律规定的其他情形。

以持续履行的债务为内容的不定期合同,当事人可以随时解除合同,但是应当在合理期限之前通知对方。

第590条 当事人一方因不可抗力不能履行合同的,根据不可抗力的影响,部分或者全部免除责任,但是法律另有规定的除外。因不可抗力不能履行合同的,应当及时通知对方,以减轻可能给对方造成的损失,并应当在合理期限内提供证明。

当事人迟延履行后发生不可抗力的,不免除其违约责任。

第729条 因不可归责于承租人的事由,致使租赁物部分或者全部毁损、灭失的,承租人可以请求减少租金或者不支付租金;因租赁物部分或者全部毁损、灭失,致使不能实现合同目的的,承租人可以解除合同。

不可抗力裁判规则第12条：
承运人对因不可抗力造成的货物损失不承担责任

> 〔规则描述〕承运人需要对运输过程中货物的毁损、灭失承担赔偿责任。但是，如果承运人能够证明货物的毁损、灭失是因为不可抗力所致，由于不可抗力具有不能预见、不能克服且不能避免的特征，那么承运人不承担赔偿责任。

一、类案检索大数据报告

时间：2021年4月9日之前，案例来源：Alpha数据库，案件数量：78件，数据采集时间：2021年4月9日，检索关键词：承运人；不可抗力；货物损失；承担责任。经排除无关案例后，本次检索获取了2021年4月9日前共78份裁判文书，其中支持承运人对因不可抗力造成的货物损失不承担赔偿责任的案件有78件，占比100%。从是否支持"承运人对因不可抗力造成的货物损失不承担赔偿责任"裁判思路的比例来看，检索到的所有判决或裁定均支持这一观点。检索整体情况如图12-1所示：

专题二 当事人约定不可抗力的适用

■ 支持承运人对因不可抗力造成的货物损失不承担赔偿责任（占比100%）

图12-1 是否支持承运人对因不可抗力造成的货物损失不承担赔偿责任

如图12-2所示，从案件年份分布情况可以看出当前条件下案例数量的变化趋势。

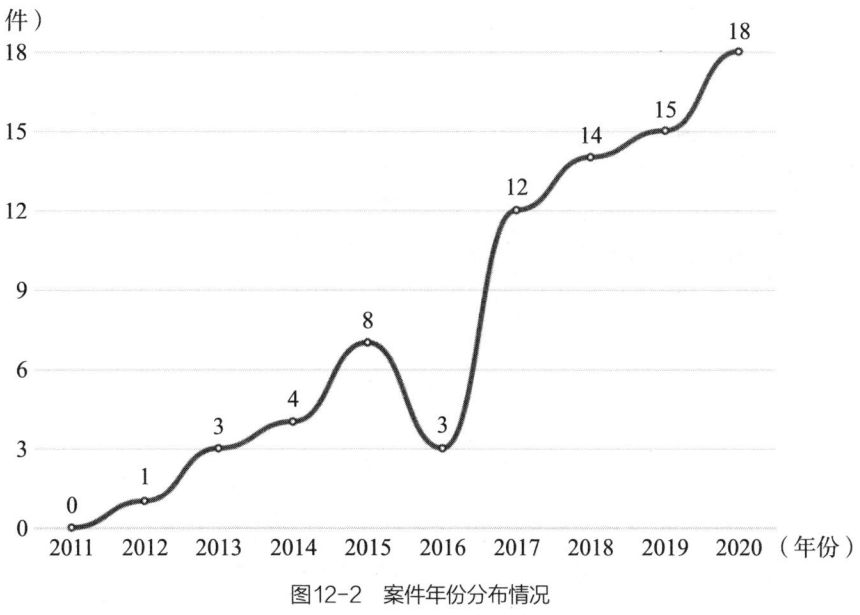

图12-2 案件年份分布情况

如图12-3所示，从案件地域分布情况来看，当前案例主要集中在山东省、湖北省、吉林省、广东省、上海市，其中山东省的案件量最多，达到17件。

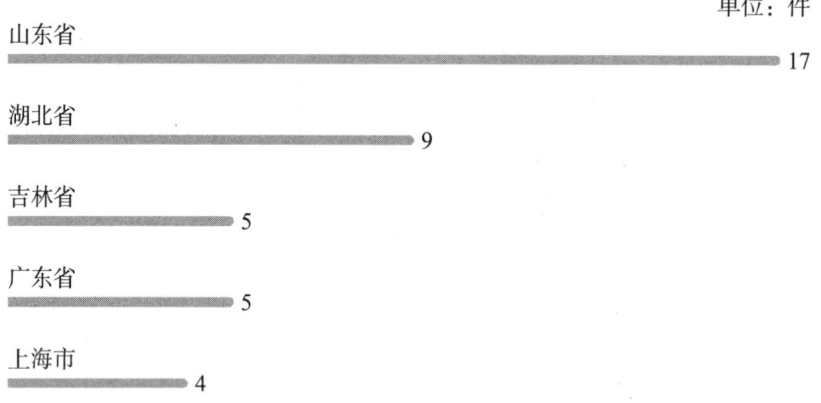

图12-3 案件主要地域分布情况

如图12-4所示，从案件案由分类情况可以看出，当前最主要的案由首先是合同、准合同纠纷，有62件，占一半以上；此后依次是与公司、证券、保险、票据等有关的民事纠纷，海事海商纠纷，物权纠纷，侵权责任纠纷。

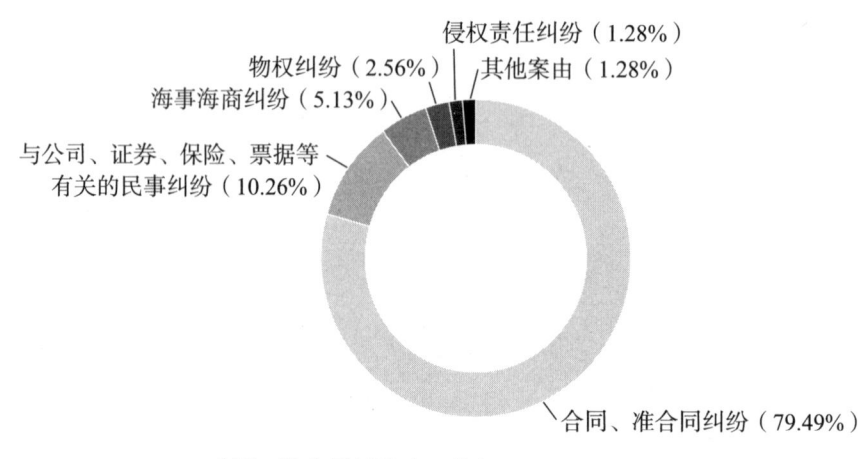

图12-4 案件案由分类情况

二、可供参考的例案

例案一 | 中国某财产保险股份有限公司大连市分公司与司某某海上、通海水域货物运输合同纠纷案

【法院】

湖北省高级人民法院

【案号】

（2020）鄂民终85号

【当事人】

上诉人（一审原告）：中国某财产保险股份有限公司大连市分公司

负责人：蔺某，总经理

被上诉人（一审被告）：司某某

【基本案情】

2018年6月30日，锦某粮贸（供方）与特某饲料有限公司（需方，以下简称特某公司）签订玉米销售合同。2018年7月9日，"某999"轮船长签发货物交接清单，该清单载明托运人为锦某粮贸。2018年7月27日下午，"某999"轮抵达并靠泊宜昌市白洋码头，随即开始卸货。次日18时33分，该轮根据码头通知要求，离港前往锚地抛锚等待下一步卸货计划。约18时50分，该轮离开卸货码头前往锚地途中，天开始下小雨，西北风4级，船员遂开始封舱，但突然遭遇强对流天气，瞬间风力最大约8~10级，并伴有强降雨。由于突然大风大雨导致阻力变大，船员全部配合也无法顺利迅速关舱，货舱前半部分货物被雨水淋湿。被告司某某向华某公司通报，锦某粮贸得知后向原告中国某财产保险股份有限公司大连市分公司（以下简称某大连公司）报告。

【案件争点】

涉案货损事故的发生是否系不可抗力事件所致？

【裁判要旨】

一审法院认为：根据本院查明的事实，导致涉案货损的基础原因是"某999"轮卸货阶段根据港方要求，离岗抛锚期间突然遭受瞬间强风和暴雨所致。当天的天气情况本来为小雨、西北风4级，但该轮实际遭受到强风（江面近10级）和暴雨（55.2mm），该轮船员虽然及时采取能力范围内的封舱措施，但强风暴雨超出合理预见和完全避免及克服的能力范围，导致部分货物受到雨淋。原告某大连公司认可了证人证言，辩称"某999"轮船舱机械搅动装置失效导致封舱没有证据证明，本院不予采信。因此，涉案货损事故的发生属于不可抗力，被告司某某作为承运人依法可以免责。

二审法院认为：不可抗力事件的成立必须满足三个要件，即不能预见、不能避免且不能克服。值得说明的是，虽然不可抗力属客观情况，但鉴于当事人之间存在的个体差异，判断不可抗力应结合具体案情、具体当事人进行分析，不可一概而论。该案中，卸货当天的天气情况本来为小雨、西北风4级，"某999"轮在前往锚地过程中突然遭遇强风和暴雨，因而该天气骤变对司某某而言超出了其合理预见的范围。"某999"轮船员采取了力所能及的封舱措施，然而强风暴雨仍无法完全避免及克服。某大连公司虽主张"某999"轮船舱机械搅动装置失效导致封舱失败，但对其主张未能提供充分证据予以证明。综合前述情形，结合司某某避免和克服风险的能力和条件，一审判决认定涉案货损事故的发生属于不可抗力事件所致，并无明显不当。

《合同法》第311条[①]规定："承运人对运输过程中货物的毁损、灭失承担损害赔偿责任，但承运人证明货物的毁损、灭失是因不可抗力、货物本身的自然性质或者合理损耗以及托运人、收货人的过错造成的，不承担损害赔偿责任。"如前所述，司某某承运的玉米水湿系因不可抗力造成的，且某大连公司和华某公司未积极履行减损义务导致损失扩大，故司某某对涉案货损不应

[①] 《中华人民共和国合同法》已于2021年1月1日被废止。《中华人民共和国合同法》第311条现规定于《中华人民共和国民法典》第832条。

向某大连公司承担赔偿责任。

例案二 | 中国某财产保险股份有限公司宁波分公司与瑞某海运物流有限公司共同海损纠纷案

【法院】

上海市高级人民法院

【案号】

（2019）沪民终325号

【当事人】

上诉人（一审被告）：中国某财产保险股份有限公司宁波分公司

代表人：李某某

被上诉人（一审原告）：瑞某海运物流有限公司

法定代表人：黄某

【基本案情】

2016年9月，中国石油化工股份有限公司广州分公司（以下简称中石化广州分公司）委托瑞某海运物流有限公司（以下简称瑞某公司）将涉案货物从广州黄埔港石化码头运送至宁波镇海。涉案货物系石脑油，收货人为中国石油化工股份有限公司镇海炼化分公司。9月11日12时，瑞某公司安排"某某9"轮在广州黄埔石化码头系泊作业。9月12日12时，船舶完成货物装载后离泊，驶离起运港。9月13日12时，船舶航行至广东汕尾海域。同日14时12分，瑞某公司岸基管理部门向船长抄送台风预报，要求做好避台和防台安全措施。9月14日，在船舶北上航行至福建泉州海域时，受台风"莫兰蒂"影响，当日8时，船长与公司联系准备择地抛锚避风，10时40分，船舶进入泉州围头湾抛锚避风。9月15日2时，在船舶避台过程中锚位发生移动，主机突然停车失去动力，3时36分船舶搁浅，船长向泉州海事部门汇报船舶失控及搁浅情况。海事部门立即组织救助工作，调遣人员及拖轮前往事故地点。15日7时30分，船舶在涨潮期间自行起浮脱浅，由于地处养殖区以及恶劣天气、海况等原因，无法实施拖带，船舶在落潮时再次搁浅。9月16日上午，救助工作全面展开，于13时将船舶拖靠码头紧急卸货，同时进行堵漏、清除污染物等工作。9月25日完成卸货，后安排3条转运船将卸下的货物安全运抵目的港。10月24日，船舶离港进行永久性修理。

【案件争点】

涉案台风是否构成不可抗力？

【裁判要旨】

一审法院认为：根据法律规定，构成不可抗力免责应当满足不能预见、不能避免和不能克服三个法律要件，这三个要件相互关联，不应孤立进行判断。在现代科技条件下，台风等自然灾害都可以在一定程度和范围内被预报，但预报并不当然属于法律意义上的"预见"。根据当时的特定情形，只有当事人能够对客观事件采取合理的避免或克服措施的，才具有法律意义上的"预见"效果。原告是否有能力预见事故发生，应当根据当时环境和条件来进行判断。船长是船舶航行过程中的最高决策者，负责船舶的管理和驾驶。对于涉案船长作出的相关航海决定是否合理，应当根据一名具备专业资质船长的通常能力审慎判断。

在"某某9"轮开航前，气象预报部门和海事管理部门都发出台风预报和通知，当时台风"莫兰蒂"中心位于西北太平洋洋面，并以每小时20~25公里的速度向西偏北方向移动，预计可能在粤海沿海一带登陆。船长在航行过程中，有义务也有能力及时掌握与航线相关海域的气象情况，故可推定船长对台风"莫兰蒂"的预计行进路线和影响范围是明知的。但涉案船舶起运港为广州黄埔港，位于气象预报台风可能登陆的粤海沿海地区范围，这意味着无论船舶按计划航线航行还是在附近海域泊船停航，都在台风可能影响的范围内。开航时，距台风预报登陆时间还有2—3天，台风在当天对我国海区并无影响，此时停航并不符合通常航运实践。在船舶已经处于台风可能登陆的范围但又无法明确预知更为具体地点的情况下，船长按计划执行航线任务具有合理性。而且，当天有多艘船舶从广州黄埔港出发沿海北上航行的事实，也可以佐证"某某9"轮船长所作的开航决定并非个例。因此,在船舶已处于台风可能影响范围内的情况下,船长对停航还是开航会正面遭遇台风是不可预见的。

虽然事后从台风实际行进路径、登陆地点看,"某某9"轮如果在9月12日或13日选择在广东海域停泊避风会更加安全,甚至不避台风加速北上也能避开台风中心,但依前述分析,船长是根据客观情况以及自身的专业认知作出的航海决定,而在当时他是难以预见何种决定会更加远离台风中心的。即便依靠现代科技,航海仍面临特殊的海上风险,船长在正常履职过程中不会有意将船货和船员置于更大的危险之中,船长的航海决定受到客观条件和认识能力的限制,对其决定的合理性不能脱离当时客观情境来进行评判,不能苛求船长在当时状况下作出与事后情况一致的准确预判。依据现有事实,对于9月12日船舶开航和9月13日船舶继续北上航行的决定,法院难以认定其他有资质的船长会比涉案船长作出更加谨慎、明智的航海决定,可以认定原告对涉案事故的发生是不能预见的。

台风"莫兰蒂"途经金门时,围头湾海域最大风力达17级,"某某9"轮在防台抗风过程中采取了使用车、舵顶风等措施,船舶仍发生走锚、主机停车、船舶失控,最终导致触礁、搁浅事故。海事部门认定,涉案事故是由于船舶遭受超强台风袭击导致的水上交通事故,属于非责任事故。原告及海事管理部门采取了有效救助措施,避免了损失的进一步扩大,但已发生的损害后果无法避免且难以克服。

现有证据尚不足以证明原告存在其他违反约定或法定义务的情形,综合前述分析,可以认定涉案事故系不可抗力所致。因此,被告无权拒绝分摊事故引起的共同海损特殊牺牲和特殊费用。

二审法院认为:该案共损事故的发生原因是超强台风"莫兰蒂",对于该台风是否构成不可抗力,也即是否满足不可抗力的三个法律要件,应作具体分析。1.关于不能预见。第一,在现代科技条件下,台风虽然能预报,但是台风预报中对台风未来的位置、进路、速度的预报有误差,有时甚至是较大的误差。虽然涉案"某某9"轮在驶离起运港后收到台风预报,但由于预报3天后台风才登陆,故"某某9"轮船长虽已经预见到台风可能来临,但不能准确预见台风的具体路径、方向、范围等,特别是对涉案台风的强度无法提前作出准确判断。第二,在涉案海域广东和福建均处于台风可能影响范围内的情况下,涉案"某某9"轮船长无法预见到底是在附近海域泊船停航还是继续北上航行,更无法预见到底在哪个地方避台可以防止遭遇台风袭击。第三,"某某9"轮当时从黄埔港启航时,"莫兰蒂"台风当时并未达到超强台风的标准,且台风距离"某某9"轮还很远。该案气象部门天气预报3天后才有台风登陆,在离台风预报登陆时间尚有36小时的情况下,"某某9"轮作为一条商船,"某某9"轮船长按原计划开航以避免压港和对货主违约,符合航运惯例实践和合同履约要求,并无不妥。第四,根据一审法院查明的事实,2016年9月12日当天有多艘船舶从广州黄埔港出发沿海北上航行,这也可以从侧面佐证"某某9"轮船长当时作出开航决定并非个例。综上,在涉案"某某9"轮已开航而天气预报台风3天后才登陆,不能准确预知涉案台风的具体路径、方向、强度、范围等情况下,"某某9"轮船长对泊船停航还是开航北上,会不会遭遇台风袭击以及台风袭击的强度是不能预见的。2.关于不能避免。第一,"某某9"轮在开航前及开航当时采取了符合法律规定及行业规定的防台措施,谨慎操作,使船舶适航、适货,具备防台航行能力,这些事实已经由一审认定的相关证据予以证实,太某公司宁波分公司二审中并未提供证据予以推翻。第二,台风临近前,"某某9"轮已经按公司岸基指示和泉州海事主管部门的要求及时驶入围头湾锚地抛锚避风,在时间、地点、措施等选择上,并无任何过错。第三,到锚地避台是最通常采取的避免船舶遭遇台风损害的措施之一,太某公司宁波分公司未提供证据证明还有其他更好的避台方法。但由于涉案船舶遭遇的是17级超强台风"莫兰蒂",所以最后仍无法避免发生事故,这说明台风所造成的损害是不可避免的。3.关于不能克服。遭遇超强台风"莫兰蒂"后,瑞某公司已经采取了一切可能的避免损失的措施,开主机顶风、开启一切助航设备、并用车、舵稳定锚位,采取一切可能的方式进行抗台,已经履行了承运人应遵守的谨慎等义务要求，但船舶仍发生走锚、主机停车、船舶失控，最终导致触礁、搁浅事故。可见，此次"莫兰蒂"台风的风力等级远远超过船舶的一般抗风等级，属于超强台风，对其造成的灾害后果无法加以阻止，因而不能克服。

综上，鉴于涉案共损事故是由于遭遇超强台风"莫兰蒂"袭击造成的，构成《合同法》第311条规定的"不可抗力"，瑞某公司可以享受免责，故太保公司宁波分公司不能以瑞某公司存在过失为由拒绝共损分摊。

例案三 | 某财产保险股份有限公司航运保险中心、某县泰某物流有限公司追偿权纠纷案

【法院】

安徽省亳州市中级人民法院

【案号】

（2018）皖16民终1186号

【当事人】

上诉人（一审原告）：某财产保险股份有限公司航运保险中心

法定代表人：徐某某，总经理

被上诉人（一审被告）：某县泰某物流有限公司

法定代表人：杨某某，总经理

被上诉人（一审被告）：孙某某

【基本案情】

2015年8月，孙某某与广州市奥某物流有限公司（以下简称奥某公司）签订货物运输合同，约定某县泰某物流有限公司（以下简称泰某物流公司）作为承运方，孙某某驾驶车辆承运一般散货，自广州出发，将货物运输至苏州、无锡两地，发车日期为2015年8月7日，到站日期为2015年8月8日。奥某公司在某财产保险股份有限公司航运保险中心（以下简称天某保险公司）为案涉运输货物投保物流责任险，保险期间为2014年11月27日0时起至2015

年11月26日24时止。2015年8月7日早晨，孙某某驾驶车辆从广州出发，当日18时30分因遭遇台风，车辆上的部分货物倾斜掉落，造成部分货物损失的交通事故。经福建省公安厅交警总队事故认定：本起道路交通事故属于交通意外事故，当事人孙某某在本起事故中无责任。上海弘某保险公估有限公司作出货物理算评估金额为150,865.86元，天某保险公司于2016年11月15日将该笔款项实际支付给奥某公司，奥某公司将已取得赔款的追偿一切权益转给天某保险公司。

【案件争点】

本案交通事故发生是否属于不可抗力？

【裁判要旨】

一审法院认为：奥某公司与孙某某签订合同时地点是在广州，履行合同的期间是2015年8月7日至8月8日。福建省三明市气象局在8月6日、8月7日发布天气预警报告，台风预计于8日傍晚到上半夜在晋江到福清一带沿海登陆，请相关部门做好防台应急准备工作，并提醒请相关水域水上作业采取做好防范，注意防范陆地强风对城乡基础设施的危害，及时或拆除易被风吹动的搭建物，注意防范台风强降水可能引发的城乡积涝、山洪和地质灾害，并没有提醒道路运输车辆是否应注意防范。孙某某于8月7日从广州出发，在8月6日、8月7日发布天气预警报告时其并没有在福建省，遭遇台风的时间在7日18时30分，而不是预警报告所提示的预计于8日傍晚到前半夜在晋江到福清一带沿海登陆，故遭遇台风的客观情况对于孙某某来说不能预见、不能避免且不能克服，属于不可抗力。

二审法院认为：奥某公司与孙某某签订合同时地点是在广州，履行合同的期间是2015年8月7日至8月8日。福建省三明市气象局在8月6日、8月7日发布天气预警报告，预报显示台风预计于8日傍晚到前半夜在晋江到福清一带沿海登陆。孙某某于8月7日从广州出发，遭遇台风的时间在7日18时30分，而不是预警报告所提示的预计于8日傍晚到上半夜在晋江到福清一带沿海登陆，故即使孙某某知晓该天气预报，也不可能预见到自己会遭遇台风。上诉人提供的弘盛公估报告第4页第3条"事故经过"明确记载：公估人员调查了解，现场勘察"事发时路况不是太好，加上遇上台风，造成货车失控，车辆侧翻，货物受损"；第7页第5条"出险原因"第二段记载："在长途运输过程中颠簸再加上速度过快的情况下，若是变道，根据惯性货物会出现倾斜。当货物已经出现倾斜的情况下，车辆遇到路况不好加之台风天气，造成车辆侧翻的可能性很大"；道路交通事故认定书记载："货物倾斜掉落，当事人孙某某在事故中，无导致事故发生的过错"；上诉人提供的孙某某事发时出具的事故说明，也表明："因遇台风，车辆失控，造成车上货物损坏"；奥某公司致泰某物流公司的《索赔函》亦表述："因江西地区修路，绕行至福建省沙县，遇超强台风导致车辆失控，货物倾斜严重损坏"。以上证据，足以证明货损是遭遇强台风造成的。天某保险公司主张孙某某擅自改变行车路线是发生本起交通事故的又一原因，且和本起事故有因果关系。经法院核实，案发时江西路线有专项工程施工，交通部门提示确需改道绕行，孙某某在运输途中改道福建，并非擅自，实为事出有因，故遭遇台风对孙某某来说不能避免且不能克服。法院认为，结合该案相关证据，涉案交通事故的发生属于不可抗力。根据《合同法》第311条规定："承运人对运输过程中货物的毁损、灭失承担损害赔偿责任，但承运人证明货物的毁损、灭失是因不可抗力、货物本身的自然性质或者合理损耗以及托运人、收货人的过错造成的，不承担损害赔偿责任。"泰某物流公司、孙某某不应承担责任。

三、裁判规则提要

（一）货物风险的转移应以货物是否脱离承运人掌控并交付收货人为判断依据

在水路货物运输中，承运人对货物的毁损、灭失需要承担责任的前提是货物的毁损、灭失发生在货物风险由承运人承担的阶段。因此，如何判断货物风险是由托运人、承运人还是由收货人承担成为问题的关键。根据水路货物运输的通常交易习惯,货物风险的转移应以货物是否脱离承运人掌控并交付收货人为判断依据,而非以运输货物的船舶是否到达卸货码头且开始卸货为判断依据。

在例案二中,"某某9"轮在卸货过程中按照码头通知离港前往锚地抛锚和等待下一步卸货计划,途中遭遇强对流天气导致货物被雨水淋湿。由于货物遭受雨淋时仍处于承运人的控制之下,并未完成交付,故涉案货损发生在承运人承担运输责任期间。一审判决认定货物遭受雨淋发生在卸货期间而非约定的承运人承担运输责任期间,明显错误。因此二审法院将此予以纠正。

(二)判断不可抗力应结合构成条件以及具体案情、当事人的认知水平进行分析

不可抗力,是指不能预见、不能避免并不能克服的客观情况。判断不可抗力,要从不能预见、不能避免、不能克服三个要件入手,且应当综合具体案情以及当事人的认知水平。此外,不能预见、不能避免、不能克服这三个要件相互关联,不应孤立地进行判断。

1.关于不能预见。虽然现代科技能够预报台风等自然灾害,但是即使在有台风预报的情况下,台风对承运人来说仍然可能构成不可抗力,因为预报并不当然等同于法律意义上的"预见"。法律意义上的"预见"指的是,当事人能够合理地预见到该客观情况的发生且能够对其采取合理的避免或克服措施。承运人是否有能力预见事故发生,应当根据当时环境和条件来判断。

2.关于不能避免。当事人尽管对可能出现的意外情况采取了及时合理的措施,但客观上并不能阻止这一意外情况的发生,这就是不可避免性。如果一个事件的发生完全可以通过当事人采取及时合理的措施来避免,则该事件就不能被认定为不可抗力。在货物运输中,就要根据承运人是否采取了规避

台风等自然灾害的有效措施以及自然灾害的严重程度，来判断该事件是否可以避免。在例案二中，即使承运人开航前及开航时采取了符合法律规定及行业规定的防台措施，谨慎操作，使船舶适航、适货，具备防台航行能力，并且在台风临近前，按公司岸基指示和泉州海事主管部门的要求及时驶入围头湾锚地抛锚避风，但由于遭遇的是17级超强台风"莫兰蒂"，所以最后仍无法避免事故的发生。这说明在例案二中，超强台风导致货损的事故是不可避免的。

3.关于不能克服。不能克服性是指合同的当事人对于意外发生的某一个事件所造成的债务履行障碍不能克服。如果某一事件所造成的后果可以通过当事人的努力得到克服，那么这个事件就不是不可抗力事件。在例案二中，遭遇超强台风后，承运人已经采取了一切可能的避免损失的措施，开主机顶风，开启一切助航设备，并用车、舵稳定锚位，采取一切可能的方式抗台，已经履行了承运人应遵守的谨慎等义务，但船舶仍发生走锚、主机停车、船舶失控，最终导致触礁、搁浅事故。可见，此次台风的风力等级已远远超过船舶的一般抗风等级，属于超强台风，承运人对台风所造成的灾害后果无法加以阻止，且因台风的出现而无法正常履行其债务，因此在例案二中台风属于不能克服的事件。

（三）承运人对运输过程中货物的毁损、灭失承担损害赔偿责任，但承运人证明货物的毁损、灭失是因不可抗力造成的，不承担损害赔偿责任

如果承运人想依据不可抗力这一理由对运输中货物的损失主张免责，那么其要承担不可抗力的证明责任。同时，托运人或者收货人也可以举证证明承运人所主张的客观情况不构成不可抗力。此时，法官需要根据承运人、托运人、收货人等提供的证据，结合上述不可抗力的判断标准，以及我国民事诉讼的举证责任和证明标准，综合判断该客观情况是否构成不可抗力。在认定构成不可抗力的基础上，认定承运人对于因不可抗力造成的货物损失不承担赔偿责任。

四、关联规定

《民法典》

第180条 因不可抗力不能履行民事义务的,不承担民事责任。法律另有规定的,依照其规定。

不可抗力是不能预见、不能避免且不能克服的客观情况。

第590条 当事人一方因不可抗力不能履行合同的,根据不可抗力的影响,部分或者全部免除责任,但是法律另有规定的除外。因不可抗力不能履行合同的,应当及时通知对方,以减轻可能给对方造成的损失,并应当在合理期限内提供证明。

当事人迟延履行后发生不可抗力的,不免除其违约责任。

第832条 承运人对运输过程中货物的毁损、灭失承担赔偿责任。但是,承运人证明货物的毁损、灭失是因不可抗力、货物本身的自然性质或者合理损耗以及托运人、收货人的过错造成的,不承担赔偿责任。

下篇　情势变更裁判规则

专题一　情势变更的认定

情势变更裁判规则第1条：
情势变更规则中的"重大变化"是指发生严重影响合同履行致使显失公平的情况

〔规则描述〕《民法典》第533条第1款规定："合同成立后，合同的基础条件发生了当事人在订立合同时无法预见的、不属于商业风险的重大变化，继续履行合同对于当事人一方明显不公平的，受不利影响的当事人可以与对方重新协商；在合理期限内协商不成的，当事人可以请求人民法院或者仲裁机构变更或者解除合同。"其中的"重大变化"是指确实发生严重影响合同履行致使显失公平的情况。当合同赖以成立的环境或基础条件发生重大变化，以致如果继续履行合同将对一方当事人明显不公平时，可适用情势变更规则解除合同。司法实践中判断是否"重大"还要看个案中的"情势"对合同造成的影响。

一、类案检索大数据报告

时间：2021年4月9日之前，案例来源：Alpha案例库，案件数量：6376件，数据采集时间：2021年4月9日，检索关键词：情势变更；重大变化；显失公平。经排除无关案例后，本次检索获取了2021年4月9日前共6376份裁判文书。其中支持情势变更规则中的"重大变化"是指发生严重影响合同履行致使显失公平的情况案件为6376件，占比100%。从是否支持"情势变更规则中的'重大变化'是指发生严重影响合同履行致使显失公平的情况"裁判思路的比例来看，检索到的所有判决或裁定均支持这一观点。检索整体情况如图1–1所示：

专题一　情势变更的认定

■ 支持"重大变化"是指发生导致不能继续履行合同或者不能实现合同目的的情况（占比100%）

图1-1　是否支持"重大变化"是指发生严重影响合同履行致使显失公平的情况

如图1-2所示，从案件年份分布情况可以看出当前条件下案例数量的变化趋势。

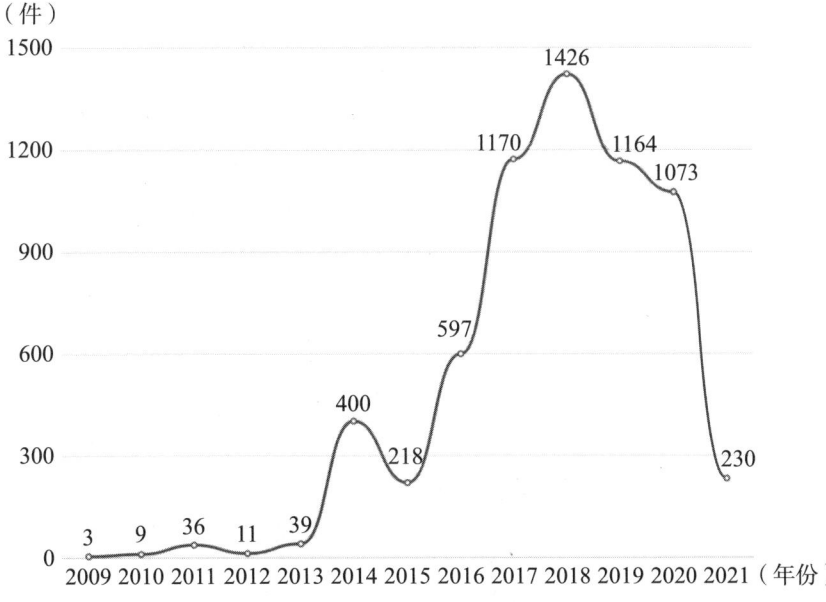

图1-2　案件年份分布情况

如图1-3所示，从案件地域分布情况来看，当前案例主要集中在贵州省、广东省、河南省、福建省、湖南省，其中贵州省的案件量最多，达到1107件。

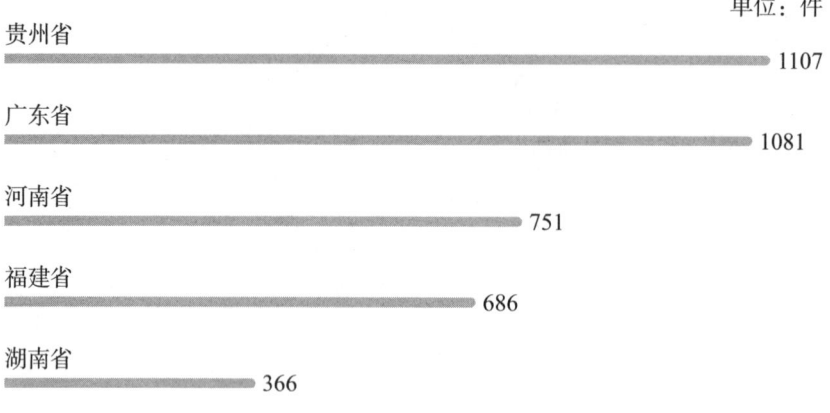

图1-3 案件主要地域分布情况

如图1-4所示,从案件案由分类情况可以看出,当前最主要的案由首先是合同、准合同纠纷,有6033件,占绝大多数;此后依次是与公司、证券、保险、票据等有关的民事纠纷,物权纠纷,历史案由,知识产权与竞争纠纷。

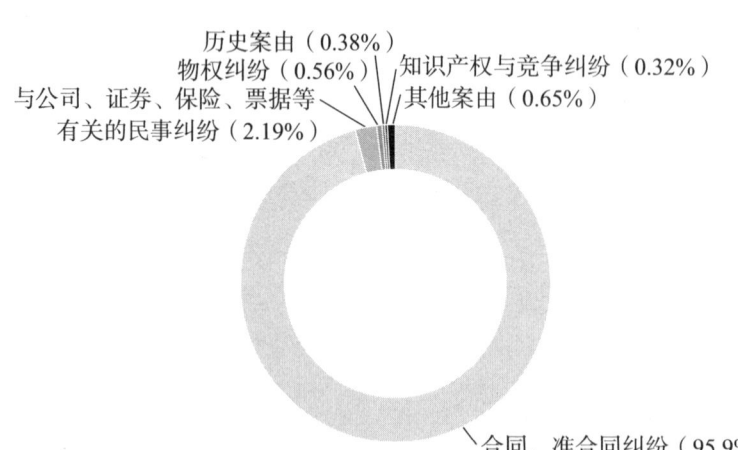

图1-4 案件案由分类情况

二、可供参考的例案

例案一 | 某创业广场有限责任公司与某集体联社企业（集团）有限公司租赁合同纠纷案

【法院】

最高人民法院

【案号】

（2016）最高法民申2594号

【当事人】

再审申请人（一审被告、二审上诉人）：某集体联社企业（集团）有限公司

法定代表人：李某某，经理

再审被申请人（一审原告、二审被上诉人）：某创业广场有限责任公司

法定代表人：崔某某，总经理

【基本案情】

2003年1月13日双方签订《房屋租赁合同》，合同约定某创业广场有限责任公司（以下简称创业广场）将位于开发区的三角大厦租赁给某集体联社企业（集团）有限公司（以下简称某集体联社）。

2006年3月9日双方签订《补充协议书》，约定从2006年开始租赁期间的房产税、土地税由某集体联社缴纳。

2014年3月26日，市开发区地方税务局告知创业广场2006年至2014年的未申报缴纳的税款及要求缴纳滞纳金事项。创业广场因此诉至法院请求某集体联社支付欠缴的房产税、土地税及滞纳金。某集体联社则辩称已经将酒店转让给市新某餐饮有限公司，该公司为房产及土地的实际使用人，创业广场无主体资格，且已经超过了诉讼时效。在申请再审时，某集体联社称其与创业广场签订《补充协议书》后，根据《某市人民政府关于调整市区城镇土地

使用税税额幅度和分等税额标准的通知》，土地税数额发生巨大变化，依据情势变更规则，双方应对税费承担的约定进行变更。

【案件争点】

当事人能否以税收政策调整为由主张情势变更？

【裁判要旨】

一审法院认为：创业广场与某集体联社是租赁合同关系，双方的租赁合同及补充合同主体合格，意思表示真实，内容不违反相关法律、法规，应认定为合法有效。依据双方合同及补充合同约定，应由某集体联社承担创业广场应缴纳税款，虽然某集体联社不是纳税主体，但基于双方的租赁合同关系，双方已约定了此项义务由某集体联社承担，因此，某集体联社在收到创业广场的通知后，应及时代创业广场缴纳此项费用或向创业广场支付此项费用。

二审法院认为：某集体联社与创业广场签订的《房屋租赁合同》及《补充协议书》合法有效。关于某集体联社应否承担相关税费的问题，按双方当事人的合同约定，一审法院认定某集体联社应承担因租赁物发生的相关税费及滞纳金义务，并无不当。

再审法院认为：根据《合同法司法解释（二）》第26条[①]之规定："合同成立以后客观情况发生了当事人在订立合同时无法预见的、非不可抗力造成的不属于商业风险的重大变化，继续履行合同对于一方当事人明显不公平或者不能实现合同目的，当事人请求人民法院变更或者解除合同的，人民法院应当根据公平原则，并结合案件的实际情况确定是否变更或者解除。"该案中，一方面，市人民政府关于土地使用税税额调整幅度较小，在国家征收法律法规确定的税额范围之内，应属双方当事人可能预见的范围，不属于无法预见的重大变化。另一方面，创业广场将涉案16,000平方米房产免租金租赁给某集体联社，某集体联社仅承担2006年之后的房产税、土地税，此次税额

[①] 《最高人民法院关于适用〈中华人民共和国合同法〉若干问题的解释（二）》已于2021年1月1日被废止，该解释第26条情势变更规则现规定于《中华人民共和国民法典》第533条。

标准的调整不会严重影响涉案合同履行，也不会导致合同履行后权利义务显失公平。某集体联社以情势变更为由要求变更涉案《房屋租赁合同》税费承担依据不足，不应支持。

例案二 | 中国某资产管理公司北京办事处与某输油管理局石化物资公司、中某（集团）物资装备有限公司等金融不良债权追偿纠纷案

【法院】

最高人民法院

【案号】

（2016）最高法民终728号

【当事人】

上诉人（一审被告）：某输油管理局石化物资公司

法定代表人：刘某某，董事长

被上诉人（一审原告）：中国某资产管理公司北京办事处

负责人：齐某某，总经理

一审被告：中某（集团）物资装备有限公司

法定代表人：刘某某，董事长

一审被告：某钢管公司东油销售处

法定代表人：李某某，经理

一审被告：上海中某钢管有限公司

法定代表人：刘某某，董事长

【基本案情】

2014年7月24日，盛某银行民主支行与某输油管理局石化物资公司（以下简称石化物资公司）签订《最高额综合授信合同》，约定：盛某银行民主支行同意在授信额度有效期间内向石化物资公司提供人民币23,000万元整的授信额度，授信额度的有效使用期限为1年，并约定了有关违约情况认定和违约后果的条款。同日，盛某银行民主支行分别与中某（集团）物资装备有限公司（以下简称中某物资公司）、某钢管公司东油销售处（以下简称某钢管公司）、上海中某钢管有限公司（以下简称上海中某公司）签订了《最高额保证合同》，中某物资公司、某钢管公司、上海中某公司作为保证人，愿意为主债务人石化物资公司在一定期间内连续发生的多笔债务向债权人盛某银行民主支行提供保证担保。

2014年7月25日，盛某银行民主支行与石化物资公司分别签订了《流动资金借款合同》，约定借款金额分别为4000万元和19,000万元。截至2015年6月26日，石化物资公司最后一次向盛某银行民主支行转款后未再付款。保证人中某物资公司、某钢管公司、上海中某公司亦未履行相应的担保义务。

2015年12月20日，长城某办（买方）与盛某银行北京分行（卖方）签订《债权转让协议》。

【案件争点】

本案应否适用情势变更规则？

【裁判要旨】

一审法院认为：首先，根据《合同法司法解释（二）》第26条[①]规定，适用情势变更应具备的条件包括：有情势变更的事实即合同赖以存在的客观情况发生重大变化，以及如果继续维持合同效力，会对当事人显失公平。该案中，各被告在诉讼期间提交的国务院办公厅下发的《关于金融支持经济结构调整和转型升级的指导意见》，其内容旨在"更好地发挥金融对经济结构调整和转型升级的支持作用，更好地发挥市场配置资源的基础性作用，更好地发挥金融政策、财政政策和产业政策的协同作用，优化社会融资结构，持续加强对重点领域和薄弱环节的金融支持，切实防范化解金融风险"，并未具体涉及对有关石油企业的政策调整。各被告在诉讼期间提交的《辽宁银监局办公室关于辖区内银行机构建立债权人委员会工作的指导意见》，其主要内容是

[①] 《最高人民法院关于适用〈中华人民共和国合同法〉若干问题的解释（二）》已于2021年1月1日被废止。该解释第26条情势变更规则现规定于《中华人民共和国民法典》第533条。下文不再提示。

"为落实银监会关于建立债权人委员会的部署和要求，……确保债权人委员会各成员步调一致……"而制定的，并提出要"切实加强金融债权管理，加大辽宁银行业金融机构对供给侧结构性改革的支持力度"，亦未提到对相关石油企业的支持措施。故现有证据不能证明该案的合同履行中已发生了《合同法司法解释（二）》第26条规定的"重大变化"。其次，该案所涉合同为《最高额综合授信合同》《流动资金借款合同》以及《最高额保证合同》，法律关系为借款及担保法律关系，盛某银行民主支行作为出借人出借款项，石化物资公司、中某物资公司、某钢管公司、上海中某公司作为借款人和担保人，对所借款项偿还贷款本息及承担担保责任，权利义务对等，并不存在明显不公平的情形。因此，该案各被告主张该案适用情势变更规则，没有事实依据和法律依据，原审法院不予支持。

二审法院认为：根据《合同法司法解释（二）》第26条"合同成立以后客观情况发生了当事人在订立合同时无法预见的、非不可抗力造成的不属于商业风险的重大变化，继续履行合同对于一方当事人明显不公平或者不能实现合同目的，当事人请求人民法院变更或者解除合同的，人民法院应当根据公平原则，并结合案件的实际情况确定是否变更或者解除"之规定，适用情势变更规则应具备的条件包括：有情势变更的事实，即合同赖以存在的客观情况发生重大变化；继续维持合同效力会对一方当事人显失公平。该案中，各被告在诉讼期间提交的国务院办公厅下发的《关于金融支持经济结构调整和转型升级的指导意见》，其内容旨在"更好地发挥金融对经济结构调整和转型升级的支持作用，更好地发挥市场配置资源的基础性作用，更好地发挥金融政策、财政政策和产业政策的协同作用，优化社会融资结构，持续加强对重点领域和薄弱环节的金融支持，切实防范化解金融风险"，并未具体涉及对有关石油企业的政策调整。各被告在诉讼期间提交的《辽宁银监局办公室关于辖区内银行机构建立债权人委员会工作的指导意见》，其主要是"为落实银监会关于建立债权人委员会的部署和要求，……确保债权人委员会各成员步调一致"而制定的，提出要"切实加强金融债权管理，加大辽宁银行业金融机构对供给侧结构性改革的支持力度",并未提到对相关石油企业的支持措施。故现有证据不能证明该案合同履行中发生了《合同法司法解释(二)》第26条规定的"重大变化"。

例案三 | 新某化工发展有限公司与正某股份有限公司建设工程承包、技术委托开发合同纠纷案

【法院】

最高人民法院

【案号】

(2015)民提字第39号

【当事人】

再审申请人(一审被告、二审上诉人):新某化工发展有限公司

法定代表人:管某某,董事长

再审被申请人(一审原告、二审被上诉人):正某股份有限公司

法定代表人:胡某某,总经理

【基本案情】

2011年9月29日,新某化工发展有限公司(以下简称新某公司)与正某股份有限公司(以下简称正某公司)签订了《2×75t/h锅炉双碱法脱硫项目工程商务合同》,由正某公司为新某公司承建锅炉烟气脱硫工程。

新某公司在2011年10月中旬接到有关部门通知,要求其在2012年6月底前拆除燃煤锅炉、停止锅炉设施的运行。新某公司遂与正某公司协商,要求终止履行合同。此后,双方一直未就赔偿事项达成协议。

一审中,新某公司援引《合同法司法解释(二)》第26条①的规定,认为该案情形构成情势变更,应予解除。一审法院未予支持。二审法院判决驳回

---

① 《最高人民法院关于适用〈中华人民共和国合同法〉若干问题的解释(二)》已于2021年1月1日被废止。该解释第26条情势变更规则现规定于《中华人民共和国民法典》第533条。

上诉，维持一审判决。最高人民法院最终认为该案符合情势变更情形，原两审判决认定事实及适用法律确有错误，对其予以纠正。

【案件争点】

本案是否构成情势变更的情形？

【裁判要旨】

一审法院认为：《合同法司法解释（二）》第26条规定的目的是在相关事实构成情势变更后，当事人可以请求法院变更或者解除合同。该案当事人双方已经经过协商解除了涉案合同，仅对解除后新某公司应承担的债务产生异议。因此，认定涉案合同解除的前提是否属于情势变更已无意义，故不再作出认定。同时该案事实表明是新某公司在合同履行过程中单方要求解除合同，获得正某公司同意。因此，认定新某公司单方违约，也不为过。新某公司的抗辩理由不能成立，不予采纳。

二审法院认为：我国法律并未明确规定政策调整属于情势变更情形，且《合同法司法解释（二）》第26条仅仅规定了构成情势变更的，人民法院应当根据公平原则，决定是否变更或者解除合同，而对解除后的民事责任如何处理，没有作出规定。故新某公司的上述主张缺乏法律依据。涉案合同解除只能归责于新某公司，其应该赔偿正某公司的损失，包括可得利益。据此，二审法院判决驳回上诉，维持一审判决。

再审法院认为：该案符合情势变更情形，原两审判决认定事实及适用法律确有错误，对其予以纠正。理由如下：根据《合同法司法解释（二）》第26条之规定："合同成立以后客观情况发生了当事人在订立合同时无法预见的、非不可抗力造成的不属于商业风险的重大变化，继续履行合同对于一方当事人明显不公平或者不能实现合同目的，当事人请求人民法院变更或者解除合同的，人民法院应当根据公平原则，并结合案件的实际情况确定是否变更或者解除。"该案涉案合同在履行过程中，市政府根据省政府《关于进一步加强污染物减排工作的意见》的要求，调整了节能减排的政策，明确要求新某公司自备电厂在2012年6月底前拆除燃煤锅炉，客观情况发生了重大变化，导致新某公司原定的对燃煤锅炉进行脱硫工程改造项目继续进行已经没有意义，无法实现合同目的，该变化是当事人无法预见的，这种合同风险显然也不属于普通的商业风险。虽然《合同法》及有关司法解释并未明确规定政府政策调整属于情势变更情形，但是如果政府政策的调整确实导致不能实现合同目的，那么政府政策调整当然属于合同当事人意志之外的客观情况发生重大变化的情形。因此，应该认定该案的情形属于《合同法司法解释（二）》第26条规定的情势变更情形。

三、裁判规则提要

（一）情势变更规则中的"重大变化"是指发生了一定的情形使合同的基础条件发生重大变化，继续履行合同将导致显失公平

所谓"基础条件"，是指合同订立时当事人得以达成合同的现实条件和社会一般情形，即当事人能够实现合理预期利益所依赖的客观条件。这里不应对合同的基础条件作过分扩大的解释，以免使情势变更规则与其他民事规则相重叠。例如，第三人履行制度。实务中往往有很多当事人将无法履行合同的事由归咎于第三人，然后诉诸情势变更规则要求解除合同。很显然，这一类案件完全可以通过第三人违约制度予以调整，而无须再援引责任更为严格的情势变更规则。因此，从体系解释的角度出发，情势变更规则仅在无其他更为合适的民法规则的情形下才得以适用。

对"合同基础"的理解具体而言可从消极要件和积极要件两个方面出发。就消极要件而言，发生变化之情势不得成为合同内容。若是合同内容，则其法律后果应根据合同之约定或法律规定推导出。例如，在"武某某与王某某买卖合同纠纷案"[①]中，武某某将林地的树木卖给王某某，后该林地被确定为

---

① 武某某与王某某买卖合同纠纷案，河南省三门峡市中级人民法院（2009）三民三终字第127号民事判决书。

自然保护区，不能开采。一审法院认为此情形构成情势变更；二审法院认为情势变更规则适用于合同可以继续履行的情形，而该案不能采伐树木是法律不能，并不是可以继续履行的情形，故不适用情势变更规则。从消极要件来看，该案中发生变化的情势是"林地被确定为自然保护区，林木不得开采"，而"开采林木"本身是合同的内容，其既然是合同的内容，就不是"合同基础"，因而该案不得适用情势变更规则。

积极要件则是指当事人若能预见到这一情势变更就不会订立合同或者订立内容不同的合同。需要说明的是，积极要件并不要求双方当事人都要有这种想法，因为交易基础丧失的合同通常使一方受益（如货币贬值时的借贷人或承租人），受益者即使预见到该情势变更也仍希望合同按照原来那样签订。也就是说，只要受不利益之一方若预见到这一情势变更就不会订立合同或者以其他内容订立合同，就满足了积极要件。当然，这种假设的当事人意思必须通过解释予以查明。

（二）"重大变化"中关于"重大"的衡量主要依靠类型化和法官的自由裁量

如何理解"重大变化"中的"重大"？有学者认为："重大，指作为合同基础的客观情况不仅发生了变化，而且这种变化对原合同的成立和履行有重大影响。例如，国际市场需求大的变化，价格大的起伏，国内政策法律重大调整等；若只是一般变化，对合同的成立和履行没有重大影响，则不认为是情势变更，如价格正常变化，货源相对减少等。"[1]司法实践中判断是否"重大"还要看个案中的"情势"对合同造成的影响，亦即该情势是否造成"显失公平"。

有德国学者对"重大"进行了解释，即"变动是否重大，必须借假设的

---

[1] 最高人民法院研究室编：《最高人民法院关于合同法司法解释（二）理解与适用》，人民法院出版社2009年版，第191页。

当事人意思查明"。①也就是说，需推测当事人知道有此情势变更是否还会签订同样内容的合同。然而，对假设的当事人意思的判断十分困难，且这种方法在实践中是否具有可操作性值得商榷。另有学者认为，"重大"不是所有的变更都须满足，而是必须导致受不利益方严守未变更的合同不再具有合理性，也就是说情势变更是否重大应根据继续严守合同是否合理来判断。②也有学者认为"某情势变更是否重大，通常人们通过类型化来查明"。③类型化查明的方法表明有些情势变化是重大的，而有些不是。"适用情势变更规则的重要要件之一是在合同成立后出现了当事人缔约时无法预见的诸如全球性或区域性战争、自然灾害、经济危机，或者国家经济政策的重大调整等客观重大变化。"④这种观点在界定"重大"时没有对是否导致"显失公平"进行判断，而是将某些事件想当然地界定为"重大变化"。

显然，上述观点所列举的区域性战争、自然灾害、经济危机、国家经济政策的重大调整，这些都不是当事人应该承担的商业风险。这种类型化方法之所以将这些事件定义为客观情况的重大变化，恰恰是因为这些事件可能会对合同的履行产生重大影响以致继续履行合同会导致"显失公平"。也就是说，其只不过是在类型化的时候便将原本用于判断是否"显失公平"的价值判断方法前置运用了，将原本属于法官衡量的内容事先进行了衡量。应当说，既有理论事先总结好的类型使得司法实践中法官可以将目光集中于几类典型的情势变更事件，减少了法官的重复劳动。但是，对于一些尚未被类型化的案件，法官仍然需要判断情势变化是否重大，而判断标准是该情势变化所导致的结果是否使严守合同对一方来说明显不公平。

---

① Jacob Joussen, Schuldrecht I（AT）, Stuttgart 2008, S. 269.
② Prutting/Wegen/Weinreich, BGB Kommentar, 3. Auflage, Luchterhand 2008, S. 577.
③ Peter Westermann, Schuldrencht（AT）, 6. Auflage, Heidelberg 2007, S. 228.
④ 吴庆宝主编：《最高人民法院专家法官阐释民商裁判疑难问题——合同裁判指导卷》，中国法制出版社2011年版，第71页。

（三）"继续履行合同将显失公平"是判断是否存在"重大变化"情势的关键要件

情势变更规则基于公平原则而设立，其根本目的就是要平衡双方利益，扭转不公平局面，从而维护实质公平。正如梁慧星先生所言："情势变更原则，实质上是公平原则与诚信原则的进一步具体化，是法律基于现实生活的需要，从当初追求形式主义之公平和法的安定性转变为追求实质主义之公平和判决的妥当性的结果，其核心是追求合同的实质公平。"[①]公平原则和诚信原则既是道德性原则，也是法律性原则，《民法典》第6条、第7条明确将公平原则和诚信原则确定为民法的基本原则。其中，公平原则要求在合同订立和履行过程中，合同双方地位平等、权利义务对等。情势变更规则以"无法预见""不可避免"为前提，以"明显不公平"为标准，具体体现了公平原则的内涵。

合同赖以存在的合理性基础因情势变更而消失后，继续履行合同将会违背当事人订立合同的初衷，对合同一方或双方当事人构成"显失公平"。在此值得注意的是，情势变更规则在《民法典》第533条的表述较之在《合同法司法解释（二）》第26条的表述，删除了"不能实现合同目的"，明确了情势变更的核心是能够履行但继续履行对一方明显不公平，而一旦合同目的不能实现则应当考虑适用《民法典》第563条法定解除的规定。

此外，《民法典》第533条的"显失公平"不同于《民法典》第151条关于"显失公平"的规定，后者的"显失公平"指的是利用了另一方的危殆或不利的困境而致使合同订立之初就存在不公平，而前者则是指由于不可归责于当事人的事由致使订立之时的合同对一方当事人不再具备可期待的利益。

[①] 梁慧星：《从近代民法到现代民法》，中国法制出版社2000年版，第180页。

四、关联规定

《民法典》

第6条 民事主体从事民事活动,应当遵循公平原则,合理确定各方的权利和义务。

第7条 民事主体从事民事活动,应当遵循诚信原则,秉持诚实,恪守承诺。

第533条 合同成立后,合同的基础条件发生了当事人在订立合同时无法预见的、不属于商业风险的重大变化,继续履行合同对于当事人一方明显不公平的,受不利影响的当事人可以与对方重新协商;在合理期限内协商不成的,当事人可以请求人民法院或者仲裁机构变更或者解除合同。

人民法院或者仲裁机构应当结合案件的实际情况,根据公平原则变更或者解除合同。

第562条 当事人协商一致,可以解除合同。

当事人可以约定一方解除合同的事由。解除合同的事由发生时,解除权人可以解除合同。

第563条 有下列情形之一的,当事人可以解除合同:

(一)因不可抗力致使不能实现合同目的;

(二)在履行期限届满前,当事人一方明确表示或者以自己的行为表明不履行主要债务;

(三)当事人一方迟延履行主要债务,经催告后在合理期限内仍未履行;

(四)当事人一方迟延履行债务或者有其他违约行为致使不能实现合同目的;

(五)法律规定的其他情形。

以持续履行的债务为内容的不定期合同,当事人可以随时解除合同,但是应当在合理期限之前通知对方。

第564条 法律规定或者当事人约定解除权行使期限,期限届满当事人不行使的，该权利消灭。

法律没有规定或者当事人没有约定解除权行使期限，自解除权人知道或者应当知道解除事由之日起一年内不行使，或者经对方催告后在合理期限内不行使的，该权利消灭。

第565条 当事人一方依法主张解除合同的，应当通知对方。合同自通知到达对方时解除；通知载明债务人在一定期限内不履行债务则合同自动解除，债务人在该期限内未履行债务的，合同自通知载明的期限届满时解除。对方对解除合同有异议的，任何一方当事人均可以请求人民法院或者仲裁机构确认解除行为的效力。

当事人一方未通知对方，直接以提起诉讼或者申请仲裁的方式依法主张解除合同，人民法院或者仲裁机构确认该主张的，合同自起诉状副本或者仲裁申请书副本送达对方时解除。

第566条 合同解除后，尚未履行的，终止履行；已经履行的，根据履行情况和合同性质，当事人可以请求恢复原状或者采取其他补救措施，并有权请求赔偿损失。

合同因违约解除的，解除权人可以请求违约方承担违约责任，但是当事人另有约定的除外。

主合同解除后，担保人对债务人应当承担的民事责任仍应当承担担保责任，但是担保合同另有约定的除外。

情势变更裁判规则第2条：
在国家政策调整过程中签订相关协议，政策变化不构成情势变更

〔**规则描述**〕国家出台政策已对相关市场进行适当调控时，全国市场会随政策进行变化。此时当事人应能预见到市场存在的商业风险，国家再次对政策进行调控的可能。政策的变化虽然改变了交易的环境，但其并不属于情势变更的适用范围。政策的调整具有普遍性和常规性，不是不可预见的，政策调整向来是政府调控市场首当其冲所采用的手段之一，并非一个令所有市场主体猝不及防的突变过程。当事人已预见到所交易的市场存在巨大商业风险，明知市场会因国家政策进行调整变化，却仍然进行协商交易。在合同成立后，政策变化导致合同不能履行或者继续履行对一方当事人明显不公，当事人主张构成情势变更的抗辩事由不能成立。

一、类案检索大数据报告

时间：2021年4月9日之前，案例来源：Alpha数据库，案件数量：1160件，数据采集时间：2021年4月9日，检索关键词：情势变更；政策。经排除无关案例后，本次检索获取2021年4月9日前共1160份裁判文书。其中支持在国家政策背景下签订协议，政策变化不构成情势变更的案件有970件，占比83.60%；不支持在国家政策背景下签订协议，政策变化构成情势变更的案件有190件，占比16.40%。检索整体情况如图2-1所示：

专题一 情势变更的认定

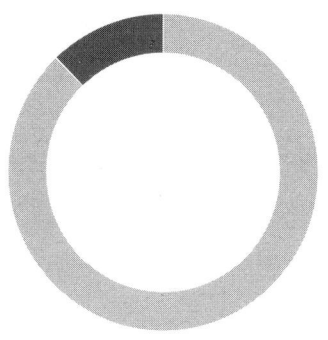

■不构成情势变更（占比 83.60%） ■构成情势变更（占比 16.40%）

图2-1 是否支持政策变化构成情势变更

如图2-2所示，从案件年份分布情况可以看出当前条件下案例数量的变化趋势。

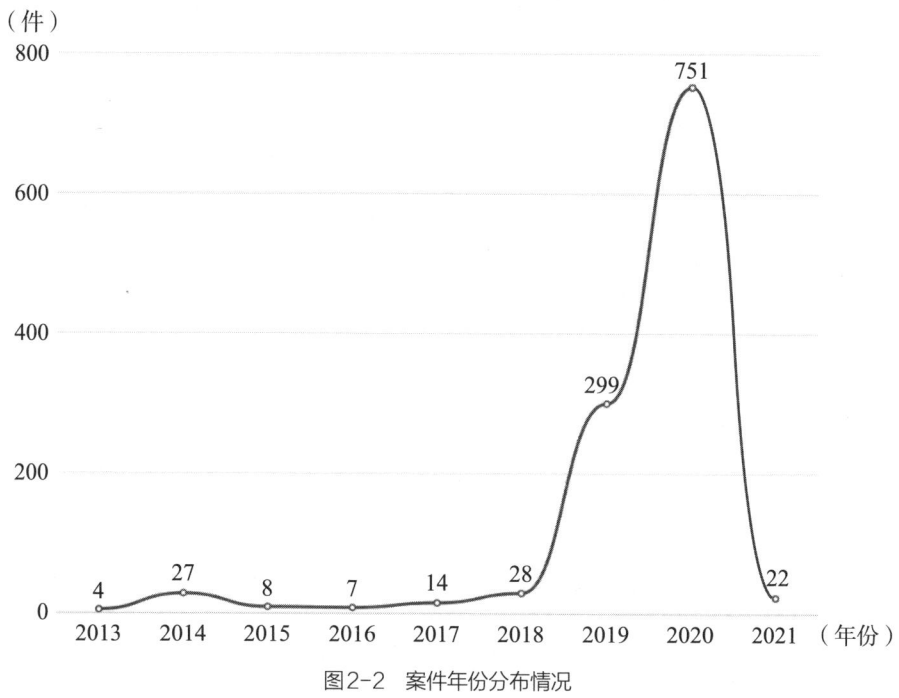

图2-2 案件年份分布情况

如图2-3所示，从案件地域分布情况来看，当前案例主要集中在福建省、广东省、贵州省、湖南省、安徽省，其中福建省的案件量最多，达到671件。

175

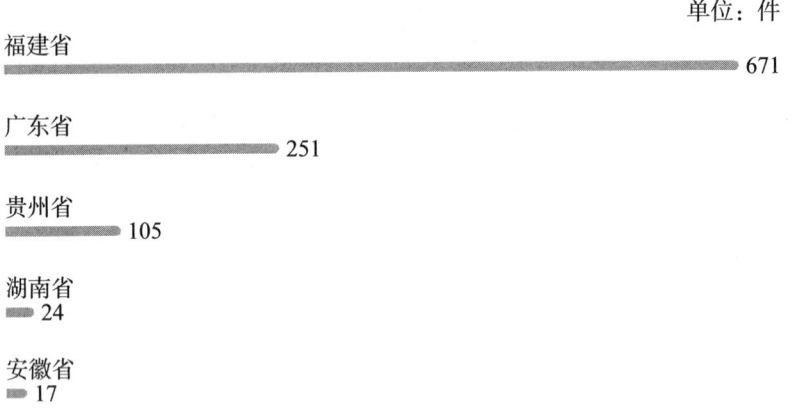

图2-3 案件主要地域分布情况

如图2-4所示,从案件案由分类情况可以看出,当前最主要的案由首先是合同、准合同纠纷,有1100件,占绝大多数;此后依次是与公司、证券、保险、票据等有关的民事纠纷,知识产权与竞争纠纷。

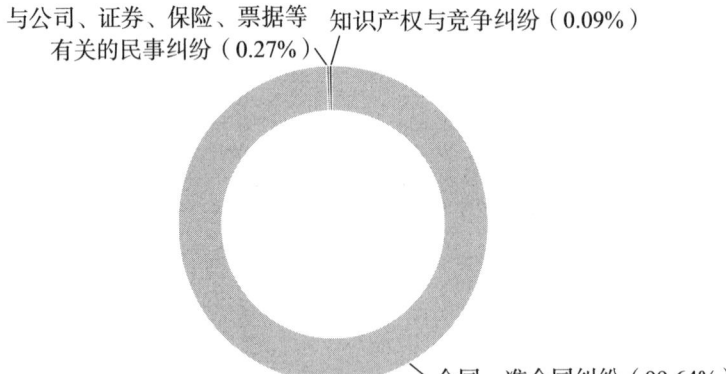

图2-4 案件案由分类情况

二、可供参考的例案

例案一 | 龙某能源有限责任公司与郑某某股权转让纠纷案

【法院】

最高人民法院

【案号】

（2019）最高法民终827号

【当事人】

上诉人（一审被告、反诉原告）：龙某能源有限责任公司

法定代表人：刘某某，董事长

被上诉人（一审原告、反诉被告）：郑某某

【基本案情】

2010年3月29日，郑某某与龙某能源有限责任公司（以下简称龙某公司）签订《股权转让协议》，协议约定：郑某某向龙某公司转让其持有的恒某泰公司51%的股权，包括乌鲁木齐县某勘查区若干平方千米的探矿权证，经双方协商，转让价款为102,840,000元。

协议签订后，2010年4月6日，龙某公司向郑某某支付定金15,000,000元。2010年4月12日，双方当事人办理了股东工商变更登记和法定代表人变更登记，恒某泰公司的股权结构由郑某某持股100%变更为郑某某持股49%，龙某公司持股51%，法定代表人由郑某某变更为武某某。2010年4月，郑某某向龙某公司移交了恒某泰公司的公章、郑某某人名章及公司各类证照资料。

龙某公司于2010年至2013年分别向郑某某支付股权转让款金额合计58,600,000元。

2010年7月8日，龙某公司《经理办公会会议纪要》记载，会议决议同意转让某勘查区。

2010年8月4日，乌鲁木齐市人民政府办公厅作出（2010）第085号《督

查通知》，要求由乌鲁木齐县负责，对南山风景区范围内的各类矿场进行清理整顿，停止在南山地区开展各类开采行为。2010年10月，新疆维吾尔自治区发展和改革委员会停止了后峡东部及南山片区所有矿区总体规划的编制和审批工作。2011年11月4日，新疆维吾尔自治区人民政府作出《关于对硫磺沟矿区和南山景区煤矿进行综合整治的通知》，禁止在南山景区进行矿产资源勘查开发和污染环境的项目建设，不得批准原有煤矿扩产增能，按照利用3年到5年时间逐步关停南山景区内所有煤矿的要求，制订切实可行的计划，列出具体时间表，使南山景区内所有煤矿逐步减产，直至关闭。

《股权转让协议》生效后，恒某泰公司对乌鲁木齐县某勘查区进行储量详查并于2010年10月编制详查报告。2011年7月11日，新疆维吾尔自治区矿产资源储量评审中心出具新国土资储评（2011）154号《〈新疆乌鲁木齐县某勘查区详查报告〉矿产资源储量评审意见书》，认定经详查后该矿区资源量增加储量5826万吨。2011年9月20日，新疆维吾尔自治区国土资源厅出具新国土资储备字（2011）154号关于《〈新疆乌鲁木齐县某勘查区详查报告〉矿产资源储备量评审备案证明》，同意备案。

2012年11月20日，龙某公司向新疆维吾尔自治区国土资源厅呈报《关于乌鲁木齐县某勘查区煤炭资源勘查报告评审备案的请示》。2015年11月2日，龙某公司向乌鲁木齐市国土资源局呈报《关于乌鲁木齐县某区探矿权延续的请示》，申请办理案涉探矿权延续，相关部门尚未做出准予案涉探矿权许可证延续的意见。

2017年1月26日，《新疆维吾尔自治区人民政府党组2017年第2次中心组学习暨第2次会议纪要》提出：要坚决彻底关闭昌吉回族自治州、乌鲁木齐南山风景区及周边的小煤矿，防止对水源地造成污染，对生态环境造成破坏。2017年3月9日，新疆维吾尔自治区发展和改革委员会作出《关于新疆龙某能源后峡巴波萨依煤矿复工有关意见的复函》，具体意见为，按照自治区人民政府印发的新政函〔2011〕312号文件及《新疆维吾尔自治区人民政府党组2017年第2次中心组学习暨第2次会议纪要》要求不得批准再扩大产能，逐步实施减产、关停。

郑某某分别于2012年10月31日、2013年11月1日、2015年10月30日向龙某公司致函催收案涉剩余股权转让款及逾期付款违约金。2012年11月9日，龙某公司向郑某某出具《对郑某某来函意见的复函》，复函记载："双方对该矿权煤炭资源开发存在的政策性不确定因素已达成共识。我公司愿意与您共同努力，继续推进项目开发建设或争取政策补偿。"2016年5月24日，郑某某向乌鲁木齐市中级人民法院提起该案诉讼，该院将该案移送至一审法院。2016年7月11日，龙某公司向郑某某送达《解除股权转让协议和股权转让补充协议通知书》。

【案件争点】

案涉《股权转让协议》是否应当解除？

【裁判要旨】

一审法院认为：首先，龙某公司对政策的制定下发没有充分的预见，在政策公布后，其仍以自己的行为表示愿意继续履行合同，并甘愿承担政策调整带来的交易风险，故该案不具备情势变更规则适用的前提条件。其次，合同是当事人意思自治的结果，诚信原则和契约严守是合同法的基本原则，各方均应信守诺言积极履约。在未得到守约方认可的情况下，如果允许违约方仅仅基于自身利益而擅自解除既存的合同关系，无疑会使合同的约束力遭到破坏。故一方迟延履行期间发生情势变更的，迟延履行一方不得以情势变更为由主张解除合同。

二审法院认为：首先，龙某公司作为矿产企业，在《股权转让协议》签订时对于案涉矿区位于风景名胜区内应当知晓，即使如龙某公司所称当地环保政策宽松，龙某公司在行政法规有明确的规定下，对政策的走向也应当有所预见，因此之后当地政策逐步收紧导致探矿权不能延续对于龙某公司而言不属于意外风险。龙某公司明知行政法规禁止在风景名胜区采矿，而甘冒风险通过签订《股权转让协议》成为恒某泰公司股东以享有矿业权所带来的利益，此种风险属于商业风险。其次，政策变化对该案合同的影响。龙某公司与郑某某签订《股权转让协议》的原因是郑某某持有恒某泰公司的股权，恒某泰公司的财产包括案涉探矿权。当地政策的变化可能导致案涉探矿权无法延续，但目前探矿权仍然存在，龙某公司签订《股权转让协议》的基础没有丧失，龙某公司仍持有恒某泰公司51%的股权，并享有股东权益。最后，2012年11月9日，龙某公司对郑某某来函意见的复函中记载，双方对该矿区煤炭资源开发存在的政策性不确定因素已达成共识，愿继续推进项目开发建设或争取政策补偿。龙某公司在2010年7月9日已经明知政策调整，但在2012年11月9日的复函中明确表示继续推进，2013年5月8日仍支付股权转让价款，以实际行为继续履行合同。因此，该案并不适用《合同法司法解释（二）》第26条情势变更的规定，龙某公司主张以情势变更为由解除合同的上诉理由不能成立。

例案二 | 任某某与张某采矿权转让合同纠纷案

【法院】

最高人民法院

【案号】

（2016）最高法民终781号

【当事人】

上诉人（一审原告、反诉被告）：任某某

被上诉人（一审被告、反诉原告）：张某

【基本案情】

2012年8月15日，张某以其名义及地质煤矿名义（乙方）与任某某（甲方）签订了《转让协议》，双方约定将地质煤矿名下的全部资产和权益（包括但不限于采矿权、矿井、土地使用权、生产经营权、地面设备、设施、各种车辆）以及张某持有的地质煤矿100%股权共作价1.06亿元转让给任某某。《转让协议》就煤矿转让价款的支付、煤矿及相关证照的交付、煤矿手续的变更过户等事项进行了明确约定。协议签订后，任某某按约定向张某支付了80%的转让价款8480万元,张某按照协议约定于2012年9月上旬将交易煤矿及相关证照和资料移交给任某某经营管理。另20%余款按照协议约定,在张某将地质煤矿的营业执照、采矿许可证变更到任某某指定的主体名下后十日内,由任某某一方一次性付清,逾期一天按照2120万元的1%计付张某一方损失。事后,经地质煤矿申请,该矿采矿权2013年10月16日曾经贵州省国土资源厅批准同意向贵州黎某能源集团有限责任公司(以下简称黎某集团)转让(兼并重组),但于2014年4月16日经黎某集团同意退出;此后,该矿采矿权于2015年1月又经贵州省国土资源厅批准同意向星某公司转让(兼并重组),但尚未完成兼并重组过户。任某某作为煤矿的实际控制人,直接参与或者安排其煤矿工作人员参与地质煤矿与黎某集团及星某公司的兼并重组相关事宜。

地质煤矿采矿许可证有效期至2013年6月,因涉及兼并重组,贵州省国土资源厅在2013年10月16日批准同意该矿采矿权向黎某集团转让的同时,同意延期至2013年12月31日受理该采矿权延续及其他相关手续,逾期按采矿权超期自然灭失处理。次日,贵州省某市安全生产监督管理局对该矿进行现场检查认定该矿存在采矿许可证于2013年6月14日过期及存在安全隐患,为此当即作出行政处理决定:责令立即停产整顿,待验收合格,未取得延期后的《采矿许可证》前严禁组织井下采掘作业。但此后该地质煤矿直至2015年3月仍然一直在经销煤炭,至2014年年底前一直在申报缴纳营业税等税种。2014年及2015年,地质煤矿仍然在进行兼并重组,贵州省能源局仍然在为其办理兼并重组手续,贵州省国土资源厅直至2015年仍然批准同意该矿采矿权转让申请。另外,2014年及2015年,山东省莱芜市中级人民法院等先后对该矿的采矿权进行查封。2015年9月,任某某以张某根本违约致使任某某无法进行生产经营、不能实现合同目的为由,提起该案诉讼,张某则提出反诉。

【案件争点】

本案是否存在情势变更的情形?

【裁判要旨】

一审法院认为:该案合同所涉地质煤矿采矿权转让已由合同当事人报经

行政主管部门批准同意，合同合法有效，双方当事人应依法履行合同义务。地质煤矿采矿权在煤矿兼并重组过程中已经行政主管部门审批同意转让，其采矿权尚未按照相关规定和合同约定变更登记，现有证据不能证明系因被告行为所致，责任不在于被告。根据合同约定和政策规定，原告任某某通过合同取得的系煤矿投资人权益，而不是采矿权人权益，现原告以被告张某拒不将地质煤矿采矿权过户到其名下，又不依法办理煤矿延续手续导致地质煤矿采矿权灭失，致使其无法实现合同目的为由，主张解除合同，缺乏事实依据及法律依据，本院不予采纳。该合同依法应继续履行且也能够继续履行，故对原告请求解除合同、返还已支付的合同价款的诉讼请求，本院依法不予支持。

二审法院认为：任某某主张该案适用情势变更的主要依据是其在二审期间提交的2012年12月19日贵州省人民政府办公厅印发的《贵州省煤矿企业兼并重组工作方案（试行）》，但是基于该工作方案的内容可以看出，2010年国家即开始启动煤矿企业的兼并重组工作，国务院办公厅、贵州省人民政府也就煤矿企业兼并重组颁发了相关规范性文件。任某某作为《转让协议》的签约人，在决定购买地质煤矿时应当了解、知晓国家关于煤炭资源整合、煤矿企业兼并重组的相关政策，对于一定规模以下的煤矿可能存在被兼并重组甚至关闭的商业风险应该是有预期的，不存在客观情况发生了任某某在订立合同时无法预见的、非不可抗力造成的不属于商业风险的重大变化。同时，根据该案已经查明的事实，地质煤矿采矿权的转让分别在2013年10月16日和2015年1月20日两次通过了贵州省国土资源厅的批准。这说明即便基于《贵州省煤矿企业兼并重组工作方案（试行）》的要求，地质煤矿采矿权也是可以转让的，案涉《转让协议》并非不能履行，并不存在继续履行合同对于任某某明显不公平或者不能实现合同目的的情形。因此，任某某主张该案符合情势变更的情形并据此请求解除《转让协议》，没有事实和法律依据，依法不予支持。

例案三 | 胡某彬、张某某、胡某、彬某石化建材有限责任公司与新某房地产有限公司建设工程合同纠纷案

【法院】

四川省成都市中级人民法院

【案号】

（2015）成民终字第3579号

【当事人】

上诉人（一审原告）：彬某石化建材有限责任公司

法定代表人：胡某某，总经理

上诉人（一审原告）：胡某彬、张某某、胡某

上诉人（一审被告）：新某房地产有限公司

法定代表人：李某，总经理

【基本案情】

2011年8月5日，新某房地产有限公司（以下简称新某公司）（甲方）与彬某石化建材有限责任公司（以下简称彬某公司）、胡某彬、张某某、胡某（乙方）签订了《房屋拆迁补偿安置合同书》，合同约定彬某公司、胡某彬、张某某、胡某将其所有的位于某大道中段748号的有证建筑面积1277.33平方米和无证建筑面积396.66平方米，交予新某公司拆除，新某公司以房屋产权调换的方式进行拆迁补偿安置，建筑面积共计1987.32平方米。双方还约定了结算产权调换差价款的办法，并约定"由乙方自行过渡，过渡期间由甲方给乙方发放临时安置补助费每月4万元（18个月内）。19个月至24个月每月6万元；25个月至36个月每月12万元，以后一直按每月12万元给付，临时安置补助费每半年付一次、第一个月10号内付清。临时安置补助费从2011年6月1日开始算"。合同第7条第2款约定"甲方应当在本合同签订后于2014年3月28日前将上述安置房屋交给乙方入住"。合同第9条载明"违约责任：本合同生效后，因甲乙双方任何一方不履行或不按时履行本合同的条款而给对方造成的经济损失，责任方应承担违约责任，违约金一次性支付对方200万元人民

币。如若再超过本合同约定的交房时间12个月不能交安置房另支付200万元人民币违约金,以此类推,违约金支付后继续履行本合同。"合同签订后,彬某公司、胡某彬、张某某、胡某按照合同约定向新某公司交付了被拆迁的房屋,并向新某公司支付6,146,867元产权调换差价款及200,000元购房预付款。

新某公司于2006年10月以协议方式取得位于某大道7184.82平方米(10.77亩)出让二类住宅建设用地使用权。在项目即将启动时,区政府要求新某公司按新规划函〔2006〕34号文件在7184.82平方米的基础上对周边零星土地约4545平方米进行整体拆迁整合。2006年11月,区政府对老川陕公路进行拓宽改造,要求新某公司对周边14,660平方米(约22亩)棚户区进行整体拆迁整合,拆迁范围达到19,205平方米(约28.8亩)。之后由于规划道路和绿化占用部分土地,经规划测定该地块实际红线面积为19.1480亩,用地性质为二类居住用地。2012年,区政府要求对该宗拆迁地块进行整体拍卖,新某公司同意进行公开拍卖。2013年12月12日,区国土资源局向市征地事务中心提出对近期拟以招拍挂方式出让的10宗国有建设用地使用权进行审查的申请,其中包含新某公司用于建设拆迁安置房屋的某社区的19.1480亩土地。2014年2月27日,市征地事务中心向市国土资源局行政审批处出具了《某市征地事务中心关于某区某社区范围内拟出让国有建设用地前期工作完成情况审查意见的函》(出让地补安审函〔2014〕49号),对区国土资源局拟以招拍挂方式出让的位于该区某社区范围内,面积约19.1480亩建设用地权属来源、所涉及村组征地补偿安置工作完成情况进行了全面的审查,对权属来源及补偿安置到位情况的审查结论为:宗地具备出让条件。截至法庭辩论终结前,该宗土地仍未进行招拍挂。

【案件争点】

政策变化和政府行为导致新某公司至今未取得拆迁安置土地,是否构成情势变更?

【裁判要旨】

一审法院认为:2004年12月1日,市国土资源局出台文件《关于中心城区国有土地使用权出让有关政策的通知》(成国土资发〔2004〕399号),对土地整合进行了规定。明确了通过整合方式取得土地使用权的面积上限为5000平方米。作为专门从事房地产开发的新某公司,应该对国家和省市的土地政策有较为深入、全面的了解和掌握,其在2011年8月与彬某公司、胡某彬、张某某、胡某签订房屋拆迁安置协议时,应该能预见到近年土地政策的变化和趋势,应该能预见到自己取得的土地超过了市规定土地整合方式取得土地的上限,可能需要通过招拍挂才能取得。但是,新某公司仍然与彬某公司、胡某彬、张某某、胡某签订了该份合同,对未能如期交房,许以重金,该条款也是彬某公司、胡某彬、张某某、胡某能够同意搬迁,同意与之签订拆迁协议的重要原因。因情势变更必须是当事人不能预见的,且有不可预见之性质,故该案中某区土地政策的变化不构成情势变更,因此新某公司也不能以情势变更为由对双方约定的违约金条款进行变更。

二审法院认为:2004年12月1日,市国土资源局出台文件《关于中心城区国有土地使用权出让有关政策的通知》,对土地整合进行了规定,明确"因城市规划原因,需要建设项目对其周边不规则、不具备单独提出规划条件、不能单独进行建设的零星地块(旧城国有土地小于3000平方米,新征国有土地小于5000平方米)进行整合后整体建设的,由市规划局提出整合意见,市国土资源局审核后,办理用地手续"。2011年8月5日,新某公司与彬某公司、胡某彬、张某某、胡某签订《房屋拆迁安置补偿合同》。从时间来看,关于通过整合方式取得的土地使用权面积上限为5000平方米的规定在案涉《房屋拆迁安置补偿合同》之前,新某公司作为专门从事房地产开发的公司,在签订案涉《房屋拆迁安置补偿合同》时,应当能预见到超过5000平方米的土地取得方式所存在的不确定性以及该土地可能需要通过招拍挂方式取得。后续土地使用权的取得方式发生变化应属新某公司自身应承受的商业风险。故某区土地政策的变化并非新某公司不能预见,本案不属于不可抗力,亦不适用情势变更,原审对此认定正确。

三、裁判规则提要

（一）政策变化构成情势变更的时间条件为合同成立后履行终止前

如果情势变更在订立合同之前或在订立当时即已发生，那么通常认为当事人已经认识到合同的基础发生了变化，且对这个变化自愿承担风险。若当事人的确不知道，且该情势变更导致合同履行对一方当事人显失公平，则其可以援用重大误解的有关规定，请求人民法院或者仲裁机构撤销合同。适用情势变更规则要求情势变更发生在履行完毕之前，因为合同权利义务关系因履行完毕而消灭，其后发生的情势变更与合同的履行无关，与合同履行有关的客观情况的变化原则上应以合同成立后履行完毕前为限。一般而言，当事人在国家调控政策颁布之后签订合同的，应认为其对国家政策已有了解，而政策具有不稳定性，当事人应能够预见可能会存在政策调整的情况。

（二）客观要件之违约情形系因政策调控所致

为应对市场失灵的风险，政府往往要发挥政策的宏观调控作用。在充分考虑社会整体经济发展实际情况和市场交易秩序需要的基础上，国家往往会采取相应的政策手段，对市场活动进行正确的引导，以保障经济社会的稳定性，维持良好的市场秩序。

一般而言，国家政策具有以下特点：一是调控主体是国家行政机关，主要是政府，包括中央政府和地方政府；二是政策针对不特定对象；三是具有普遍约束力；四是不溯及既往。此外，政策的颁布往往还具备时效性的特点，特别是基层政府颁布的调节市场制度的具体政策和规章。这些政策通常是政府在充分考虑本区域现状的基础上作出的针对性强的新措施。

合同当事人在签订合同时应当对当时的政策环境和法律规章进行了充分考量，预想在当时政策环境下能够切实履行合约，达到合同目的。如果合同是在国家政策已颁布的大背景之下签订的，而地方政策的变化发生于合同订立之后，那么这种变化对于合同当事人而言是可预见的，由此引发的交易成本的重大变动，也是合同当事人在签订合同时可预知的。此时，这种政策环境的变化所引起的合同签订基础的变化，应认定为当事人需要承担的商业风险。

当然，政策变化的时间即便为合同成立后履行终止前，但债务人所致的违约行为倘若在客观上与政策变化并无因果关系，则不能适用情势变更规则。

（三）主观要件之政策变化系当事人不可预见

若情势变更可归责于当事人，则说明该情势变更可为当事人所控制，当事人对此自应遭受相应损失，没有特殊保护的必要，故而不能适用情势变更规则。如果合同双方均对政策调控预见不足，没有约定应对政策调控的处理措施，那么在政策调控影响合同履行时，合同当事人往往无法在如何应对和补救问题上达成共识，合约通常难以继续履行。

如果合同是在相应国家政策已经颁布的背景下签订的，那么应当认为当事人已了解相应的交易风险。例如，在例案二中，2010年国家即开始启动煤矿企业的兼并重组工作，国务院办公厅也就煤矿企业兼并重组颁发了相关规范性文件。因此，当事人对煤矿产业的前景应有所预估，即使地方政府在后续作出相应政策调整，当事人也应当可以预见。

（四）结果要件之合同继续履行将显失公平

法官在审理政策变化是否构成情势变更的案件时，要对与合同交易相关的政策调控进行准确的事实判断。情势变更规则适用的关键在于情势变更导致合同履行产生不公平的后果。情势变更规则的适用是契约严守原则的例外情况，因此其适用条件必然要提高，即合同基础条件变化必须达到了重大的程度，坚持履约将会使双方当事人利益失衡，进而产生背离公平原则和诚实信用原则的后果。

四、关联规定

《民法典》

第533条 合同成立后,合同的基础条件发生了当事人在订立合同时无法预见的、不属于商业风险的重大变化,继续履行合同对于当事人一方明显不公平的,受不利影响的当事人可以与对方重新协商;在合理期限内协商不成的,当事人可以请求人民法院或者仲裁机构变更或者解除合同。

人民法院或者仲裁机构应当结合案件的实际情况,根据公平原则变更或者解除合同。

情势变更裁判规则第3条：
当事人不得以其迟延履行期间国家政策变化为由主张适用情势变更规则

〔规则描述〕迟延履行又称逾期履行，是指在合同债务已经到期，合同当事人不按法定或者约定的时间履行合同义务。迟延履行是实践中较常见的违约形态，通常是以债的履行期届至时债务人的债务有无履行完毕来判断。虽然构成情势变更的时间条件为合同成立后履行终止前，但迟延履行发生在约定的履行期限之后，因此在此时间段所产生的情势变更应当由违约方自行承担后果。

一、类案检索大数据报告

时间：2021年4月9日之前，案例来源：Alpha案例库，案件数量：279件，数据采集时间：2021年4月9日，检索关键词：情势变更；迟延履行；政策。经排除无关案例后，本次检索获取了2021年4月9日前共279份裁判文书。其中不支持当事人以其迟延履行期间国家政策变化为由主张适用情势变更规则的案件有224件，占比80.29%；支持当事人以其迟延履行期间国家政策变化为由主张适用情势变更规则的案件有55件，占比19.71%。检索整体情况如图3-1所示：

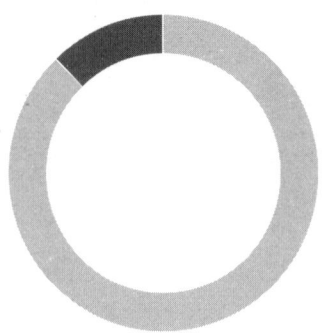

■ 不构成情势变更（占比 80.29%）　■ 构成情势变更（占比 19.71%）

图3-1　是否支持国家政策变化构成情势变更

如图3-2所示，从案件年份分布情况可以看出当前条件下案例数量的变化趋势。

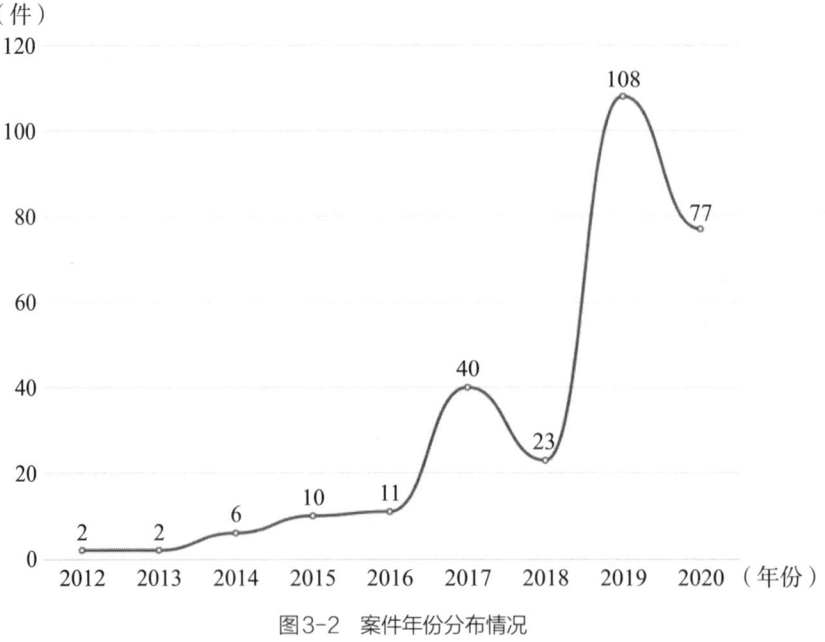

图3-2　案件年份分布情况

如图3-3所示，从案件地域分布情况来看，当前案例主要集中在河南省、广东省、福建省、内蒙古自治区、北京市，其中河南省的案件量最多，达到77件。

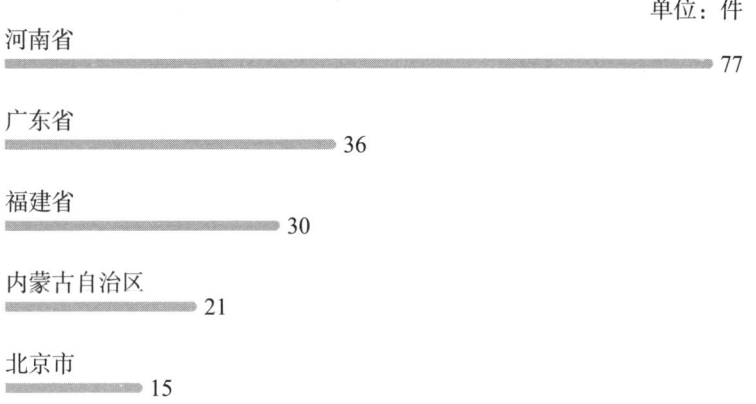

图3-3 案件主要地域分布情况

如图3-4所示,从案件案由分类情况可以看出,当前最主要的案由首先是合同、准合同纠纷,有216件,占绝大多数;其次是与公司、证券、保险、票据等有关的民事纠纷,物权纠纷;最后是海事海商纠纷,知识产权与竞争纠纷。

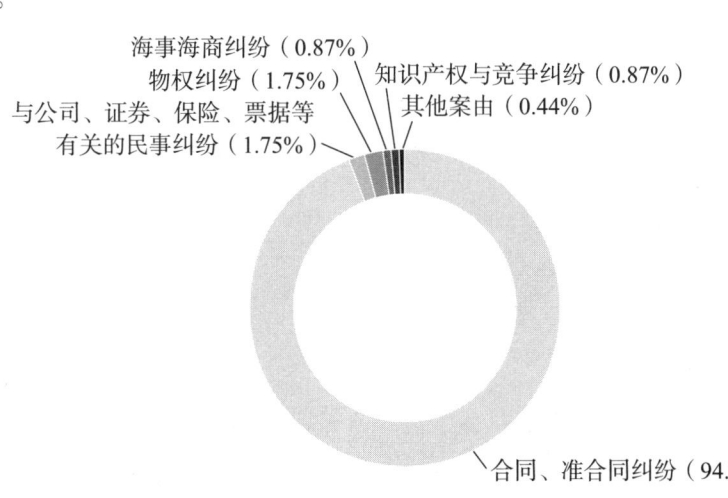

图3-4 案件案由分类情况

二、可供参考的例案

例案一 | 通某城镇基础设施开发有限公司、中国某通信集团江苏有限公司南京分公司合同纠纷案

【法院】

最高人民法院

【案号】

（2017）最高法民申1786号

【当事人】

再审申请人（一审被告、二审上诉人）：通某城镇基础设施开发有限公司

法定代表人：李某某，董事长

再审被申请人（一审原告、二审被上诉人）：中国某通信集团江苏有限公司南京分公司

负责人：周某，总经理

一审被告、二审上诉人：南京光某房地产开发有限公司

法定代表人：王某，总经理

一审第三人：南京易某投资管理有限公司

法定代表人：王某某，董事长

【基本案情】

2005年6月8日，中国某通信集团江苏有限公司南京分公司（乙方，以下简称移动公司）与南京光某房地产开发有限公司（甲方，以下简称光某公司）、通某城镇基础设施开发有限公司（以下简称通某公司）共同签署了《关于购买某街改造片移动公司综合楼的协议书》（以下简称《05协议书》）。协议书签订后，移动公司于2005年7月5日向光某公司支付了500万元协议保证金，但截至庭审辩论终结，协议书并未全部实际履行，移动公司综合楼项目单项工程尚未立项，亦未进行规划审批。

2013年6月25日，移动公司以光某公司、通某公司怠于向规划部门报审综合楼单体方案，违反合同约定为由，诉至一审法院，要求光某公司、通某公司继续履行《05协议书》，并按合同约定支付违约金。一审法院在该案审理过程中，对于光某公司、通某公司是否就涉案移动公司综合楼单体项目向南京市规划局申请规划许可，依职权进行了调查，调查结果表明光某公司、通某公司尚未就涉案项目单体进行报批。2014年2月24日，光某公司、通某公司向移动公司发出《解除合同通知书》，主张解除《05协议书》。2014年3月6日移动公司回函称：光某公司、通某公司不享有合同解除权，双方合同争议正处于诉讼中，光某公司、移动公司解除合同的行为无法律效力。

2014年4月16日，移动公司就（2013）宁民初字第30号案件申请撤诉，一审法院予以准许。同日，移动公司提起诉讼。

【案件争点】

案涉综合楼项目能否适用情势变更？

【裁判要旨】

一审法院认为：原告提供的被告通某公司与原告移动公司联合向邮电设计院发的函、被告通某公司向邮电设计院发的函、邮电设计院出具的《证明》等证据，证明原、被告双方已达成合意，同意将合同标的物综合楼用途调整为办公；南京市发展和改革委员会下发的《关于南京通某城镇基础设施开发公司某街地块项目继续建设的核准决定书》、南京市规划局下发的宁规方案（2009）01407号《南京市规划局建设工程规划审定意见通知书》、南京市规划局核准的某街项目总平图等证据，亦证明政府相关部门也已核准同意将综合楼规划为办公用途，故两被告以合同条款从未变更过，以及原告移动公司要建造移动通信发射基站遭到相关小区业主的阻挠，规划也未予批准为由，主张协议书客观上已不能履行，本院亦不予支持。在综合楼项目用途已变更为办公楼的情况下，两被告应按照协议书的约定，及时进行设计并向规划部门报审综合楼单体方案，推进涉案综合楼项目的实施运作，继续履行合同。

二审法院认为：通某公司提出的房屋建设成本变化、因政府规划调整引起容积率变化等，亦与通某公司迟延履行代建义务有关。因此，通某公司应对未能申领建设工程规划许可证及房屋建设成本变化、容积率变化等，依法承担相应责任。案涉合同不具有《合同法司法解释（二）》第26条①规定的应当适用情势变更规则予以解除的情形。至于通某公司提出的土地使用权出让金变化，其并未提供证据证明与案涉工程的建设用地有关。此外，南京市规划局作出的《关于通某城镇申请领取某街项目04-2幢办公楼建设工程规划许可证问题的复函》亦未明确函复案涉综合楼项目不能申领建设工程规划许可证，只是告知需按《江苏省城市规划管理技术规定》重新申报办公楼建设工程的规划设计方案。故一审判决认定案涉合同可继续履行，并无不当。通某公司提出的该案合同应适用情势变更规则予以解除的理由，不能成立。

例案二｜大某有限公司、宗某某与圣某矿业有限公司、圣某房地产开发有限责任公司、涡阳某房地产开发有限公司股权转让纠纷案

【法院】

最高人民法院

【案号】

（2015）民二终字第236号

【当事人】

上诉人（一审被告）：圣某矿业有限公司

法定代表人：张某某，董事长

被上诉人（一审原告）：大某有限公司

法定代表人：宗某乐，董事长

被上诉人（一审原告）：宗某某

---

① 《最高人民法院关于适用〈中华人民共和国合同法〉若干问题的解释（二）》已于2021年1月1日被废止。该解释第26条情势变更规则现规定于《中华人民共和国民法典》第533条。

【基本案情】

2007年7月28日,圣某矿业有限公司(以下简称圣某矿业公司)与大某有限公司(以下简称大某公司)签订《合作经营合同》,约定双方共同注册成立淮北宗某公司,圣某矿业公司将三处煤炭资源的探矿权转让给淮北宗某公司,享有公司56%的股权;大某公司按合作项目的建矿设计承担建矿投资,包括井下工程、地面工程及矿用道路、供电线路、水井和供水管道所需费用,负责办理合作开发经营项目的立项核准工作,承担项目的可行性报告、矿井设计、环评及征地费用,享有公司44%的股权。2007年12月15日,圣某矿业公司与大某公司签订《合作经营合同》,约定上述三座煤矿的立项核准、可行性报告、矿井设计、环评工作由圣某矿业公司负责办理,如有困难时,大某公司予以积极协助办理。

2011年9月18日和9月30日,安徽省某科技咨询有限责任公司对三处煤炭资源井田煤炭勘探探矿权作出评估报告书,三处煤炭资源评估价值共计37.9亿元。2012年12月3日,淮北宗某公司和宿州宗某公司作出股东会决议,全权授权宗某乐与某矿业集团有限公司洽谈三处煤炭资源开发事宜,开发方式包括股权合作开发或者将三座煤矿全部资源有偿转让给某矿业集团有限公司开发。2013年3月24日淮北宗某公司和宿州宗某公司作出股东会决议,改为委托张某某完成寻找和选择股权受让方、评估、谈判和协商等工作。2013年6月28日,淮某矿业(集团)有限责任公司在给市人民政府的《关于合作情况的说明函》中表示其与圣某矿业公司共同合作开发矿产资源,恳请市政府给予相关工作支持。

2014年10月12日施行的《国家能源局关于调控煤炭总量优化产业布局的指导意见》(国能煤炭〔2014〕454号,以下简称《指导意见》)第3条"优化新建项目布局"要求,按照"控制东部、稳定中部、发展西部"的总体要求,依据煤炭资源禀赋、市场区位、环境容量等因素确定煤炭产业发展格局。今后一段时间内,东部地区原则上不再新建煤矿项目。

2014年10月31日,淮某房地产公司、涡阳某房地产开发有限公司出具承诺书，载明"2013年3月24日大某公司与圣某矿业公司签订的股权转让协议所欠款项，具体内容和金额按原合同的约定履行。圣某房地产开发有限责任公司和涡阳某房地产开发有限公司承诺：房产销售款首先按合同约定偿还大某公司的到期债权。特此承诺"。

【案件争点】

本案中《指导意见》的出台是否属于情势变更情形？

【裁判要旨】

一审法院认为：所谓情势，是指客观情况，具体泛指一切与合同有关的客观事实。变更是指合同赖以成立的环境或基础发生异常之变动。在确认时，应当注意正确判断是情势变更还是商业风险，需要依案情从可预见性、可归责性以及产生后果等方面进行分析。该案中，淮北宗某公司成立于2007年，涉案三处煤炭资源一直申请办理采矿权手续或立项核准，直到2014年10月12日《指导意见》出台之前，也未获得批准，并且该意见规定，只是在今后一段时间内东部地区原则上不再新建煤矿项目。因此，政策原因并非造成合作开发项目得不到核准的唯一原因。另外，作为双方合作成立的公司，双方应共享收益、共担风险，公司股权转让后，转让款应按股东持股比例分配。该案中，圣某矿业公司先行受让了大某公司、宗某某持有的合作公司股权，该做法本身存在将来不能转让的商业风险，该风险圣某矿业公司应当能够预见。同时，双方2013年3月签订的《股权转让协议》第4条也约定，无论与两个公司拥有的骑某煤炭资源、张某煤炭资源、梁某煤炭资源相关的探矿许可证或采矿许可证是否作废、到期或失效，圣某矿业公司均应无条件地履行本协议约定的所有条款。综上，可以认定圣某矿业公司可能存在的风险能够预见。另外考虑到大某公司诉请的第一笔股权转让款到期时，《指导意见》尚未出台，对该笔股权转让款，可以确认不符合情势变更规则，故对圣某矿业公司以情势变更规则解除合同的抗辩，应不予采信。

二审法院认为：是否属于情势变更抑或商业风险，需要参照合同约定，并从可预见性、可归责性以及产生后果等方面进行分析。该案中，淮北宗某公司成立于2007年，涉案三处煤炭资源一直未申请办理采矿权手续或立项核准，直到2014年10月12日《指导意见》出台之前，也未获得批准，并且该意见规定，只是在今后一段时间内东部地区原则上不再新建煤矿项目，且安徽省是否属于该《指导意见》所确定的东部地区尚需进一步论证。因此，政策原因并非造成合作开发项目得不到核准的唯一原因。

案涉《股权转让协议》第4条约定，无论与淮北宗某公司、宿州宗某公司拥有的三处煤炭资源相关的探矿许可证或采矿许可证是否作废、到期或失效，圣某矿业公司均应无条件地履行本协议约定的所有条款；第2条约定，2014年7月31日前，圣某矿业公司向大某公司支付第一笔股权转让款。圣某矿业公司对此并无异议，且在第一笔转让款期满不能支付的情况下向大某公司出具了2000万元的违约金欠条并实际履行1000万元，而《指导意见》出台的时间是在2014年10月12日，故对该笔股权转让款，一审判决认定不符合情势变更规则，有事实依据。圣某矿业公司以情势变更规则不应履行支付第一笔股权转让款的抗辩，本院不予采信。

例案三 | 恩某置业有限公司与某市某区市容环境卫生管理局商品房销售合同纠纷案

【法院】

湖南省高级人民法院

【案号】

（2018）湘民终196号

【当事人】

上诉人（原审被告、反诉原告）：恩某置业有限公司

法定代表人：郑某，董事长

被上诉人（原审原告、反诉被告）：某市某区市容环境卫生管理局

法定代表人：黎某某，局长

【基本案情】

2006年7月，某市某区市容环境卫生管理局（以下简称某区环卫局）为解决某区环卫局职工住房问题，将院内一处8.521亩的政府划拨用地通过长沙市国土资源局公开挂牌，由恩某置业有限公司（以下简称恩某公司）摘牌，用于某区环卫局职工住房定向开发项目，项目名称"某苑"。2014年5月13日，某区环卫局（甲方）与恩某公司（乙方）签订《协议书》，约定：恩某公司取得某苑项目宗地土地使用权，国土证编号为长国用（2014）第0104××号，该项目总建筑面积为23,316.39平方米，地上建筑面积为19,877.9平方米（其中住宅面积为19,007.06平方米，共计192套住宅，门面及公共建筑部分面积为870.84平方米），地下建筑面积为3438.49平方米，共计地下车位70个。恩某公司负责该项目开发建设，开发建设完成的所有物业均由某区环卫局按双方的商定价格购买。

《协议书》签订后，某区环卫局组织192套住房的购房人员和4个门面的购房人员，按《协议书》约定的30%付款比例先后于2014年5月、6月，分两次向恩某公司指定的账户交纳购房款共计27,873,000元。购房款由各购房人员直接交付到《协议书》约定的以恩某公司名义开设的由某区环卫局和恩某公司共管的银行账户。恩某公司仅完成涉案房屋部分工程建设后因资金不足导致该项目停工至今。截至一审庭审结束，恩某公司未能办理商品房预售许可证，未与某区环卫局购房户签订《商品房买卖合同》。

某区环卫局所有购房职工向某区环卫局出具了《授权委托书》，授权某区环卫局以某区环卫局的名义与恩某公司签订与拟购"某苑"项目商品房相关的一切经济合同、协议书，委托某区环卫局以某区环卫局的名义处理与拟购"某苑"项目商品房相关的一切事宜，并认可某区环卫局以某区环卫局名义签订的与拟购"某苑"项目商品房相关的一切经济合同、协议书并自愿承担由此所产生的一切法律后果，认可某区环卫局以某区环卫局名义处理的与拟购"某苑"项目商品房相关的一切事宜的处理结果并自愿承担由此所产生的一切法律后果。

【案件争点】

恩某公司能否以情势变更为由解除合同？

【裁判要旨】

一审法院认为：《协议书》同时具备部分商品房买卖合同性质和商品房定向开发合同性质，系双方的真实意思表示，不违反法律、行政法规的强制性规定，合法有效，双方均应按约履行各自义务。某区环卫局与恩某公司签订的《协议书》，是合同的当事人，且该协议不仅关系到某区环卫局职工住房的问题，同时也关系到某区环卫局的土地是否合理利用的问题，故某区环卫局对恩某公司是否履行《协议书》所约定的义务具有直接利害关系，有权提起该案诉讼。《合同法》第93条第2款规定，当事人可以约定一方解除合同的条件。解除合同的条件成就时，解除权人可以解除合同。某区环卫局按约组织购房职工交付购房款，但恩某公司未能在2015年8月31日前按约交付合格房屋，至今项目仍处于停工状态，构成根本违约，符合双方约定的某区环卫局可以单方解除合同的情形，且恩某公司反诉请求也同意解除该合同，故对双方请求判决解除合同的请求予以支持。《合同法》第97条规定，合同解除后，尚未履行的，终止履行；已经履行的，根据履行情况和合同性质，当事人可以要求恢复原状、采取其他补救措施，并有权要求赔偿损失。某区环卫局根据《协议书》的约定共向恩某公司支付购房款27,873,000元，恩某公司应向某区环卫局返还该笔款项。

二审法院认为：案涉限购政策文件系2017年9月22日作出，2017年9月23日生效，而该案《协议书》签订于2014年，约定交房期限为2015年8月31日，如该案合同按期履行，上述限购政策文件对该案《协议书》没有任何影响。现因恩某公司自身原因迟延履行，导致该案《协议书》的履行受到限购政策影响，恩某公司应自行承担由此产生的法律政策风险。因此，恩某公司以限购政策为由主张其不构成违约也不能成立。恩某公司在双方合同明确约定土地出让金减免不成功的后果由其承担的情况下，仍然以此为由停止案涉商品房项目的开发，拒绝按期交付房屋，显然属于恶意违约。土地出让金不能减免成功的风险在合同签订时就已预见到，商品房开发成本上涨系正常的市场风险，不构成法律上的情势变更。恩某公司主张其非恶意违约，系情势变更导致合同无法履行的理由不能成立。

三、裁判规则提要

（一）情势变更时间条件为合同订立之后未履行完毕之前

如果合同订立之前发生情势变更，那么可以视为双方当事人知道或应当知道该情势变化对合同履行所产生的影响，对于即将出现的影响合同履行状况的事情已经有所预判，自愿接受即将可能到来的各种风险及由此产生的合同利益损失。此种情况不需要法律对当事人进行特殊保护，不适用情势变更规则。如果合同履行完毕之后发生情势变更，则由于此时双方当事人的合同权利义务关系已归于消灭，情势变更也根本不会影响到合同利益的实现。

那么，如果情势变更发生在迟延履行过程中，由于迟延履行系发生在当事人订立合同之后但未履行完毕之前，此时是否能够适用情势变更规则？一种观点认为，[1]迟延履行的债务人，不能因为迟延履行而负担过多的责任，因为情势变更有实质上实现公平正义的功能，因此因迟延履行造成的风险损失也应由双方负担，此种情况可以适用情势变更规则。另一种观点认为，[2]债务人迟延履行构成违约，应当自行承担迟延期间发生的情势变化所导致的不利后果，不得主张适用情势变更规则。

笔者认为迟延履行已经构成了违约，那么情势变化所造成的损失也是其未按约定时间履行所致。这种观念在一些行业领域已经成为行业规则，如货运行业长期存在的"潜规则"——一旦延误，永远延误，即船舶的承租人对超期租用船舶时间段内发生的风险要承担责任，在承租人超期使用构成违约

---

[1] 参见史尚宽：《债法总论》，中国政法大学出版社2000年版，第452页。
[2] 参见王利明：《论情势变更制度》，载王利明编《民商法研究》，法律出版社1999年版，第490页。

之后接着又发生了非承租人责任的延误，那么这个继续的违约责任也应当属于承租人。在一方当事人迟延履行构成违约的情况下，仍然适用情势变更规则是对遵守合约的另一方当事人的不公，因此一般而言此种情况应排除情势变更规则的适用。但是，法律也应该尊重当事人的意思自治，即如果合同当事人已经在合同中明确约定合同履行迟延构成违约期间，不可抗力或情势变更条款仍然可以适用，那么此种约定也应有效。

（二）情势变更客观上要求发生不可预见的重大变化

当事人在订立合同时总是希望通过缔约来实现某种利益，但是当事人在订立合同时所认识到的或者所预期的合同履行环境有可能在订立合同之后发生改变，发生当事人在订立合同之时不能预见的风险。合同法的基本功能之一就是在当事人之间分配这些风险。情势变更规则的适用前提是发生了当事人无法预见而未能在合同中提前约定如何分配风险的情势，而该情势变化导致双方当事人利益严重失衡，且立法者也没有在法律规范中预设相应的具体的风险负担规则。情势变更规则基于公平和诚实信用原则，为当事人提供救济渠道，重新合理分配风险。

情势变更应当是不可预见的，若双方当事人在缔约时已经预见到即将出现的影响合同履行的客观情况，那么此时不适用情势变更规则。另外，若双方当事人在签订合同时明确约定某种变化在可接受范围内，那么基于尊重意思自治的原则，合同履行过程中出现了此种变化时不能适用情势变更制度。

（三）迟延履行期间所发生的重大变化不适用情势变更规则

债务人因履行迟延构成违约，在迟延期间发生了情势变更给债务人造成了损害，这个不利的后果应由其自己承担，而不得主张适用情势变更规则。如果允许债务人对在迟延期间发生的情势主张适用情势变更规则，必然会在很大程度上鼓励债务人违约，所以，在履行迟延的情况下，纵使发生情势变更，债务人仍负有继续履行合同的责任。

四、关联规定

《民法典》

第533条 合同成立后,合同的基础条件发生了当事人在订立合同时无法预见的、不属于商业风险的重大变化,继续履行合同对于当事人一方明显不公平的,受不利影响的当事人可以与对方重新协商;在合理期限内协商不成的,当事人可以请求人民法院或者仲裁机构变更或者解除合同。

人民法院或者仲裁机构应当结合案件的实际情况,根据公平原则变更或者解除合同。

情势变更裁判规则第4条：
情势变更是当事人缔约时无法预估到的非常态风险，而非正常的商业风险

> 〔规则描述〕情势变更中的"情势"是指客观情况，具体泛指一切与合同有关的客观事实，如战争、经济危机、政策调整等。政府许可、审批行为应属于商业风险，不构成情势变更。正常的商业风险无论对合同影响有多重大，都应当是商事主体在从事经营活动时应当考虑到的；而情势变更是当事人缔约时无法预估到的非常态风险，而非正常的商业风险。对情势变更规则中的"非商业风险"应作限缩解释而不应过分扩大。在具体案例中，应具体界定特定的风险是否符合情势变更的客观要件。可以结合合同约定从可预见性、可归责性以及产生后果等方面区分情势变更与商业风险。

一、类案检索大数据报告

时间：2021年4月9日之前，案例来源：Alpha数据库，案件数量：1736件，数据采集时间：2021年4月9日，检索关键词：情势变更；无法预见；正常；商业风险。经排除无关案例后，本次检索获取了2021年4月9日前共1736份裁判文书，其中支持情势变更是当事人缔约时无法预估到的非常态风险、而非正常的商业风险案件为1724篇，占比99.31%，不支持情势变更是当事人缔约时无法预估到的非常态风险，而非正常的商业风险（占比0.69%）。从是否支持"情势变更是当事人缔约时无法预估到的非常态风险，而非正常的商业风险"裁判思路的比例来看，检索到的绝大部分判决或裁定支持这一观点。检索整体情况如图4-1所示：

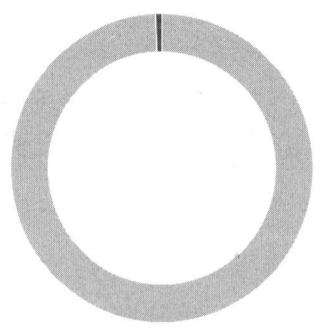

■ 支持情势变更是当事人缔约时无法预估到的非常态风险，而非正常的商业风险（占比99.31%）

■ 不支持情势变更是当事人缔约时无法预估到的非常态风险，而非正常的商业风险（占比0.69%）

图4-1 是否支持情势变更是当事人缔约时无法预估到的非常态风险

如图4-2所示，从案件年份分布情况可以看出当前条件下案例数量的变化趋势。

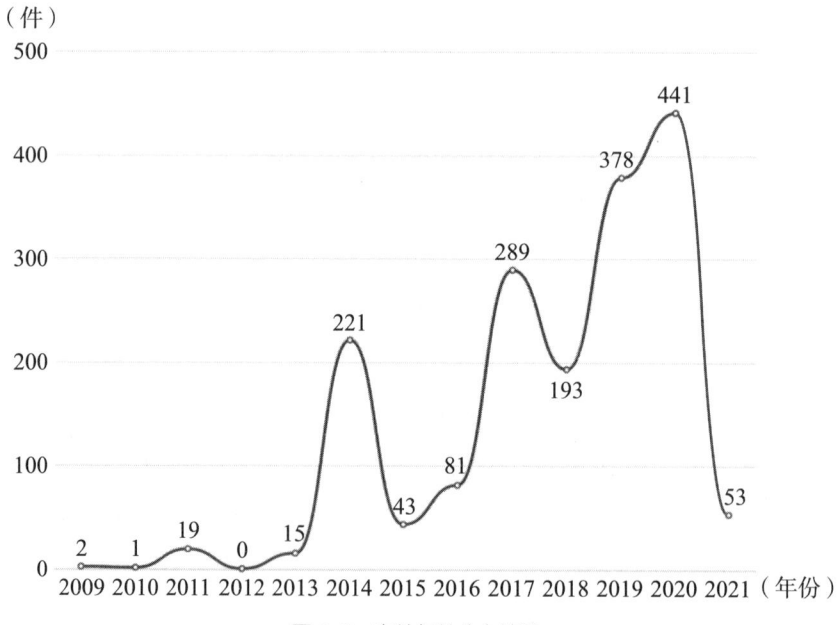

图4-2 案件年份分布情况

如图4-3所示，从案件地域分布情况来看，当前案例主要集中在广东省、河南省、福建省、贵州省、内蒙古自治区，其中广东省的案件量最多，达到

436件。

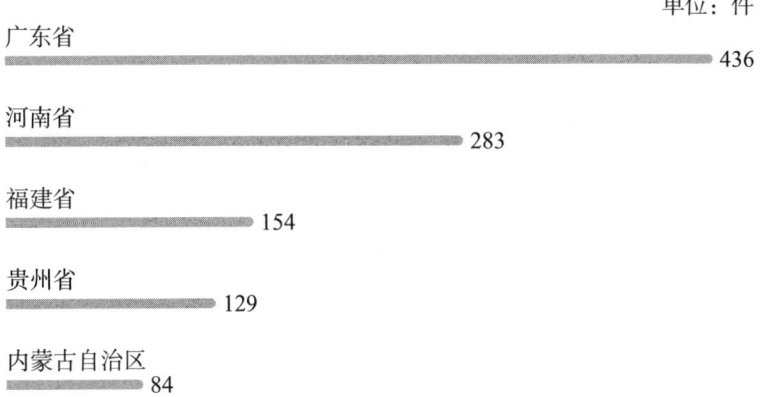

图4-3 案件主要地域分布情况

如图4-4所示,从案件案由分类情况可以看出,当前最主要的案由首先是合同、准合同纠纷,有1654件,占绝大多数;此后依次是与公司、证券、保险、票据等有关的民事纠纷,物权纠纷,知识产权与竞争纠纷。

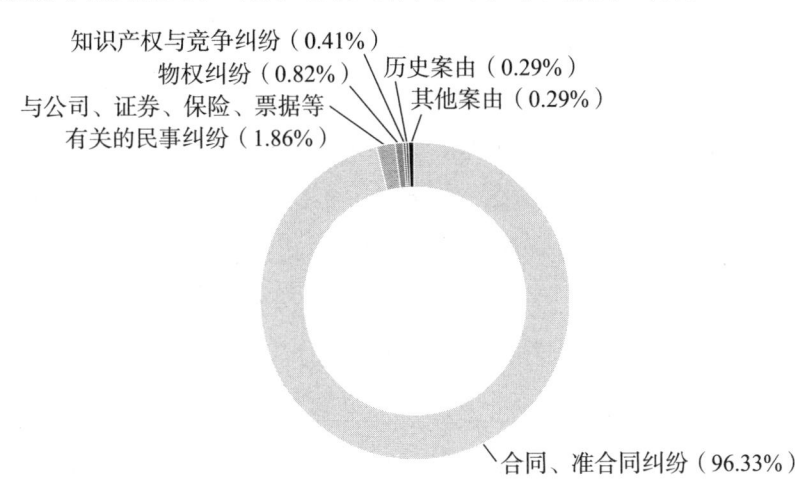

图4-4 案件案由分类情况

二、可供参考的例案

例案一 | 某建工集团股份有限公司与荣某环保产业发展有限公司建设工程施工合同纠纷案

【法院】

最高人民法院

【案号】

（2019）最高法民申5829号

【当事人】

再审申请人（一审原告、二审上诉人）：某建工集团股份有限公司

法定代表人：魏某某，董事长

再审被申请人（一审被告、二审被上诉人）：荣某环保产业发展有限公司

法定代表人：田某某，董事长

【基本案情】

某建工集团股份有限公司（以下简称某建工集团）与荣某环保产业发展有限公司（以下简称荣某环保公司）于2016年10月11日签订《建设工程施工合同》，后钢材、商品砼等价格飙升。某建工集团主张主要建筑材料价格大幅上涨是基于政策风险，是某建工集团作为一个普通市场经济主体所无法预见和不能控制的异常变动，若仍按原合同继续履行必然导致对某建工集团显失公平的结果；且《建设工程施工合同》专用条款11.1条的约定本身已违反相关文件的明确规定，因此对其主张变更。而荣某环保公司答辩称，在签订合同后，主要建筑材料如钢材、商品砼的价格虽然存在上涨的情况，但上涨幅度并未超过历史高价，不属于双方无法预见的情况。

【案件争点】

建筑材料价格大幅上涨属情势变更还是商业风险？

【裁判要旨】

一审法院认为：关于某建工集团提出撤销双方于2016年10月11日签订的《建设工程施工合同》专用条款11.1条"市场价格波动是否调整合同价格的约定：不调整"的问题。该案中，双方当事人对主要建筑材料的价格调整系按照2016年《重庆工程造价信息》第8期公布的某地区指导价计取，双方在签订中标合同时专用条款11.1条约定的"市场价格波动是否调整合同价格的约定：不调整"的含义应为价格上涨的风险由某建工集团承担、价格下跌的收益由某建工集团享有。在签订合同后，主要建筑材料如钢材、商品砼的价格确实存在上涨的情况，但上涨幅度并未超过历史高价，不属于双方无法预见的情况。况且，按照《合同法司法解释（二）》第26条①的规定，即使属于不可预见的重大变化，也仅是变更合同条款，即双方分摊相应风险，并非一味保护施工方利益，将材料价格上涨的风险转由发包方承担。如按照某建工集团的请求，将该条款直接撤销，则所有材料价格上涨的风险均由发包方荣某环保公司承担，也与双方在订立中标合同时由某建工集团应承担相应建材价格变化的风险和收益的目的不相符合。故而，法院对某建工集团要求撤销《建设工程施工合同》专用条款11.1条"市场价格波动是否调整合同价格的约定：不调整"的请求，不予支持。

二审法院认为：在该案中，荣某环保公司为建设案涉工程，根据自己的经济状况确定了招标的具体条件并公开进行招标，某建工集团作为理性的、专业的建筑工程施工企业，理应知道其投标行为的法律后果。也即，在荣某环保公司明确将案涉工程限定在造价1.5亿元的情况下，某建工集团在投标时应当综合考虑相应的成本以及正常的商业风险，包括建筑材料上涨带来的商业风险，再决定是否投标以及以何种条件投标。其中，建筑材料的市场价峰值、谷值都应当成为某建工集团确定是否投标以及以何种条件投标所应当考虑的因素，这些因素应当归入其进行经营决策所应当考虑的商业风险的范畴。

---

① 《最高人民法院关于适用〈中华人民共和国合同法〉若干问题的解释（二）》已于2021年1月1日被废止。该解释第26条规定情势变更规则，现规定于《中华人民共和国民法典》第533条。

在某建工集团对案涉工程施工过程中，建筑材料价格虽有上涨，但上涨幅度并未超过其市场价峰值，某建工集团作为专业的建筑工程施工企业在投标时理应对此有合理的预见，故该案中建筑材料价格的上涨属于某建工集团应当承担的商业风险，而不属于当事人在签订合同时无法预见的客观情况，不符合《合同法司法解释（二）》第26条规定的情势变更的范畴。某建工集团请求撤销《建设工程施工合同》专用条款11.1条关于市场价格波动不调整合同价格的约定，理由不成立，一审未予支持并无不当。

再审法院认为：《合同法司法解释（二）》第26条系对合同法上情势变更规则所作的规定，该条强调的客观情况是当事人在订立合同时无法预见的、非不可抗力造成的非商业风险，继续履行将会对一方明显不公平或不能实现合同目的。该案中建筑材料价格上涨应属于某建工集团在投标和签订合同时应合理预见的商业风险，且上涨幅度并未超过市场价峰值，因此不应适用《合同法司法解释（二）》第26条的规定，原审法院适用法律并无不当，某建工集团申请再审的理由不能成立。

例案二｜某矿业（集团）有限责任公司与新某集团某公司股权转让纠纷案

【法院】

最高人民法院

【案号】

（2018）最高法民终387号

【当事人】

上诉人（一审被告、反诉原告）：新某集团某公司

法定代表人：冯某某，董事长

被上诉人（一审原告、反诉被告）：某矿业（集团）有限责任公司

法定代表人：王某某，董事长

【基本案情】

2012年7月19日，某矿业（集团）有限责任公司（以下简称某矿业集团）

与新某集团某公司（以下简称新某集团）签订《股权转让协议书》，某矿业集团向新某集团转让其持有的金某公司51%股权。

2015年1月12日，新某集团向某矿业集团发函请求对金某公司采矿权价款重新进行评估，或双方寻求其他渠道妥善处理。某矿业集团回复拒绝其请求，并要求归还剩余股权转让价款。

2016年3月15日，某矿业集团与新某集团签订《还款协议》，约定根据双方会商意见，鉴于煤炭形势持续下行，经双方友好协商，就金某公司股权转让价款偿还的方式和价金做出了一定的调整。5月3日，新某集团向某矿业集团复函称，收到催款函，因企业亏损严重，难以筹措资金支付。此后双方反复就股权转让价款偿还的方式和价金做出调整。

2017年，某矿业集团将新某集团诉至一审法院，要求其支付剩余股权转让价款及逾期付款违约金。一审法院支持了某矿业集团的诉讼请求。2018年，新某集团提出上诉，认为金某公司因政策性原因关闭属于合同法规定的"情势变更"情形，依法应解除双方之间的《股权转让协议书》。

【案件争点】

新某集团能否以情势变更为由诉请解除案涉《股权转让协议书》？

【裁判要旨】

一审法院认为：根据《合同法司法解释（二）》第26条之规定，合同成立以后客观情况发生了当事人在订立合同时无法预见的、非不可抗力造成的不属于商业风险的重大变化，继续履行合同对于一方当事人明显不公平或者不能实现合同目的，当事人请求人民法院变更或者解除合同的，人民法院应当根据公平原则，并结合案件的实际情况确定是否变更或者解除。依据该规定，情势变更指合同有效成立后，因不可归责于双方当事人的事由发生重大变化而使合同的基础动摇或者丧失，若继续维持合同会显失公平，因此允许变更合同内容或解除合同的原则。故情势变更的适用需具备以下要件：一是应有情势变更的事实，即合同赖以存在的客观情况确实发生变化。二是须为当事人订立合同时所不能预见。三是情势变更必须不可归责于双方当事人，即由除不可抗力以外的其他意外事件所引起。四是情势变更的事实发生于合同成立之后，履行完毕之前。五是情势变更致使继续履行合同显失公平或者不能实现合同目的。该案中，某省人民政府与某市人民政府签订的《煤炭行业化解过剩产能实现脱困发展目标责任书》、某区人民政府《关于金某公司矿井关闭退出的批复》和《关于依法推进淮北金某矿业有限责任公司关闭退出工作的实施意见》三份文件均形成于2016年，在案涉股权转让完成四年之后。即新某集团所称的情势变更的事实发生在案涉《股权转让协议书》履行完毕之后，不符合《合同法司法解释（二）》第26条①规定的情势变更事实应发生在合同成立之后，履行完毕之前的条件。

二审法院认为：新某集团上诉主张《还款协议》改变了股权转让价款尾款的付款时间，其不存在迟延履行行为，与查明的事实不符，法院不予采信。新某集团作为从事煤矿经营的企业对于经营煤矿的商业风险应有所了解，其所提出的国家关于煤炭行业化解过剩产能的政策变化，并不属于案涉《股权转让协议书》履行过程中发生的无法预见的、非不可抗力造成的情形，而是新某集团受让金某公司股权后在经营过程中的商业风险。

再审法院驳回新某集团的再审申请：新某集团以其受让金某公司股权后国家政策变化导致石某煤矿关闭，出现情势变更为由，请求解除案涉《股权转让协议书》并退还股权转让款。原判决认定新某集团的诉请不符合情势变更的适用条件，认定事实不缺乏证据证明，适用法律亦无不当。首先，该案不符合情势变更适用的时间条件。2012年7月19日双方签订案涉《股权转让协议书》后，新某集团在2012年9月11日即获得了金某公司的全部股权，持股比例100%。2016年，煤炭行业去产能政策出台。此时，新某集团已获得金某公司股权并经营四年。新某集团虽主张案涉协议签订后双方一直处于协商、谈判状态，合同未履行完毕，但从双方往来函件及签订的《还款协议》

---

① 《最高人民法院关于适用〈中华人民共和国合同法〉若干问题的解释（二）》已于2021年1月1日被废止。该解释第26条规定情势变更规则，现规定于《中华人民共和国民法典》第533条。

等文件来看，后续磋商系围绕股权款延期支付等问题。原判决对新某集团以其迟延付款履行行为期间政策变更为由主张情势变更不予支持，并无不当。其次，政策变化并未导致新某集团合同目的不能实现，亦未导致对新某集团明显不公平的情形。新某集团已于2012年9月11日获得了金某公司的100%股权，原判决认定新某集团的合同目的已经实现，并无不当。新某集团后于2012年10月30日与案外人安徽蓝某物流有限公司签订《股权转让协议》将金某公司37%股权转让给该公司。新某集团又于2017年9月9日将金某公司63%股权转让给刘某煤矿。原判决认定新某集团以案涉《股权转让协议书》履行对其明显不公平缺乏事实和法律依据，并无不当。最后，国家政策变化发生在新某集团获得金某公司股权后的四年，属于新某集团在经营期间发生的商业风险，不属于案涉《股权转让协议书》情势变更事由。综上，新某集团以原判决未支持其情势变更主张，适用法律错误为由申请再审，法院不予支持。

例案三｜某市布某房地产开发有限公司与程某某、蔺某某房屋拆迁安置补偿合同纠纷案

【法院】

新疆维吾尔自治区高级人民法院

【案号】

（2020）新民申1122号

【当事人】

再审申请人（一审被告、二审上诉人）：某市布某房地产开发有限公司

法定代表人：阿布都力江·某某某，执行董事

再审被申请人（一审原告、二审被上诉人）：程某某、蔺某某

【基本案情】

2012年8月15日，该案双方签订《A市建行家属院门面房置换协议书》。按照协议约定，某市布某房地产开发有限公司（以下简称布某公司）改建A

市某家属院临街门面房及住宅，拆除程某某、蔺某某的门面，布某公司按1：1.3倍赔付程某某、蔺某某门面房，建筑面积不少于76.804平方米，共有分摊面积不得超过原房产证共有分摊面积3.458平方米，门面房内必须水暖电设施齐全。布某公司在房屋交付使用一年后负责为程某某、蔺某某办理房屋产权证。程某某、蔺某某配合布某公司施工，按规定时间搬迁。布某公司每年向程某某、蔺某某支付门面房租费30,000元，一次必须支付2年门面房租费；如布某公司负责的工程两年内还未完工，第三年起按月支付房租，每月支付5000元；程某某、蔺某某的房屋经过装修，布某公司赔偿装修费5000元，门面房房租费一次性交清。至今布某公司仍未向程某某、蔺某某交付门面房，也未按照协议内容支付租金和装修费，但布某公司主张协议没有履行并非违约，而是因为存在情势变更，即开发房产的设计需经过政府批准，因政府批准改变原设计造成其不能按照约定交房。

【案件争点】

政府设计审批行为是否属于情势变更？

【裁判要旨】

一审法院认为：通过庭审查明的事实，双方于2012年8月15日签订的《房屋置换合同协议书》是合法有效的合同，原告要求被告公司按照协议按期交付商铺，但被告未按期交付商铺，故原告要求解除双方之前的协议，按照合同被告赔偿2,000,000元，支付2014年11月1日至2018年11月1日的租赁费240,000元，装修费5000元的诉求事实及法律依据充分，应予以认定。

二审法院认为：该案双方签订的《A市建行家属院门面房置换协议书》是双方的真实意思表示，不违反禁止性法律规定，合法有效，双方应当按照合同约定履行合同义务。因布某公司未按约定如期交付商铺，一审判决解除合同，双方均无异议，本院应予维持。一审法院依据双方合同的约定，判决布某公司向程某某、蔺某某赔偿2,000,000元及租赁费240,000元并无不当。布某公司提出其不构成违约，不能按照约定交付房屋属于《合同法》规定的情势变更情形的上诉理由，因双方签订的门面房置换协议属于商业房地产开发项目,并不是政府的棚户区改造,与政府没有任何关系;并且布某公司关于变更设计图的事项并未向程某某、蔺某某进行说明,也未与程某某、蔺某某协商变更或者解除合同,也未提交存在情势变更的相应证据。双方签订门面房置换协议已有7年时间,布某公司仍未按约定如期交付商铺,布某公司主张其不存在违约,既不符合合同约定,也不符合法律规定。

再审法院认为:再审申请人未按协议履行义务应承担相应违约责任。情势变更规则,是指合同有效成立后,因不可归责于双方当事人的事由发生重大变化而使合同的基础动摇或者丧失,若继续维持合同会显失公平,因此允许变更合同内容或解除合同。情势变更中的"情势"是指客观情况,具体泛指一切与合同有关的客观事实,如战争、经济危机、政策调整等。再审申请人作为房地产开发企业在拟对相关楼盘进行改建前即应对该楼盘是否存在影响其改建的问题有所了解,并合理安排施工计划等,其未能妥善处理好相关设计审批问题,系其自身原因造成,与情势变更无关。

三、裁判规则提要

(一)对情势变更规则中的"非商业风险"应作限缩解释,并在个案中具体界定特定的风险是否符合情势变更的客观要件

何谓"不属于商业风险"?对此,首先应当厘清"商业风险"的概念。事实上,司法困境集中体现在如何从纷繁复杂的案件中界定哪些类型的风险属于商业风险,如行政指令、股灾、行业政策变动等。有学者提出,《多边投资担保机构公约》(《MIGA公约》)关于"非商业类型风险"的规定可以类推适用于解释我国《民法典》合同编中情势变更规则中的"非商业风险"概念。《多边投资担保机构公约》第11条规定了承保的非商业风险险别,包括货币汇兑类风险、征收和类似措施风险、战争内乱险、政府违约险,例外情况包括

投保人认可的非商业风险或可归责于投资东道国政府行为引发的风险、在投保前就已经发生或可以预知的非商业风险、货币贬值类风险。由此可见，国际法层面对于"非商业风险"的界定是采用正面列举的立法模式，非商业风险涵盖的风险往往与国家行政法规、经济政策或政治局势的变动相关。由于情势变更规则涉及合同解除等重大事项，因此应借鉴国际做法对"非商业风险"作限缩解释而不应过分扩大。

无论是原《合同法司法解释（二）》还是现行的《民法典》，都明确规定适用情势变更规则的"情势"仅限于"非商业风险"。在司法实践中，很多当事人因为对"非商业风险"的外延理解不足而败诉。现就目前实务中较常出现的几类风险进行探讨如下：

第一，长期承包类合同的履行期风险。土地承包经营权是在土地上设立的一项长期、固定的用益物权，当事人往往就此签订一份长期合同或一系列合同以调整双方的权利义务关系。根据《民法典》物权编的规定，其期限往往可长达30年至70年不等。在如此长的一段时期内双方的权利义务均由一份合同加以约定，难免会出现时过境迁带来的利益变化问题。在2018年某县某村民小组等与某县某山林场林业承包合同纠纷案①中，二审法院认为，尽管双方签订的合同跨度期限较长，但由于双方当事人在2010年签订的补充协议中对原合同的土地租金进行了确认，因此认定合同双方均对较长合同履行期限内发生的租金变动可以预见，这种租金变动属于"市场行情变化"，且"市场行情变化"属于"一般商业风险"，故判决不适用情势变更规则。由此可见，针对履行期限较长的合同（如长期租赁合同、土地承包合同、投资经营合同等）可能带来的不确定风险，最好的解决方式是由合同双方签订补充协议，对一定时期内的新情势重新达成合意，尽可能将市场变化和行情变动考虑在内，提高法院对于非因市场变化和行情变动所导致的风险认定为"非商业风

---

① 参见某县某村民小组等与某县某山林场林业承包合同纠纷案，江西省吉安市中级人民法院（2018）赣08民终149号民事判决书。

险"的可能性。

第二，与合同相关的基础设施建设风险。这是指合同履行涉及周边基础设施的建设风险，大到市政工程，小到小区维护，这种风险是否构成情势变更规则之中的非商业风险？在刘某某诉国某房地产某有限责任公司房屋买卖合同纠纷案[①]中，被告国某公司提出抗辩，认为与标的房屋所在的小区相配套的市政、供电及道路设施都在维修建设中，因此逾期交房属于"不可预见的客观情况"。该案的再审法院认为，情势变更规则所指的客观情势，应"泛指一切与合同有关的客观事实，如意外事件、经济危机、国家政策调整"，而房地产开发依赖的市政、供电及道路设施都属于房地产企业可以预见到的客观情况。无论市政、供电及道路设施的建设进展如何，均不能构成房地产企业逾期交房的抗辩事由，房地产企业也不得援引情势变更规则要求变更或撤销合同。在该案中，再审法院对于情势变更规则的"非商业风险"进行了列举式说明，认为其应包括但不限于"意外事件、经济危机和国家政策"，即一般人难以知晓或预测的风险类型，而不包括固定行业所依赖或相关的产业变动的情况，尽管这种变动也难以预测。例如，该案所提到的房地产商主张的周边基础设施的客观情况就不属于"非商业风险"的范畴。又如，在加工承揽合同中，加工承揽人在签订合同后不得以原材料价格上涨为由援引情势变更规则要求变更合同内容。

对"非商业风险"的范围，可以借鉴《多边投资担保机构公约》中关于非商业风险概念的列举情形，包括货币汇兑类风险、征收和类似措施风险、战争内乱险以及政府违约险等。情势变更规则中的"非商业风险"与《多边投资担保机构公约》中的非商业风险的相同点在于：从立法表述而言，二者均特指当事人在订立合同之初无法预知的客观情势将要发生的重大变化，并且这种变化并非商业风险导致或诱发；二者涵盖的风险均属超出当事人合理

---

① 参见刘某某诉国某房地产某有限责任公司房屋买卖合同纠纷案，内蒙古自治区巴彦淖尔市中级人民法院（2016）内08民再69号民事判决书。

预期的政治经济风险。二者的不同点在于：从立法目的而言，《多边投资担保机构公约》的保险类别是为了帮助外国投资者规避难以预料的东道国政府行为而设定的，因此将诸如地震海啸的自然灾害视为非保险类别；而情势变更规则出于公平原则的考量，将可能导致合同履行显失公平的特殊情况均涵盖在内，既包括国家公权力行为所引起的客观情况变化，如重大税收变动、严重影响合同履行的币值波动、直接影响合同履行的经济政策、异常的贸易壁垒、内乱战争等，也包括客观自然条件的严重变化，如自然灾害和当事人无法预料的自然异常情况（如环境污染）。在个案中，法官应对特定的风险是否符合情势变更的客观要件进行具体判断。

（二）情势变更是当事人缔约时无法预估到的非常态风险

所谓商业风险，是指在经营过程中因为各种偶然因素的相互作用而给商事参与者带来盈亏的经济现象。商业风险不属于双方无法预见的情况，而情势变更则不然。情势变更与商业风险之间存在着细微的区别：

1.可预见性标准。所谓可预见性，是指当事人在订立合同时对未来可能发生的风险的预见程度。商业风险是法律认为从事商事活动的一般参与者应当预见到的，情势变更则是当事人在缔约时无法预见的。一般而言，商业风险是市场商事主体依据一般商业思维应当认识到的风险，其认定并非以个人是否预见到为标准，而是以一般商事主体是否应当预见到为标准。在司法实践中，对是否正常的商业风险的认定，应结合当事人的主观情况及一般商事主体的客观标准来判断，而不是根据一般社会人标准来判断，毕竟一般商事主体对商业风险的判断优于一般社会人。

2.影响广泛性标准。通常而言，情势变更的影响范围往往扩及各类民事主体，而非仅仅涉及某一单交易或某特定当事人；相反，商业风险往往很可能只影响特定当事人的特定交易。

3.外部性标准。情势变更通常不是交易过程中可能出现的环境变化，而是来自与交易过程无关的外部因素。供求关系变化、价格波动都属于合同订立时应当考虑的商业基础，而情势变更是指外部环境对这些内部的合同基础造成了冲击。例如，市场上正常的价格波动、供需变化都是正常的商业风险，但是疫情所导致的某些类别的商品价格反常态的涨跌，就是属于外部对内部的冲击，不属于商业风险。因此，法官在审理情势变更案件时，应当注重考虑导致变化发生的是不是与交易本身无关的外部因素，这种变化是否超过了正常交易个体的合理预期，同时应当结合个案的具体情况对是否存在情势变更进行识别。

4.风险防范标准。情势变更的风险往往是当事人无法防范的，但对于商业风险，当事人往往可以采取一定措施进行预防，因为当事人在订立合同时已经考虑到了可能的商业风险，进而可以通过约定特定条款等来分担可能出现的交易风险。

四、关联规定

《民法典》

第6条 民事主体从事民事活动，应当遵循公平原则，合理确定各方的权利和义务。

第180条 因不可抗力不能履行民事义务的，不承担民事责任。法律另有规定的，依照其规定。

不可抗力是不能预见、不能避免且不能克服的客观情况。

第533条 合同成立后，合同的基础条件发生了当事人在订立合同时无法预见的、不属于商业风险的重大变化，继续履行合同对于当事人一方明显不公平的，受不利影响的当事人可以与对方重新协商；在合理期限内协商不成的，当事人可以请求人民法院或者仲裁机构变更或者解除合同。

人民法院或者仲裁机构应当结合案件的实际情况，根据公平原则变更或者解除合同。

第562条 当事人协商一致，可以解除合同。

当事人可以约定一方解除合同的事由。解除合同的事由发生时，解除权人可以解除合同。

第563条 有下列情形之一的，当事人可以解除合同：

（一）因不可抗力致使不能实现合同目的；

（二）在履行期限届满前，当事人一方明确表示或者以自己的行为表明不履行主要债务；

（三）当事人一方迟延履行主要债务，经催告后在合理期限内仍未履行；

（四）当事人一方迟延履行债务或者有其他违约行为致使不能实现合同目的；

（五）法律规定的其他情形。

以持续履行的债务为内容的不定期合同，当事人可以随时解除合同，但是应当在合理期限之前通知对方。

第564条 法律规定或者当事人约定解除权行使期限，期限届满当事人不行使的，该权利消灭。

法律没有规定或者当事人没有约定解除权行使期限，自解除权人知道或者应当知道解除事由之日起一年内不行使，或者经对方催告后在合理期限内不行使的，该权利消灭。

第565条 当事人一方依法主张解除合同的，应当通知对方。合同自通知到达对方时解除；通知载明债务人在一定期限内不履行债务则合同自动解除，债务人在该期限内未履行债务的，合同自通知载明的期限届满时解除。对方对解除合同有异议的，任何一方当事人均可以请求人民法院或者仲裁机构确认解除行为的效力。

当事人一方未通知对方，直接以提起诉讼或者申请仲裁的方式依法主张解除合同，人民法院或者仲裁机构确认该主张的，合同自起诉状副本或者仲裁申请书副本送达对方时解除。

第566条 合同解除后，尚未履行的，终止履行；已经履行的，根据履行情况和合同性质，当事人可以请求恢复原状或者采取其他补救措施，并有权请求赔偿损失。

合同因违约解除的，解除权人可以请求违约方承担违约责任，但是当事人另有约定的除外。

主合同解除后，担保人对债务人应当承担的民事责任仍应当承担担保责任，但是担保合同另有约定的除外。

情势变更裁判规则第5条：
当事人在合同中作出明确约定的风险或者变故具有可预见性，不构成情势变更

〔规则描述〕情势变更事实的发生是情势变更规则适用的前提性条件，情势指的是一切为法律行为成立基础或环境之客观事实，情势变更指的便是法律行为成立基础或环境的变动。根据《民法典》第533条，情势变更事实是当事人在订立合同时无法预见的、不属于商业风险的事实，是否具有可预见性是认定情势变更事实的关键。如果当事人对于某一情势的变化已经有所预见，但仍继续缔结合同，那么其就应当受合意约束。是故，双方当事人在合同中作出明确约定的风险或者变故具有可预见性，不属于情势变更事实，不构成情势变更。

一、类案检索大数据报告

时间：2021年4月9日之前，案例来源：Alpha数据库，案件数量：19件，数据采集时间：2021年4月9日，检索关键词：合同明确约定；可预见性；情势变更。经排除无关案例后，本次检索获取了2021年4月9日前共19份裁判文书，其中支持当事人在合同中作出明确约定的风险或者变故具有可预见性，不构成情势变更的案件有19件，占比100%。从是否支持"当事人在合同中作出明确约定的风险或者变故具有可预见性，不构成情势变更"裁判思路的比例来看，检索到的所有判决或裁定均支持这一观点。检索整体情况如图5-1所示：

专题一 情势变更的认定

■ 支持不适用情势变更规则（占比100%）

图5-1 是否支持当事人在合同中作出明确约定的风险或者变故具有可预见性不适用情势变更规则

如图5-2所示，从案件年份分布情况可以看出当前条件下案例数量的变化趋势。

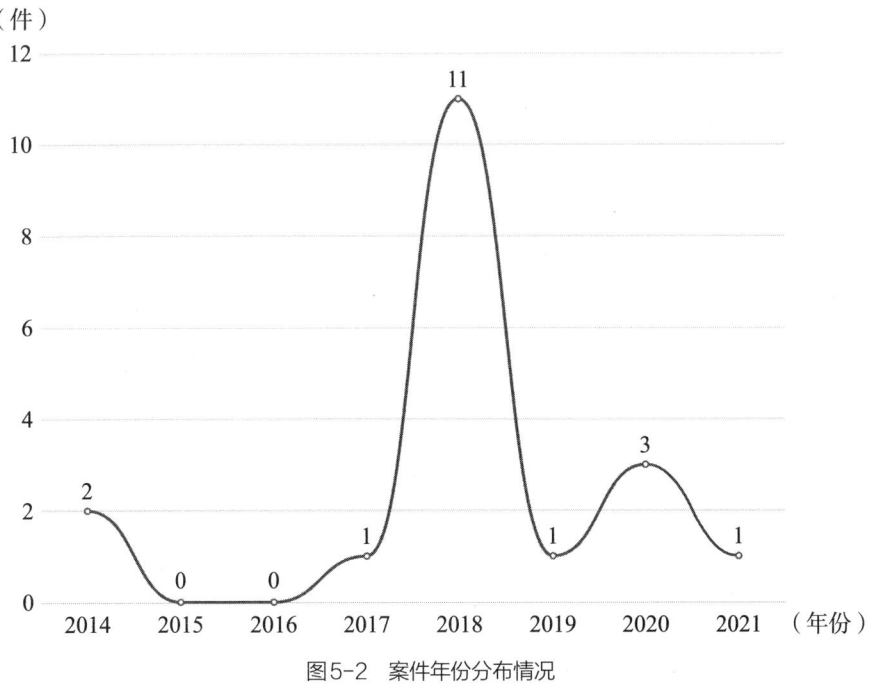

图5-2 案件年份分布情况

如图5-3所示，从案件地域分布情况来看，当前案例主要集中在广东省、四川省、浙江省、广西壮族自治区、新疆维吾尔自治区，其中广东省的案件量最多，达到11件。

图5-3 案件主要地域分布情况

如图5-4所示,从案件案由分类情况可以看出,当前最主要的案由首先是合同、准合同纠纷,有17件,占一半以上;其次是与公司、证券、保险、票据等有关的民事纠纷。

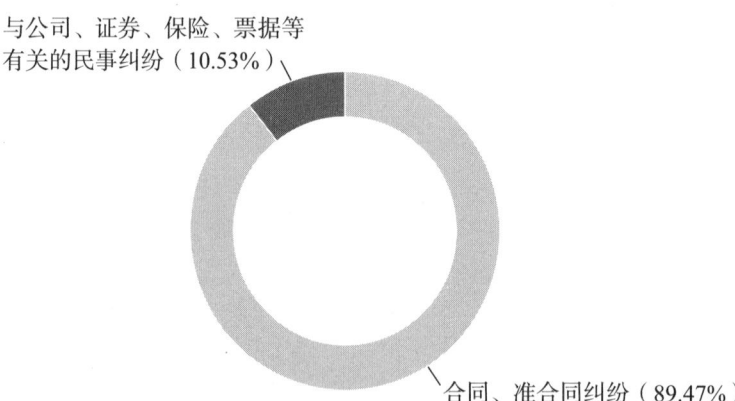

图5-4 案件案由分类情况

二、可供参考的例案

例案一｜大某药业有限公司与本某药业集团有限公司合同纠纷案

【法院】

最高人民法院

【案号】

（2019）最高法民申1897号

【当事人】

再审申请人（一审被告、二审上诉人）：本某药业集团有限公司

法定代表人：吴某某，董事长

再审被申请人（一审原告、二审被上诉人）：大某药业有限公司

法定代表人：虞某某，董事长

【基本案情】

2015年4月20日，本某药业集团有限公司（以下简称本某公司）与大某药业有限公司（以下简称大某公司）签订《分销合同》。2015年5月6日至9月23日，大某公司与本某公司先后签订了17份《本某药业集团有限公司销售合同》（以下简称《销售合同》），销售给大某公司599,576瓶细菌溶解物。后因涉案细菌溶解物疑似存在质量或者安全隐患，导致大某公司的合同目的不能实现。国家食品药品监督管理总局（以下简称国家食药监总局）发布的《关于停止进口脑蛋白水解物注射液等4个药品的公告》中写明，涉案细菌溶解物的实际生产工艺与注册工艺不一致，实验室存在数据完整性问题，生产过程存在交叉感染的风险，责令企业召回。随后，国家食药监总局召开专题会议对案涉细菌溶解物召回工作进行部署研究，认为本某公司销售的细菌溶解物存在质量问题，应进行召回。

双方对于是否能够因案涉细菌溶解物存在质量或者安全隐患，导致大某公司的合同目的不能实现而解除合同和是否能够因国家食药监总局发布《关

于停止进口脑蛋白水解物注射液等4个药品的公告》而适用情势变更规则进而解除《分销合同》这两项争议焦点持不同意见。

【案件争点】

《分销合同》是否可适用情势变更规则予以解除？

【裁判要旨】

一审法院认为：本某公司提供的《药品注册批件》《检验报告》等证据均在《关于停止进口脑蛋白水解物注射液等4个药品的公告》之前，国家食药监总局发布的该公告已经明确认定涉案细菌溶解物的生产过程违反了《中华人民共和国药品管理法》等有关法律规定。故法院确认涉案细菌溶解物的生产过程违反了《中华人民共和国药品管理法》及相关规定，存在安全隐患。由于涉案细菌溶解物是《分销合同》标的物，故大某公司主张涉案合同标的物存在安全隐患，无法实现合同目的，诉请解除《分销合同》理由充分、于法有据，法院予以支持。

二审法院认为：该案中《分销合同》的标的物即细菌溶解物因实际生产工艺与注册工艺不一致，实验室存在数据完整性问题，生产过程存在交叉污染的风险，不符合《药品生产质量管理规范》的要求，违反了《中华人民共和国药品管理法》第9条及《药品注册管理办法》第84条第2款的规定，已被国家食药监总局认定存在安全隐患，停止进口并责令召回。该案中，本某公司已对涉案产品作封存处理并上报行政监管部门，大某公司对涉案产品的推广及销售工作实际已无法进行，其与本某公司订立《分销合同》之目的不能实现，依据双方合同约定及《中华人民共和国合同法》第148条和第94条规定，大某公司可以解除涉案合同。

再审法院认为：根据《合同法司法解释（二）》第26条[①]的规定，情势变更规则适用于合同成立以后客观情况发生了当事人在订立合同时无法预见的

[①] 《最高人民法院关于适用〈中华人民共和国合同法〉若干问题的解释（二）》已于2021年1月1日被废止。该解释第26条规定情势变更规则，现规定于《中华人民共和国民法典》第533条。

重大变化。由于双方当事人在《分销合同》中已对产品质量问题的责任承担进行了约定,这说明其在订立合同时并非无法预见涉案细菌溶解物的质量问题,故《分销合同》不应适用情势变更规则予以解除。

例案二 | 光某有限公司与秋某环境工程有限公司其他合同纠纷案

【法院】

上海市高级人民法院

【案号】

(2020)沪民申338号

【当事人】

再审申请人(一审被告、二审上诉人):光某有限公司

法定代表人:王某某,董事长

再审被申请人(一审原告、二审被上诉人):秋某环境工程有限公司

法定代表人:瞿某某,执行董事

【基本案情】

2016年9月18日,秋某环境工程有限公司(以下简称秋某公司)与光某有限公司(以下简称光某公司)签订《合作协议书》。双方约定由秋某公司在××奶牛场内投资建设粪污水处理设施工程,并按政府相关标准处理粪污,光某公司配合秋某公司实施工程建设并向秋某公司支付相应的粪污水处理费用。2017年6月,工程经专业检测机构采样检测通过,完成验收工作,进入正式运营。

2017年5月4日,上海市南某镇人民政府、上海市书某镇人民政府向光某公司发出《关于尽快关闭××奶牛场的函》。2017年8月31日,上海市书某镇人民政府作出专题会议纪要,要求光某公司必须在2017年9月10日前完成奶牛场的搬离工作。

2017年9月26日,秋某公司通过电子邮件向光某公司发出《××奶牛场粪污水处理合作项目终止协议》拟稿。该终止协议提到,因相关政府部门要求,

光某公司对奶牛场实施退养，造成原协议无法继续履行，秋某公司表示理解，双方就合作项目商议形成终止协议；光某公司应向秋某公司支付相应的基础粪污水处理费用和粪污水处理设施工程投资补偿费用，秋某公司于协议签订后30个工作日内自行拆除××奶牛场粪污水处理项目设备等。

2017年10月18日，秋某公司向光某公司发送了修改后的终止协议，该份协议对2017年9月26日的终止协议中基础粪污水处理费用的起算日期进行了修改，但最终双方未签署终止协议。

2018年2月26日，秋某公司发电子邮件给光某公司，表示希望就××奶牛场粪污水处理合作项目和光某公司再次协商，秋某公司建议以项目投资补偿的方式终止协议，并向光某公司发送附件《终止协议》及《搬迁方案及预算》。双方之后未就此达成一致。

2018年11月29日，秋某公司委托律师向光某公司发函，通知光某公司自函件发出之日解除《合作协议书》，光某公司应在收函7日内支付秋某公司基础粪污水处理费用及投资补偿费用。光某公司于次日签收，但光某公司签收后置之不理，秋某公司遂诉至法院要求支付拖欠的粪污水处理费用及补偿费用。

【案件争点】

光某公司对奶牛场关闭是否有预见可能性以及本案是否应当适用情势变更规则？

【裁判要旨】

一审法院认为：根据光某公司提供的有关政府文件，奶牛场被关停的原因在于其存在十分突出的环境污染问题，责任在于光某公司。秋某公司与光某公司在签订《合作协议书》时即面临光某公司奶牛场粪污未经有效处理、环保压力较大等客观情况，光某公司在订立合同时应有所预见。光某公司辩称其奶牛场关停系政府政策调整导致，属于情势变更，其不应承担违约责任，无相应依据，一审法院不予采纳。

二审法院认为：光某公司在与秋某公司签订《合作协议书》时，已经面临奶牛场粪污未经有效处理、环保压力较大等客观情况，且从协议第3条第8

款关于如遇光某公司产业调整停止养殖或政府规划动迁，则光某公司应对秋某公司进行补偿的约定来看，光某公司在签订协议时应当知道奶牛场存在被关闭动迁的可能性，故奶牛场搬迁不属于不可归责于协议当事人的情形。因此，该案不适用情势变更规则，光某公司关于该案应适用情势变更规则的上诉理由缺乏事实和法律依据，法院不予采纳。

再审法院认为：从《合作协议书》内容来看，第3条第8款明确约定的"产业调整停止养殖或者政府规划动迁"情形，客观上都会导致奶牛场关闭，因此光某公司所称对奶牛场关闭无法预见的申请理由不能成立。环保政策调整时间与《合作协议书》签订时间的先后并不影响该案法律适用，该案情形仍属于商业风险，原审法院对光某公司要求适用情势变更规则的请求不予支持，法院予以认同。

例案三 | 东某建筑安装工程公司与荣某房地产开发有限公司、荣某房地产开发有限公司哈密分公司建设工程施工合同纠纷案

【法院】

最高人民法院

【案号】

（2015）民申字第204号

【当事人】

再审申请人（一审原告、反诉被告，二审上诉人）：东某建筑安装工程公司

法定代表人：柴某某，总经理

再审被申请人（一审被告、二审上诉人）：荣某房地产开发有限公司

法定代表人：王某某，总经理

再审被申请人（一审被告、反诉原告，二审上诉人）：荣某房地产开发有限公司哈密分公司

负责人：徐某某，哈密分公司经理

【基本案情】

2007年10月28日，东某建筑安装工程公司（承包方，以下简称东某公司）与荣某房地产开发有限公司哈密分公司（发包方，以下简称荣某哈密分公司）通过招投标程序分别签订了两份《建设工程施工合同》。合同价款采用固定价格方式确定，合同价款中包括的风险范围有安全因素和物价上涨因素。风险范围以外合同价款调整方法：1.设计变更以及施工图以外的项目；2.现场地质问题以及工程签证。合同价款的其他调整因素：设计变更、工程签证、因发包人要求增减的工程量，以及发包人确定的指定工程任务量总价3%的配合费用，以上经工程师签字确定后计入工程价款调整。荣某哈密分公司（甲方）分别与东某公司（乙方）签订六份《协议书》，《协议书》约定了上述房屋的建筑面积及各栋楼每平方米的造价，总造价为51,041,837.8元。《协议书》中有关工程造价的条款约定，设计变更、隐蔽工程及经监理甲方签证认可其他施工项目内容，在总造价内多退少补，执行本工程竣工决算时哈密相关调差政策，已定造价，不再调差。

双方签订《建设工程施工合同》和《协议书》后，各承包人即以东某公司的名义进行各自承包楼房的施工。至2007年冬休时，15栋楼均已完成地下室的施工。2008年春季复工后，各承包人与荣某哈密分公司因工程款的支付、建材上涨是否调差、劳务纠纷等问题产生矛盾，停工现象时有发生，经第十三师劳动及建设部门多次协调，基本维持施工秩序。施工中，荣某哈密分公司向东某公司支付了部分工程款，东某公司于2008年7月22日至7月24日向荣某哈密分公司出具4张收据，收到工程款20,131,639.46元。2008年11月14日至12月5日，涉案工程陆续交工验收，其中11号、12号、15号楼虽已交付使用，但至今未办理竣工验收手续。2009年12月2日，东某公司将其制作的《工程结算书》送达荣某哈密分公司要求结算，由于对涉案工程总价款的确定、是否适用调差、已付款的金额等问题产生分歧，双方未能自行结算。东某公司提起诉讼，2013年3月12日荣某哈密分公司增加反诉请求，要求东某公司返还超付的工程款6,356,382.5元。

【案件争点】

本案是否可以根据情势变更规则进行调差？

【裁判要旨】

一审法院认为：首先，依据《最高人民法院关于审理建设工程施工合同纠纷案件适用法律问题的解释》①第16条第1款的规定："当事人对建设工程的计价标准或者计价方法有约定的，按照约定结算工程价款"。该案东某公司、荣某哈密分公司在合同中约定按固定价结算工程款，表明双方对工程的计价标准有约定，应按该约定结算。其次，双方约定按固定价结算，表明双方在签约时对建筑材料价格变化的风险已有预见，并愿意承担，且双方在施工合同及协议书中均约定了材料价格上涨的风险条款。虽然，此后第十三师劳动及建设部门组织双方对调差问题进行了多次协商，但双方并未对调差达成一致意见。东某公司要求调差，也不符合合同变更的原则。东某公司以材料上涨，超出订约时的预期为由，要求依据自治区建设厅的调差文件进行调差，但对材料上涨的具体范围及幅度未提供证据予以证实，其调差的请求亦不符合该调差文件第4条所应具备的调差条件及程序。综上，东某公司请求对工程主要材料、人工费进行调差，无事实和法律依据，该院不予支持。

二审法院认为：《合同法司法解释（二）》第26条规定："合同成立以后客观情况发生了当事人在订立合同时无法预见的、非不可抗力造成的不属于商业风险的重大变化，继续履行合同对于一方当事人明显不公平或者不能实现合同目的，当事人请求人民法院变更或者解除合同的，人民法院应当根据公平原则，并结合案件的实际情况确定是否变更或者解除。"该规定明确了情势变更的构成条件之一是须为当事人所不能预见的情势。但在该案中，双方当事人在签订合同时对价格的风险已经预见到，因此，该案不符合情势变更的规定。一审法院对东某公司要求对工程价款调差的诉讼请求不予支持合法有据，并无不当。

---

① 此文件已失效。

三、裁判规则提要

（一）不可预见性等于不可归责性

情势变更事实的发生应当具有不可预见性，法官在认定情势变更是否成立时应当考虑当事人对主观上未能预见之事的发生是否具有可归责性。对于"不能预见"的认定标准，为了避免法官的自由裁量权过大而影响法的安定性，应当坚持社会一般人的客观标准而非特定合同当事人的主观标准。但是，如果当事人因具有特定身份而应当能够预见到此种情势发生，且此种特定身份在订立合同时已为相对人所知晓并成为其订立合同的理由之一，则应当将其特定身份纳入考量因素，此时对于"不能预见"不再采用社会一般人的客观标准。例如，某种客观情况发生的可能性虽不为一般人所知，但是应当为特定行业的从业人员所了解的，此时就无法成立情势变更。如果合同因此而无法履行或不适宜履行，违约方应当承担违约责任。

（二）可预见的风险或者在订立合同时已经纳入考虑范围的事项属于商业风险

商业风险是指在进行商业活动时因很多不确定因素所引发的一种，会给商业主体带来利益机会丧失或者使其遭受损失的客观经济现象。理论上有主观意义上的商业风险以及客观意义上的商业风险之分。① 从客观意义上的商业风险来说，情势变更事项与商业风险是存在交叉地带的，而《民法典》第533条所指的商业风险应当是主观意义上的商业风险即狭义的商业风险。如果说特定事项的发生已经被当事人预见或者在订立合同时已经被纳入考虑范畴，

---

① 韩世远教授在理论上将商业风险概括成主观与客观意义上的商业风险，前者即为通过评价同时被归结成特定主体的不利益；后者即为某种外在的、客观的危险，也就是与其相关的不利益不应该归结到某个特定合同主体。参见韩世远：《合同法总论》，法律出版社2018年版，第499页。

那么便将其评价成特定主体的不利益,就属于商业风险而非情势变更。

梳理既有案例和论著,可以发现情势变更与商业风险的区分可从如下方面展开:

其一,可预见性。可预见性是指当事人在缔约时对于发生该客观情况的预见程度大小。物价的涨落、币值和汇率的浮动以及市场的兴衰等因素都会带来商业风险及情势变更。可见,引发商业风险和情势变更的因素可能相同,因此,区分商业风险和情势变更的关键在于该客观情况所导致的后果差异,所以可预见性不仅仅是指对于引起客观情况发生的原因有所预见,更是指对于客观情况发生所导致的结果有合理的预见。严格来说,要判断此结果对于当事人来说是否应当被合理预见必须采取主观标准,即要以特定合同当事人缔约时的预见情况为据。但是,在司法实践中过度主观化的裁判标准不仅会带来产生法官滥用自由裁量权的隐患,也会产生道德风险,即当事人在缔约时已经预见到该风险的存在,但为了避免责任承担而故意说其无法预见。因此,应当采取客观化的标准,以特定交易背景、行业、年龄等特定情境下一个理性人的预见能力为考察标准,同时结合个案中的具体因素进行综合判断,以实现实质正义。

其二,可承担性。可承担性是指当事人对于该风险是否能够承受。在运用客观化标准进行判断时,可承担性应当得到充分的重视,可以将可能发生的合同风险划分成当事人能够预见的合同风险、当事人难以预见的合同风险、当事人能够承担的合同风险、当事人难以承担的合同风险。对于当事人可以预见且可以承担的合同风险以及当事人不可预见且不可承担的合同风险的定性难度和争议不大,但是对于当事人可以预见但是不能承担的风险以及当事人不可预见但是可以承担的风险如何定性?分析发现,当事人可以预见但无法承担的合同风险应当不属于主观意义上的商业风险,因为在此种情况下当事人虽然可以预见该风险发生的可能性但对于该风险所引发的后果并没有合理的预见,因为一个理性的人是不会接受自己无法承担的风险的。当然,此种情形应当与后文论及的获益性标准一起考虑,从交易中可获取的收益越高,当事人应当承担的风险往往越大。另外，当事人不能预见却能够承担的风险不能够被认定为情势变更事项，毕竟情势变更事项一定得是会导致合同履行显失公平的风险，而当事人无法预见但是在其承担范围内的风险不会导致显失公平的结果，因此这种风险应当被认定为主观意义上的商业风险。

其三，获益性。获益性是要求我们在认定某种客观情形的发生是否属于主观意义上的商业风险时，应当参考特定交易行为的收益。在商业活动中，风险与收益往往是正相关的，高收益的交易往往面临着高风险，因此可承担性的判断必须与获益性相结合，收益越高则其可承担的风险也越大。因而高收益行业适用情势变更规则的可能性应当加以合理限缩。例如，股票交易对于大多数人而言本就是一种类似于赌博的活动，当事人将其获益的可能性寄托于特定公司的业绩以及股票价格的市场波动，而股票的市场价格呈现过山车式波动是从事股票交易的人应当意识到的，当事人往往也希望利用此种价格波动来获得高额的收益。因此，对于这样的高风险高收益行业，即使是国家相关政策出台导致市场价格出现大幅波动，也不应当将此轻易认定为情势变更事项。

其四，影响范围的广泛性。如前所述，主观意义上的商业风险可以归结为特定当事人的不利益商业风险，而情势变更事项则无法由特定当事人承担，因此客观情况引发的影响范围也是区分情势变更事项与主观意义上的商业风险的一个判别标准。通常来说情势变更事项的影响范围具有广泛性，其对于某一特定领域的一系列相关交易、一系列交易的当事人都会产生影响，而仅影响特定当事人的情形通常应当是主观意义上的商业风险。

（三）对于当事人可预见的事项或者虽不能预见但是可以承受的事项，不宜适用情势变更规则

如前所述，当事人对于特定事项的发生倘若可以预见（包括预见该事项的发生以及可能引发的后果），那么该事项的发生属于商业风险。如果虽然不能预见但是可以承受该事项的结果，那么该事项的发生并不会导致显失公平的结果，也无从适用情势变更规则。

四、关联规定

《民法典》

第533条 合同成立后,合同的基础条件发生了当事人在订立合同时无法预见的、不属于商业风险的重大变化,继续履行合同对于当事人一方明显不公平的,受不利影响的当事人可以与对方重新协商;在合理期限内协商不成的,当事人可以请求人民法院或者仲裁机构变更或者解除合同。

人民法院或者仲裁机构应当结合案件的实际情况,根据公平原则变更或者解除合同。

情势变更裁判规则第6条：
客观情况发生变化后双方当事人已经就此达成补充协议的，不适用情势变更规则

> 〔规则描述〕当情势变更事项导致合同成立所依赖的客观基础已经发生变更时，如果双方当事人对此又达成补充协议，对如何继续履行合同进行了明确约定，就表明当事人对合同履行过程中发生的有关变化以及由此带来的影响已经作出判断并就相关事宜的变更达成了合意，此时不再适用情势变更规则。

一、类案检索大数据报告

时间：2021年4月9日之前，案例来源：Alpha数据库，案件数量：65件，数据采集时间：2021年4月9日，检索关键词：情势变更发生；达成补充协议；情势变更。经排除无关案例后，本次检索获取了2021年4月9日前共65份裁判文书，其中支持客观情况发生变化后双方当事人已经就此达成补充协议的，仍可适用情势变更规则的案件有23件，占比35.38%；不支持客观情况发生变化后双方当事人已经就此达成补充协议的，仍可适用情势变更规则的案件有42件，占比64.62%。检索整体情况如图6-1所示：

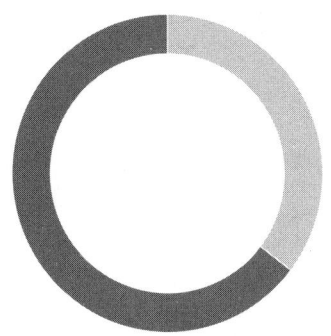

■ 支持适用情势变更原则（占比35.38%）　■ 不支持适用情势变更规则（占比64.42%）

图6-1　是否支持客观情况发生变化后适用情势变更规则

如图6-2所示，从案件年份分布情况可以看出当前条件下案例数量的变化趋势。

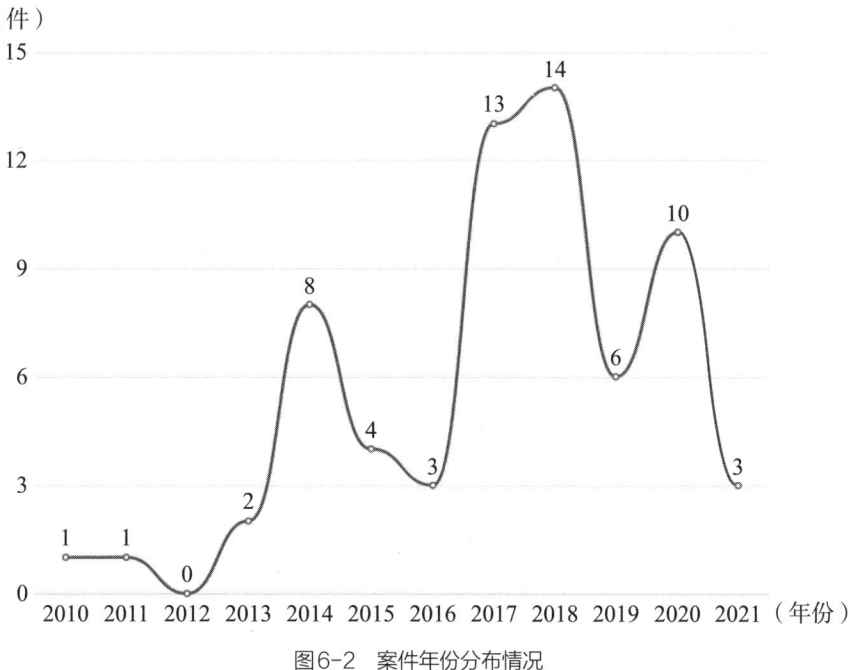

图6-2　案件年份分布情况

如图6-3所示，从案件地域分布情况来看，当前案例主要集中在上海市、天津市、北京市、广东省和山东省，其中上海市的案件量最多，达到8件。

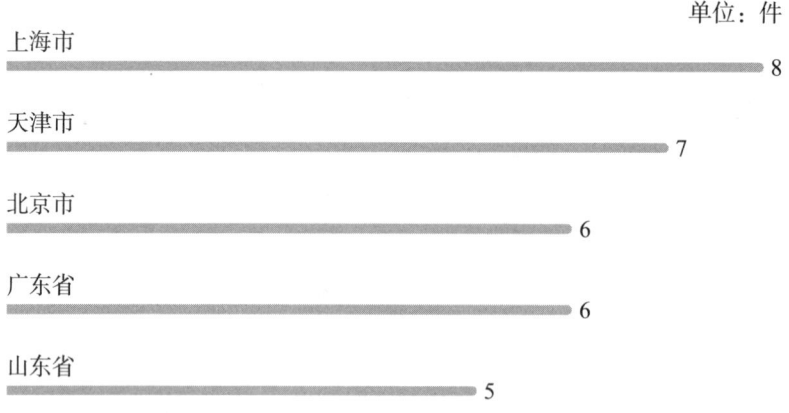

图6-3 案件主要地域分布情况

如图6-4所示,从案件案由分类情况可以看出,当前最主要的案由首先是合同、准合同纠纷,有56件,占一半以上;此后依次是与公司、证券、保险、票据等有关的民事纠纷,劳动争议、人事争议和历史案由。

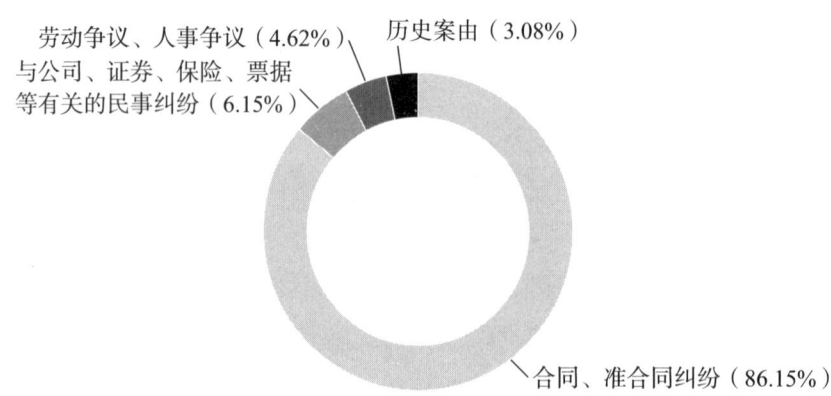

图6-4 案件案由分类情况

二、可供参考的例案

例案一 | 某部南海救助局与格某投资公司、安某有限公司上海代表处海难救助合同纠纷案

【法院】

最高人民法院

【案号】

（2016）最高法民再61号；指导案例110号

【当事人】

再审申请人（一审原告、二审被上诉人）：某部南海救助局

法定代表人：林某某，局长

再审被申请人（一审被告、二审上诉人）：格某投资公司

代表人：乔治·巴某某，董事长

一审被告：安某有限公司上海代表处

代表人：何某某，首席代表

【基本案情】

格某投资公司（以下简称投资公司）所属"加某利"轮系油轮载有卡宾达原油54,580吨，自香港开往广西钦州，船上船员共26人。2011年8月12日5时左右，该轮在琼州海峡北水道6#灯浮附近搁浅，左侧上有3度倾斜，船首尖舱在水位线下已出现裂痕且已有海水进舱，船舶及船载货物处于危险状态，严重威胁海域环境安全。事故发生后，投资公司立即授权安某有限公司上海代表处（以下简称上海代表处）就"加某利"轮搁浅事宜向某部南海救助局（以下简称南海救助局）发出紧急邮件，请南海救助局根据经验安排两艘拖轮进行救助，并表示同意南海救助局的报价。

2011年8月12日，上海代表处通过电子邮件向南海救助局提交委托书，委托南海救助局派出"南海救116"轮和"南海救101"轮到现场协助"加某

利"轮出浅,承诺无论能否成功协助出浅,均同意按每马力小时3.2元的费率付费,计费周期为拖轮自其各自的值班待命点备车开始起算至上海代表处通知任务结束、拖轮回到原值班待命点为止。"南海救116"轮和"南海救101"轮只负责拖带作业,"加某利"轮脱浅作业过程中如发生任何意外南海救助局无须负责。另,上海代表处委托南海救助局派遣一组潜水队员前往"加某利"轮探摸,费用为陆地调遣费10,000元、水上交通费55,000元、作业费每8小时40,000元。

与此同时,为预防危险局面进一步恶化造成海上污染,湛江海事局决定对"加某利"轮采取强制过驳减载脱浅措施。经湛江海事局组织安排,8月17日,中某发展股份有限公司油轮公司所属"丹某"轮对"加某利"轮上的原油进行了驳卸。18日,"加某利"轮利用高潮乘潮成功脱浅,之后安全到达目的港广西钦州港,驳卸的原油由"丹某"轮运抵目的港。南海救助局受投资公司委托派出"南海救116"轮、"南海救101"轮、"南海救201"轮以及一组潜水队员前往事故现场提供救助、交通、守护等服务,依双方约定,共产生救助费7,240,998.24元,但投资公司一直未予支付遂诉至法院。

【案件争点】

本案救助方案由此前的拖带作业、探摸作业变更为过驳减载是否符合情势变更情形?

【裁判要旨】

一审法院认为:搁浅事故发生后,投资公司的代理人上海代表处向南海救助局发出邮件,要求南海救助局安排两艘拖轮进行救助并称同意南海救助局的报价。此外,上海代表处通过邮件向南海救助局提交委托书,约定了救助所使用的船舶、人力(潜水员)及报酬计付标准等。从往来邮件来看,投资公司与上海代表处对"加某利"轮当时的危险状况是清楚的,上海代表处与南海救助局对相关费率等问题经过了充分的讨论,该案不存在重大误解及乘人之危情形。依照《中华人民共和国海商法》第175条第1款关于"救助方与被救助方就海难救助达成协议,救助合同成立"之规定,南海救助局与投资公司之间救助合同成立,该合同并未违反现行法律、法规的强制性规定,合法有效,当事人双方应依约履行。

二审法院认为:南海救助局与投资公司通过电子邮件磋商签订救助合同的过程中,"加某利"轮处于危险境地,"加某利"轮船东即委托相关领域专业人士参与研究确定救助方案,船东互保协会以及船方亦共同委托了专业律师及航海专业人士参与救助方案的确定及涉案合同的订立。上海代表处作为船东代表具体参与了涉案救助合同的谈判与订立。上海代表处与南海救助局的多次邮件往来可证明,投资公司对涉案事故的现场情况充分知悉,对涉案救助作业具有足够的专业认知,其在已选择过驳减载脱浅方案的情形下,与南海救助局经充分协商,最终订立了该案合同,同意南海救助局的合同报价,投资公司所称的对涉案合同的订立存在重大误解,二审法院不予支持。

再审法院认为:《合同法司法解释(二)》第26条规定:"合同成立以后客观情况发生了当事人在订立合同时无法预见的、非不可抗力造成的不属于商业风险的重大变化,继续履行合同对于一方当事人明显不公平或者不能实现合同目的,当事人请求人民法院变更或者解除合同的,人民法院应当根据公平原则,并结合案件的实际情况确定是否变更或者解除。"该案救助方案的调整并非基于客观情况的重大变化,而是包括当事人在内的相关方协商讨论的结果,且合同的继续履行对于投资公司并非明显不公平或者不能实现合同目的,救助方案的调整并不属于法律意义上的情势变更。投资公司以此主张降低约定的费率和费用,缺乏事实和法律依据,法院不予支持。

例案二 | 圣某房地产开发有限公司、圣某房地产开发有限公司延安分公司与某油田股份有限公司川口采油厂商品房销售合同纠纷案

【法院】

最高人民法院

【案号】

(2015)民一终字第179号

【当事人】

上诉人（一审原告）：圣某房地产开发有限公司延安分公司

负责人：赵某某，董事长

被上诉人（一审被告）：某油田股份有限公司川口采油厂

负责人：刘某某，厂长

【基本案情】

2006年12月24日，某油田股份有限公司川口采油厂（以下简称某川口采油厂）为了解决职工住房，以团购的形式与圣某房地产开发有限公司延安分公司（以下简称圣某延安公司）签订《商品房买卖合同》，约定购买圣某延安分公司"丽某花园"360套住宅房屋。此后，双方于2007年5月25日和2009年9月24日各签订了一份补充协议。

2010年1月8日，双方座谈并形成《会议纪要》，主要内容为：由于实际建筑面积的增加及在建设过程中原材料涨价、工人工资增加等，预付款已不能满足楼房的正常建设，导致工程无法按期完成。经圣某房地产开发有限公司（以下简称圣某公司）申请，由油田股份公司基建工程部、油田股份公司审计部、某川口采油厂参加对工程存在的问题及解决方法进行协商，达成共识、形成纪要如下：一、同意追加相关费用（1084.89万元）；二、为了加快工程进度，经会议研究决定由某川口采油厂将工程进度款支付到工程总造价的90%，即11,312万元（已支付10,587万元）。于2010年2月再支付725万元，其余款项待竣工验收结算后按合同支付。三、圣某房地产开发有限公司必须保证该工程于2010年5月15日完成，并向某川口采油厂交付住房钥匙。四、圣某房地产开发有限公司提出暖气配套费需提供相关政策性文件后另行协商。

2012年1月16日，因圣某公司拖欠承建方工程款，为支付该款项，加快工程进度，经双方协商，某川口采油厂又与圣某延安分公司签订商铺买卖合同，合同签订后，某川口采油厂先后向圣某公司及圣某公司委托单位付款共计41,045,443元。2012年9月27日、10月11日，圣某公司两次向某川口采油厂发出通知，要求协商处理丽某花园9号楼、10号楼有关事项，解决买卖合同价款之外的国家税金、质保金及其他费用和房屋顺利交接问题。2012年11月2日，某川口采油厂复函答复认为，对圣某公司要求支付的相关费用拒绝接受，要求圣某公司尽快交房，否则，后果由其公司承担。该案争议的房屋于2012年11月12日经五部门验收合格。双方因房屋交付问题及剩余购房款交付等问题发生争议诉至法院。

另外，2007年至2009年，由于建筑市场劳务实际价格和建筑材料增长幅度较大，陕西省建设厅分别发出陕建发〔2007〕232号《关于调整房屋建筑和市政设施基础工程、工程量清单计价安全文明措施费及综合人工单价的通知》（以下简称陕建发〔2007〕232号文件）和陕建发〔2009〕3号《关于主要建筑材料价格风险约定及调整的通知》（以下简称陕建发〔2009〕3号文件），对陕西省建筑市场的相应问题作出规范和调整。

【案件争点】

本案合同履行中是否存在情势变更的情形？

【裁判要旨】

一审法院认为：情势变更是指合同有效成立后，因不可归责于双方当事人的事由发生重大变化而使合同的基础动摇或者丧失，若继续维持合同会显失公平，因此允许变更或解除合同的原则。该案中，情势变更的客观事实及合同履行的客观环境虽然发生变化，钢材价格及人工成本费上涨，但双方在签订补充协议、协议、会议纪要及商铺买卖合同时已达成共识，并通过提前付款、增加设计变更等相关费用约定明确，应当依据双方约定承担相关费用。关于圣某公司及圣某延安分公司主张因政府政策发生变化给其公司增加的电力配套费3,015,496元、供暖增容费3,639,392元，该主张虽然符合情势变更的情形，但圣某公司及圣某延安分公司仅提供了延安市人民政府〔2011〕71号文件、延安市人民政府〔2008〕第18号常务会议纪要、2013年延安市热力公司集中供热方案及其他票据，而未提供其已向政府部门缴纳电力配套费及供暖增容费的凭证。故圣某公司及圣某延安分公司主张电力配套费及供暖增容费尚未实际发生。

二审法院认为：对于圣某公司及圣某延安分公司所称的因情势变更导致房屋售价过低构成显失公平的问题。在案涉房屋建设主体工程已经完成的情况下，当事人于2010年1月8日达成会议纪要，对如何继续履行合同进行了明确约定，表明当事人对合同履行过程中发生的有关变化以及由此带来的影响已经作出判断并就相关事宜的变更达成了合意，某川口采油厂据此支付了相应的购房款，圣某公司及圣某延安分公司按照约定应于2010年5月15日"交付住房钥匙"，但其迟迟未能依约履行，故该案并不存在适用情势变更的前提条件。

圣某公司及圣某延安分公司提供的陕西省建设厅陕建发〔2007〕232号文件、陕建发〔2009〕3号文件、延安市房屋征收管理局《关于印发2012年城市规划区各类区房屋征收市场评估参考价格》以及委托中介机构的评估价格等证据，并不能证明该案存在情势变更的情形，也不能证明按照约定价格履行将导致显失公平的结果。因此，圣某公司及圣某延安分公司所称的因情势变更导致房屋售价过低构成显失公平的理由不能成立，当事人应当根据诚实信用原则，按照涉案商品房买卖合同、补充协议以及会议纪要等的约定继续履行。

三、裁判规则提要

（一）针对已经变化的情势，若双方当事人达成新的合意的，表明已经履行再交涉义务

情势发生变化后，当事人又达成新的补充协议的，意味着双方当事人已经对这种情势变化对合同履行产生的影响进行了考虑并采取了应对措施。根据《民法典》第533条的规定可知，此时双方当事人已经履行了再交涉义务。

实践中，再交涉义务的履行往往是首先由受到不利影响的一方当事人提

出，其为了不迟延履行债务而与对方重新磋商，同时对方当事人也应该诚信地与其就合同条款的变更在新的合同基础上进行协商。再交涉义务对于受不利影响的当事人来说既是权利又是义务，作为权利体现在其可以请求对方当事人诚信地与其进行交涉，作为义务体现在其本人也应当诚信地与对方进行交涉。同时，应当明确的是再交涉义务是为约束合同双方当事人而设定的行为义务，而非结果义务，即当事人只要依照诚实信用原则善意地进行磋商即可，而无达成补充协议之义务。

为了更好地发挥再交涉机制在解决情势变更中的作用，应当对于违反再交涉义务的后果予以明确。然而，从审判实践中可以看出，当一方违反再交涉义务时并没有相对应的责任机制，没有救济的权利会沦为纯粹的道德权利而失去其本应有的功能。

（二）当事人通过履行再交涉义务调整了原合同关系的，不再适用情势变更规则

如果当事人已经通过再交涉义务的履行，对原法律关系的内容作出了针对新情势变化的调整，那么此时由原合同和新补充协议组成的新的法律关系内容，已经是建立在新的情势基础之上，对相关风险和收益进行的再调整，除非再发生新的情势变化，否则不得再适用情势变更规则。实际上发生情势变更时由当事人通过再交涉义务的履行去变更合同条款与通过诉讼由法院判决变更、解除合同相比，更能体现意思自治原则，同时由当事人通过协商针对变化了的情势进行权利义务的调整，不仅节省司法资源、富有效率，也有利于纠纷的平息。

四、关联规定

《民法典》

第533条 合同成立后，合同的基础条件发生了当事人在订立合同时无

法预见的、不属于商业风险的重大变化，继续履行合同对于当事人一方明显不公平的，受不利影响的当事人可以与对方重新协商；在合理期限内协商不成的，当事人可以请求人民法院或者仲裁机构变更或者解除合同。

人民法院或者仲裁机构应当结合案件的实际情况，根据公平原则变更或者解除合同。

情势变更裁判规则第7条：

合同履行障碍事实的发生可归责于当事人的，该方当事人不得主张适用情势变更规则

〔规则描述〕情势变更，指作为合同订立基础条件的客观情况，发生了合同订立时无法预见且不属于商业风险的重大变化，继续按原合同内容履行将导致明显不公平的后果。情势变更规则突破契约严守原则的正当性在于，该客观情况的重大变化，不能为任何一方当事人所预见和控制，但如果能够归责于当事人的故意或者过失行为，那么即使继续按原合同履行会对其显失公平，也不能适用情势变更规则来使其得以解脱。

一、类案检索大数据报告

时间：2021年4月9日之前，案例来源：Alpha数据库，案件数量：120件，数据采集时间：2021年4月9日，检索关键词：可归责；不构成情势变更/不适用情势变更。经排除无关案例后，本次检索获取了2021年4月9日前共120份裁判文书，其中支持合同履行障碍事实的发生可归责于当事人的，该方当事人不得主张适用情势变更规则的案件为120件，占比100%。从是否支持"合同履行障碍事实的发生可归责于当事人的，该方当事人不得主张适用情势变更规则"裁判思路的比例来看，检索到的所有判决或裁定均支持这一观点。检索整体情况如图7-1所示：

■ 支持当事人不得主张适用情势变更规则（占比100%）

图7-1　是否支持当事人不得主张适用情势变更规则

如图7-2所示，从案件年份分布情况可以看出当前条件下案例数量的变化趋势。

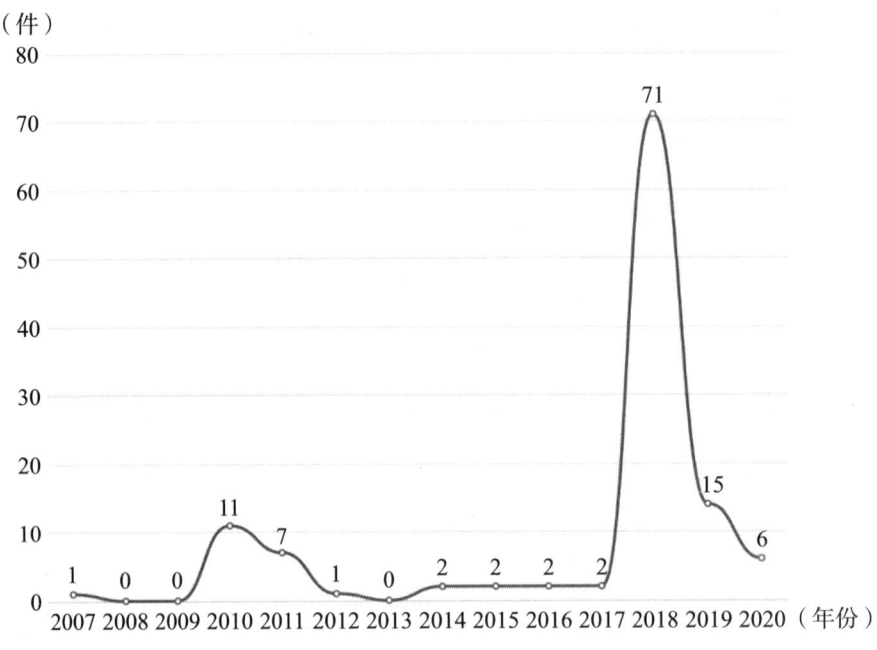

图7-2　案件年份分布情况

如图7-3所示，从案件地域分布情况来看，当前案例主要集中在江苏省、浙江省，其中江苏省、广西壮族自治区、山东省、广东省的案件量最多，达到83件。

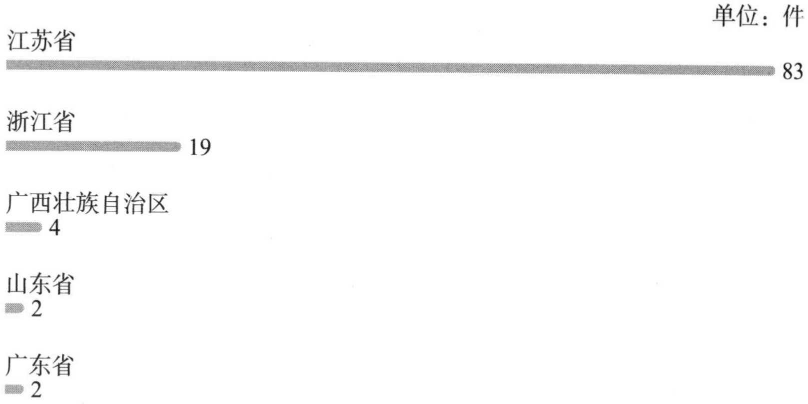

专题一 情势变更的认定

单位：件

江苏省　　　　　　　　　　　　　　　　　83
浙江省　　　　19
广西壮族自治区　4
山东省　2
广东省　2

图7-3　案件主要地域分布情况

如图7-4所示，从案件案由分类情况可以看出，当前最主要的案由首先是合同、准合同纠纷，有119件，占绝大多数；其次是知识产权与竞争纠纷。

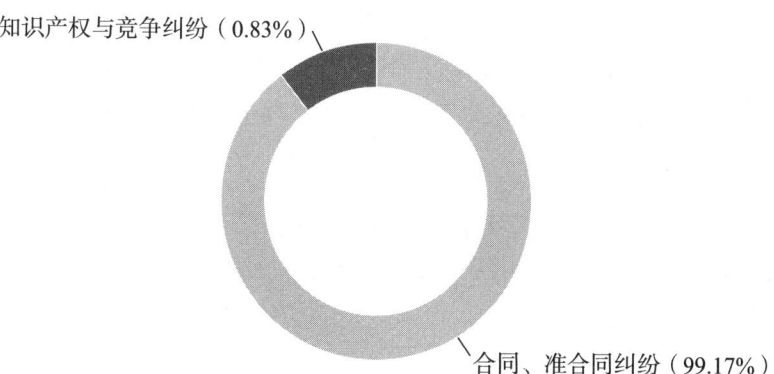

图7-4　案件案由分类情况

二、可供参考的例案

例案一｜浩某船务有限公司与七某港船业有限公司船舶建造合同纠纷案

【法院】

最高人民法院

【案号】

(2013)民提字第71号

【当事人】

再审申请人(一审原告、反诉被告,二审上诉人):浩某船务有限公司

法定代表人:余某某,总经理

再审被申请人(一审被告、反诉原告,二审上诉人):七某港船业有限公司

法定代表人:林某某,总经理

一审被告:陈某某

【基本案情】

2007年12月3日,陈某某代表七某港船业有限公司(以下简称七某港公司)与浩某船务有限公司(以下简称浩某公司)签订《建造船舶合同书》,约定:七某港公司为浩某公司建造一艘散货船,浩某公司分期支付价款并于交船、办好所有权证书时一次性付清余款,若浩某公司逾期付款,七某港公司有权推迟交船。

浩某公司于约定的交船日期前,尚欠七某港公司到期价款1990万元。次贷金融危机发生后,2009年9月6日,七某港公司将涉案船舶卖给案外人新某航公司,案发前已投入营运。

2010年,浩某公司认为金融危机不可预见且七某港公司推迟交船,继续履行合同对其不公平,即以情势变更为由,起诉要求解除合同并要求七某港公司承担违约责任。七某港公司则以浩某公司支付价款存在重大违约,反诉要求赔偿船舶跌价损失。

【案件争点】

本案能否适用情势变更规则?

【裁判要旨】

一审法院认为:七某港公司建造的船舶符合质量标准和要求,虽然存在轻微瑕疵但可以补救,不构成根本违约。建造完毕后交给新某航公司营运有

利于船舶保管和维护，新某航公司也承诺协助履行合同，转售行为应视为止损措施。浩某公司逾期付款，已构成违约。船价和航运市场价格的大幅波动，当事人订立合同时对此应有所预见，故而属于商业风险的范围。七某港公司推迟交船是浩某公司违约所致，并非客观情况发生变化，因此浩某公司不得以情势变更为由主张解除合同。

二审法院认为：浩某公司未按合同约定付款构成违约，七某港公司垫资将船舶建造完毕并转售，受让方在庭审中也承诺可以协助履行合同，转售行为应被视为减损行为，七某港公司有权主张差价损失。

原再审法院认为：浩某公司与七某港公司均存在违约，但均未达到根本违约的程度。虽然船舶跌价是金融危机导致的不可控的市场价格波动风险，但浩某公司迟延付款直接导致了船舶建成日期的推迟，故应承担扩大部分的损失。

最高人民法院认为：七某港公司转售船舶，表明其不再履行合同主要义务，应自行承担跌价损失。

例案二 | 何某某、侯某某与隆某置业有限公司商品房预售合同纠纷案

【法院】

青海省高级人民法院

【案号】

（2020）青民申470号

【当事人】

再审申请人（一审原告、二审上诉人）：何某某、侯某某

再审被申请人（一审被告、二审被上诉人）：隆某置业有限公司

法定代表人：张某某，执行董事

【基本案情】

2012年5月28日，何某某、侯某某与隆某置业有限公司（以下简称隆某置业公司）签订《商品房预售合同》，约定隆某置业公司将涉案房屋出售给

何某某、侯某某二人。合同签订后，何某某、侯某某二人全额支付房款并于2014年8月29日入住。

合同履行过程中，隆某置业公司与土地管理局发生争议，土地管理局对涉案房屋采取了行政限制措施，导致2019年3月14日隆某置业公司才完成初始登记。何某某、侯某某二人遂起诉要求隆某置业公司承担违约责任。

【案件争点】

隆某置业公司可否主张情势变更免责？

【裁判要旨】

一审法院认为：土地管理局的行政限制是隆某置业公司不可预见的，不宜归责于隆某置业公司，系情势变更。

二审法院认为：行政限制的原因在于土地管理局优惠政策发生变化，该政策变化是不可归责于双方当事人的客观因素，且不属于商业风险，虽然导致隆某置业公司迟延履行合同，但构成情势变更而能够免责。

再审法院认为：隆某置业公司未缴纳相关费用才导致土地管理局决定停止对其一切审批手续，行政限制并不是导致隆某置业公司违约的原因，该案不构成情势变更。

例案三 | 罗某皮革有限公司与当某实业股份有限公司房屋买卖合同纠纷案

【法院】

辽宁省高级人民法院

【案号】

（2013）辽审二民再字第17号

【当事人】

再审申请人（一审被告、反诉原告，二审上诉人）：当某实业股份有限公司

法定代表人：郄某某，总经理

专题一 情势变更的认定

再审申请人（一审第三人）：某经济技术开发区鹏某房屋开发有限公司

法定代表人：吴某某，总经理

再审被申请人：（一审原告、反诉被告，二审上诉人）：罗某皮革有限公司

法定代表人：金某某，董事长

【基本案情】

1993年1月20日，当某实业股份有限公司（以下简称当某公司）与罗某皮革有限公司（以下简称罗某公司）签订《合同书》，约定当某公司为罗某公司建设厂房及相关设施，建造完成后出租给罗某公司使用；若罗某公司欲购买，当某公司应当以原造价转让，且土地价格不得低于当时公布价格。2005年1月19日双方签订《土地租赁合同书》和《房屋租赁合同书》各一份，并于2008年9月27日就整体转让涉案厂房等事宜签订《意向书》，2009年4月26日签订正式合同书。至2009年6月15日，转让手续已进行到过户登记环节。

2009年6月初，当某公司因企业借贷纠纷被诉至法院，涉案房屋也被查封。罗某公司被法院告知查封事实后，不再支付尾款。2010年7月26日，罗某公司起诉要求当某公司继续履行产权过户手续。2010年8月20日，当某公司以罗某公司迟延付款为由，发函解除合同，并反诉要求罗某公司返还标的物并承担违约责任。

【案件争点】

本案中法院的查封行为是否构成情势变更？

【裁判要旨】

一审法院认为：双方就涉案土地及地上物约定的转让价款为670万元，其价值已大幅上升，情势发生了重大变更，合同继续履行会导致显失公平的结果。况且，当某公司还有其他债务人，其反诉主张解除合同说明其已不愿继续履行，法院不能强行判决双方交易，涉案合同应予解除。罗某公司并非故意违约，对协议不能履行不存在过错，而是由于情势变更，故无需承担违约责任。

二审法院认为：依据《合同法司法解释（二）》第26条①之规定，构成情势变更需同时符合两项条件：一为合同成立后客观情况（社会环境）发生了不可归责于双方当事人的重大变化，二为合同继续履行对一方当事人明显不公平或者不能实现合同目的。合同履行过程中，涉案标的物被法院查封的事实可归责于当某公司，法院告知罗某公司不能继续履行合同，该客观情况的变化既非社会环境的重大变化，也非不可归责于双方当事人。1993年双方已就转让价格作出约定，合同签订时也不存在明显低价的问题，且涉案房屋自始至终由罗某公司使用，即使继续履行原合同也并非对当某公司明显不公平或合同目的不能实现。综上，法院查封行为不构成情势变更，一审判决存在法律适用错误的问题。

再审法院对二审判决予以维持。

三、裁判规则提要

（一）情势变更是作为合同基础条件的客观情况的重大变化，为当事人订立合同时所不能预见且不属于商业风险

《合同法司法解释（二）》第26条与《民法典》第533条均明确，构成情势变更的法律事实应当满足客观情况变化的重大性、合同订立时不可预见且不属于商业风险等要求。是否属于商业风险与能否预见是一个问题的两个方面，因为商业风险的范围实际上为合同主体的预见范围的判断提供了客观标准，如果情势变化属于商业活动中固有的风险或在通常从业者的合理预见范围内，则应认为合同主体也能够预见该情势变化的发生。②情势变化的不可预

---

① 《最高人民法院关于适用〈中华人民共和国合同法〉若干问题的解释（二）》已于2021年1月1日被废止。该解释第26条情势变更规则现规定于《中华人民共和国民法典》第533条。
② 王利明主编：《中国民法典释评·合同编·通则》，中国人民大学出版社2020年版，第340-341页。

见性包含了不可归责于当事人的要求,若当事人在订立合同时可以预见,则合同主体有机会作出相关应对措施,已经预见或应当预见而未作出相应安排是对自我保护义务的违反,某种意义上也具有可归责性。但是,此种不可归责性不能与对情势变更事由发生的不可归责性所等同,违反不真正义务的可归责程度也和合同履行过程中对于情势变更事由发生的可归责程度存在明显差别。不过,《民法典》第533条并未明确将当事人对情势变更事由的发生不具有可归责性作为适用情势变更规则的前提,充其量只是暗含了这一要求。

(二)当事人的可归责性应指向情势变更事由的发生,合同签订或履行过程中的其他过错原则上不能阻却情势变更规则的适用

基于一般法理分析,当事人援引情势变更规则主张解除或变更合同,以其对情势变更事由的发生没有过错或不具有可归责性为前提,否则有违诚实信用原则。但可归责性或过错的判断,应结合可归责或过错程度、过错行为与情势变更事由发生的关联性等进行严格界定,不能因当事人在合同签订或履行过程中存在过错行为就一概排除情势变更规则的适用。

若当事人存在过错,但其过错行为与情势变更事由的发生没有关联或关联程度极低而可以忽略不计,则不妨碍适用情势变更规则,过错行为可通过单独追究违约责任等解决。如果合同基础条件变化主要是由不可控制的客观情况的急剧变化导致,那么即使当事人的过错行为对情势变更事由的发生具有一定原因力且该原因力不容忽略,也不能一概排除情势变更规则的适用。不过,虽然客观情况的变化不可归责于合同主体,但其本不会成为合同履行障碍或导致明显不公平后果,而由于一方或双方当事人的过错行为才成为合同履行障碍,如一方当事人迟延履行过程中发生情势变更,可类推适用《民法典》第590条第2款"当事人迟延履行后发生不可抗力的,不免除其违约责任"的规定存在过错的迟延履行方不得主张变更或解除合同。

（三）一方当事人对情势变更事由的发生具有可归责性，原则上不妨碍对方当事人主张援引情势变更规则来变更或解除合同

一方当事人对情势变更事由的发生具有可归责性的，如果允许其通过适用情势变更规则从原合同关系中解脱出来，虽然可以通过追究违约责任来弥补合同相对方的损失，但所获赔偿毕竟无法与继续履行原合同的履行利益相等同，不利于保护守约方的利益。而且，这也会诱导背信行为，诱使不诚信的当事人主动促成情势变更事由的发生。故而，不应当允许对情势变更事由的发生具有可归责性的当事人主张解除或者变更合同。

那么，能否允许不具有可归责性的合同相对方主张适用情势变更规则呢？情势变更事由的发生虽然可以归责于一方当事人，但对合同相对方而言，仍是无法预见和控制的客观情况的变化。如果造成了合同履行障碍，不会损害过错方的利益，而只对相对方造成合同目的不达或者明显不公平的后果，则不应妨碍合同相对方根据情势变更规则主张变更或解除合同，这也不会有助长背信行为的隐患。虽然理论上合同相对方也可以通过主张违反附随义务的违约责任或行使法定解除权等其他途径获得救济，但不论是对违反附随义务的事实还是对法定解除权成就事由的证明，证明标准和难度都比较高，应当允许当事人在衡量举证难度等因素后选择合适的诉讼策略。非过错方主张适用情势变更规则，既不会产生鼓励背信等问题，也有利于其及时从原合同关系中解脱出来。

四、关联规定

《民法典》

第533条 合同成立后，合同的基础条件发生了当事人在订立合同时无法预见的、不属于商业风险的重大变化，继续履行合同对于当事人一方明显不公平的，受不利影响的当事人可以与对方重新协商；在合理期限内协商不

成的，当事人可以请求人民法院或者仲裁机构变更或者解除合同。

人民法院或者仲裁机构应当结合案件的实际情况，根据公平原则变更或者解除合同。

第590条 当事人一方因不可抗力不能履行合同的，根据不可抗力的影响，部分或者全部免除责任，但是法律另有规定的除外。因不可抗力不能履行合同的，应当及时通知对方，以减轻可能给对方造成的损失，并应当在合理期限内提供证明。

当事人迟延履行后发生不可抗力的，不免除其违约责任。

情势变更裁判规则第 8 条：

因第三人原因导致合同无法履行的，不构成情势变更

〔规则描述〕合同双方当事人签订合同后，需要按约定履行合同，否则会构成合同违约，违约方需要承担相应的责任。第三人原因导致合同无法履行的，此为因第三人原因造成的违约，不符合情势变更的客观条件。合同具有相对性，因第三人原因造成一方当事人违约的，如第三人迟延交货造成一方当事人迟延履行的，该当事人应当承担违约责任。该当事人承担违约责任后，应当向第三人追偿。但是，若法律明确规定因第三人原因造成违约时第三人直接承担责任的，则第三人应当直接承担责任。例如，依照《消费者权益保护法》第40条第2款，消费者因商品缺陷造成人身、财产损害的，可以向出售商品的销售者请求赔偿，也可以向制造商品的生产者请求赔偿。受损害的消费者直接请求生产者赔偿的，生产者应当赔偿。

一、类案检索大数据报告

时间：2021年4月9日之前，案例来源：Alpha数据库，案件数量：497件，数据采集时间：2021年4月9日，检索关键词：第三人原因；情势变更；履行。经排除无关案例后，本次检索获取了2021年4月9日前共497份裁判文书，其中支持因第三人原因导致合同无法履行的，不构成情势变更的案件有415件，占比83.61%；不支持因第三人原因导致合同无法履行的，不构成情势变更的案件有82件，占比16.39%。检索整体情况如图8-1所示：

专题一　情势变更的认定

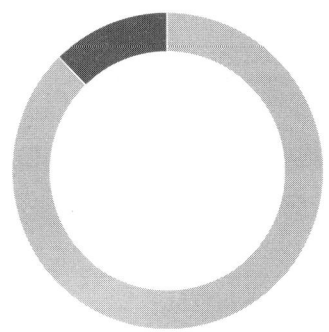

■ 不构成情势变更（占比83.61%）　　■ 构成情势变更（占比16.39%）

图8-1　是否支持因第三人原因导致合同无法履行的构成情势变更

如图8-2所示，从案件年份分布情况可以看出当前条件下案例数量的变化趋势。

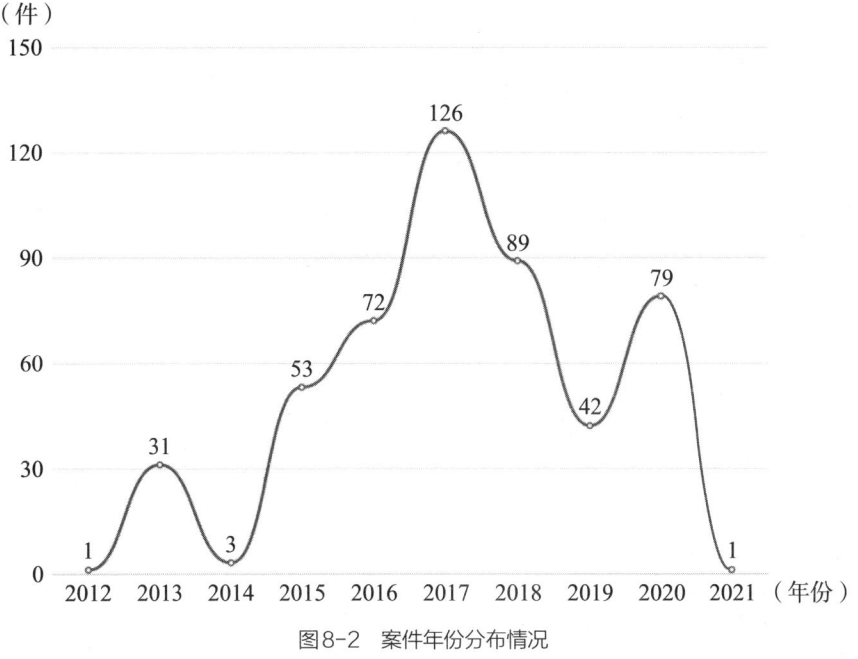

图8-2　案件年份分布情况

如图8-3所示，从案件地域分布情况来看，当前案例主要集中在贵州省、广东省、四川省、江苏省、湖北省，其中贵州省的案件量最多，达到205件。

257

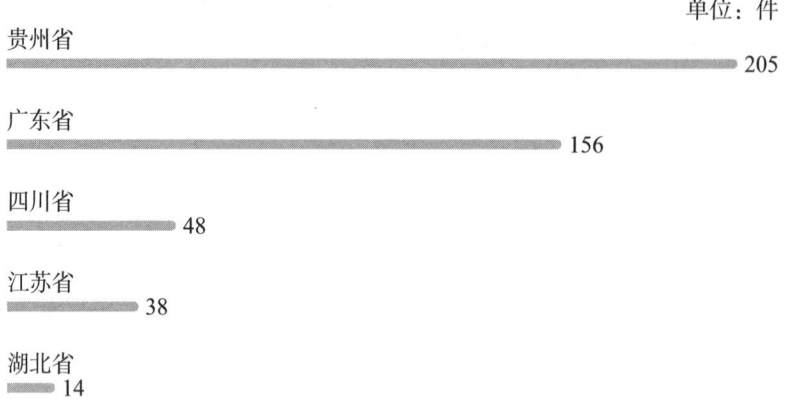

图8-3 案件主要地域分布情况

如图8-4所示,从案件案由分类情况可以看出,当前最主要的案由首先是合同、准合同纠纷,有490件,占绝大多数;其次是与公司、证券、保险、票据等有关的民事纠纷;最后是婚姻家庭、继承纠纷,物权纠纷。

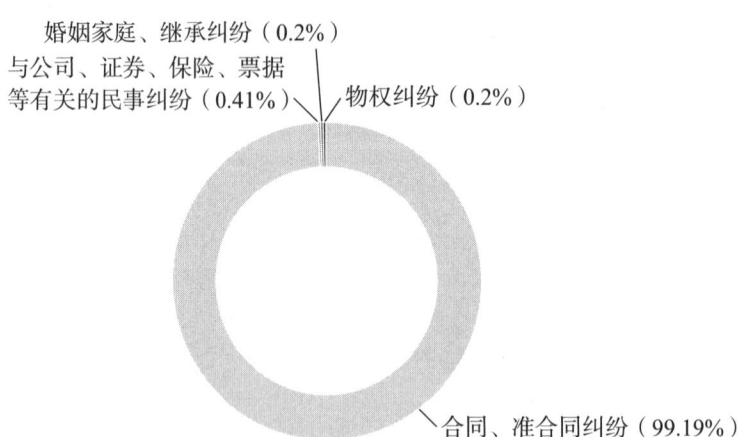

图8-4 案件案由分类情况

二、可供参考的例案

例案一 | 长某塑料厂与天某房地产开发有限公司房屋拆迁安置补偿合同纠纷案

【法院】

最高人民法院

【案号】

（2016）最高法民终203号

【当事人】

上诉人（一审原告）：长某塑料厂

法定代表人：陈某某，经理

被上诉人（一审被告）：天某房地产开发有限公司

法定代表人：李某某，总经理

【基本案情】

2002年12月6日，长某塑料厂（甲方，以下简称长某塑料厂）与天某房地产开发有限公司（乙方，以下简称天某公司）签订《房屋联建合同》，合同约定由乙方将南某正街42号（原长某塑料厂）以及南某街道办事处、金某西服制衣公司等纳入统一规划开发。

2004年2月9日，长某塑料厂（甲方）与天某公司（乙方）签订《房屋使用协议》，约定在乙方尚未移交甲方应归还的产权房之前，乙方将天某广场门面21号交给甲方使用；在乙方未移交甲方产权房之前，乙方免收甲方租金和物管费；乙方归还甲方全部合同约定的产权房后，甲方应将该房立即退还乙方。甲方至今仍在使用该门面房。

2004年3月8日，长某塑料厂与天某公司办理了关于天某公司进驻长某塑料厂（南某正街42号）的交接事项，双方未办理相关房屋的产权转移登记，后南区字第55×××号房屋所有权证、南区字第00×××号房屋所有权证所载房屋被拆除。

2004年6月5日,重庆市国土资源和房屋管理局(以下简称重庆市国土房管局)作出渝国土房管资〔2004〕89号重庆市国土房管局国有土地使用权挂牌出让确认通知书,确认天某公司获得南某正街地块(包括天某公司负责拆迁的长某塑料厂在内)的开发使用权。该确认通知书载明:"天某公司必须在签发本通知书后90日内与重庆市国土资源和房屋管理局签订《国有土地使用权出让合同》……如天某公司逾期未到重庆市国土资源和房屋管理局缴纳土地出让金及办理相关手续,重庆市国土资源和房屋管理局将取消天某公司的竞得资格,并由天某公司承担损失赔偿责任,天某公司所缴纳的保证金也不予退还。"天某公司缴纳了10%的保证金,但未按该确认通知书规定的时间和金额缴纳土地出让金,也未在规定的时间与重庆市国土房管局签订《国有土地使用权出让合同》,至今未取得该宗土地的使用权。

2004年9月13日,长某塑料厂与天某公司签署《更正说明》,将原《房屋联建合同》第4条第3款B项中"位置在平街层以下第二层"更正为"位置在平街层以下第一层"。2004年12月30日,长某塑料厂与天某公司又签署了《合同更正说明》。

2007年11月9日,重庆市南某区人民政府向重庆市国土房管局发出《重庆市南某区人民政府关于恳请同意签订南某正街地块土地出让合同的函》(南某府发〔2007〕156号)。该函载明:由于南某东环高架路穿过地块及规划调整等多种原因,导致天某公司没有及时与重庆市国土房管局签订《土地出让合同》。2008年4月19日,重庆市南某区人民政府向重庆市国土房管局发出《重庆市南某区人民政府关于商请同意退还南某正街地块土地中标保证金的函》(南某府函〔2008〕52号)。该函以南某府发〔2007〕156号函同样的理由,商请重庆市国土房管局退还天某公司缴纳的地块中标保证金,并原则赞同重庆市国土房管局要求重新挂牌公示的意见。

2009年12月9日,重庆市南某区人民政府向重庆市人民政府发出南某府文〔2009〕114号《关于恳请同意回购南某街道办事处片区旧城改造项目部分地块的请示》。该文件载明:"为切实解决该项目久拆未建的诸多历史遗留问题,加快区域旧城改造工程,恳请市政府同意按照市规划局原已审批的建设方案和容积率,由南某区人民政府业主公司——重庆市南某城建发展有限公司回购和继续实施南某街道办事处片区旧城改造项目剩下的南某正街地块F、G、J栋工程,并由我区负责工程所在地块的储备整治和剩余房屋的拆迁,补交2004年挂牌时未及时缴纳的土地出让金。"

2013年4月11日,天某公司向长某塑料厂发出《解除〈房屋联建合同〉的告知函》,提出解除双方于2002年12月6日签订的《房屋联建合同》及《更正说明》等与联建合同相关联的补充协议。天某公司在函中表示愿意配合长某塑料厂与区政府房屋征收办商谈拆迁补偿等事宜。

【案件争点】

天某公司解除合同是否构成违约?

【裁判要旨】

一审法院认为:该案中,由于双方签订的《房屋联建合同》及补充协议确已无法继续履行,合同目的已不能实现,若不解除合同,明显不利于双方,加之长某塑料厂亦未积极行使其解除权,基于此,天某公司行使解除权并不违反法律规定,其解除行为有效。同时,天某公司关于其解除合同是基于情势变更的抗辩理由不能成立。《合同法司法解释(二)》第26条规定的情势变更系合同成立以后客观情况发生了当事人在订立合同时无法预见、非不可抗力造成的不属于商业风险的重大变化。情势变更是当事人在缔约时无法预见的非市场系统固有的风险。该案中,天某公司未取得涉案土地使用权的直接原因系天某公司未按时缴纳土地出让金。虽然客观上也存在南某东环高架路穿过该地块及规划调整等原因,但上述属于案涉合同外第三人的原因,而非《合同法司法解释(二)》第26条规定的情势变更情形。

二审法院认为:虽然天某公司解除合同的行为有效,但其行为已构成违约。天某公司于2004年6月5日获得南某正街地块(包括长某塑料厂在内)的开发使用权后,未按照约定期限支付土地出让金,也未与重庆市国土资源和房屋管理局签订《国有土地使用权出让合同》，从而导致其未能取得涉案土地使用权。这也是《房屋联建合同》及补充协议不能履行的根本原因。天某公司主张该案发生了南某东环高架路穿过该地块、政府规划调整、南某街道办事处搬迁滞后等事由以及由此导致的"政府储备用地"等客观情况，属于"情势变更"情形，应适用情势变更规则解除合同。但根据《合同法司法解释（二）》第26条的规定，情势变更是当事人在缔约时无法预见的非市场系统固有的风险，是指合同成立以后客观情况发生了当事人在订立合同时无法预见、非不可抗力造成的、不属于商业风险的重大变化。该案中合同无法履行的直接原因是天某公司未取得涉案土地使用权，而天某公司未取得涉案土地使用权的直接原因是其未按时缴纳土地出让金。虽然该案客观上也存在南某东环高架路穿过该地块、政府规划调整等影响合同履行的原因，但这并不是合同不能履行的直接和根本原因。上述原因属于合同之外第三人的原因，不是《合同法司法解释（二）》第26条规定的情势变更情形，不能成为天某公司的免责事由。因此，天某公司应承担违约责任。天某公司与政府之间发生的影响合同履行的事由，应由其与政府另行协商解决，不属于该案处理的范围。

例案二│某市瑞某实业有限公司与某市冠某实业有限公司租赁合同纠纷案

【法院】

重庆市高级人民法院

【案号】

（2018）渝民申2445号

【当事人】

再审申请人（一审被告、二审上诉人）：某市瑞某实业有限公司

法定代表人：朱某某，执行董事

再审被申请人（一审原告、二审被上诉人）：某市冠某实业有限公司

法定代表人：江某某，执行董事

【基本案情】

2015年6月10日，某市冠某实业有限公司（乙方，以下简称冠某公司）与某市瑞某实业有限公司（甲方，以下简称瑞某公司）签订《整车仓储服务合同》。合同签订后，瑞某公司按照合同约定向冠某公司缴纳了保证金和服务费等费用，冠某公司于2015年7月15日将地交给瑞某公司使用。瑞某公司缴纳服务费至2016年9月30日。2016年8月20日瑞某公司向冠某公司发出《工作函》，载明："本公司2015年7月15日向您公司租赁位于某工业园国际汽车商贸城一期50,000平方米作为汽车中转库使用，因为消防、防洪等系统无法达到上某公司要求，经过多次协调无法达成一致，加上2016年6月18日山洪造成我公司受灾，上某公司以消防、防洪等设施设备不能完善为由，不在某工业园（瑞某）设立中转库，并且与我公司解除中转协议，上某公司已经将所有车辆转到江北新库。所以，我公司现以书面形式向您公司提出解除2015年7月15日签订的《整车仓储服务合同》。"

一审和二审法院均判决租赁合同有效，认定瑞某公司违约解除合同，并判决租赁合同于2016年10月1日解除。冠某公司为减少损失，于2017年12月22日在某日报刊登招租信息，但至今无人承租。若合同继续履行，从2016年10月1日至2018年6月30日，冠某公司可得利益为5,733,000元，故冠某公司诉至人民法院要求瑞某公司予以赔偿。

【案件争点】

申请人解除合同是否符合情势变更的情形？

【裁判要旨】

一审法院认为：该案中，瑞某公司在无法定或约定解除情形下，单方于2016年8月20日作出《工作函》，自行撤出租赁场地并不继续支付租金，其行为已构成违约。应当承担相应违约责任，《工作函》不发生解除双方于2015年6月10日签订的《整车仓储服务合同》的效力。《整车仓储服务合同》约定，合同期限至少三年，即2015年7月1日至2018年6月30日，生效判决确认合同于2016年10月1日解除，合同解除时尚余租期1年零9个月。为此，因瑞某公司违约造成合同不能继续履行而解除，冠某公司据此请求赔偿损失，于法有据，本院予以支持。瑞某公司辩称冠某公司亦有违约行为，但未举示充分证据证明，其辩称理由不能成立。

二审法院认为：业已生效的重庆市江津区人民法院（2016）渝0116民初10952号民事判决与重庆市第五中级人民法院（2017）渝05民终6978号民事判决已经认定冠某公司与瑞某公司签订的《整车仓储服务合同》合法有效。瑞某公司上诉主张冠某公司向其出租的场地未进行报批、报规、报建，但瑞某公司在与冠某公司签订《整车仓储服务合同》时，瑞某公司即应清楚了解承租场地的状况，其在合同签订并履行后的一年多时间内并未就此提出任何异议，且瑞某公司也并未提出案涉场地需要报批、报规、报建的法律依据，故瑞某公司要求提前解除《整车仓储服务合同》系违约解除，其应就冠某公司因提前解除所产生的损失承担赔偿责任。

再审法院认为：冠某公司与瑞某公司签订的《整车仓储服务合同》系双方当事人的真实意思表示，内容不违反法律、行政法规的禁止性规定，合法有效。合同双方均应按照合同约定，履行自己的义务。合同签订以后，瑞某公司因第三人的原因不能履行合同，不属于情势变更的情形。瑞某公司在无法定或约定解除情形下，单方于2016年8月20日作出《工作函》，自行撤出租赁场地并不继续支付租金，其行为已构成违约，应当承担相应的违约责任。

例案三 | 兴某房地产开发有限公司与王某、陈某商品房预售合同纠纷案

【法院】

贵州省毕节市中级人民法院

【案号】

（2019）黔05民终2674号

【当事人】

上诉人（一审被告、反诉原告）：兴某房地产开发有限公司

法定代表人：杜某某，董事长

被上诉人（一审原告、反诉被告）：王某、陈某

【基本案情】

2015年4月10日，王某、陈某作为买受人，兴某房地产开发有限公司（以下简称兴某公司）作为出卖人，双方签订了《商品房买卖合同》，合同约定：出卖人以出让方式取得位于某市某区××办事处××路旁、总土地面积为28,210.03平方米、编号为某区2012-CR-01号的地块的建设用地使用权，且土地价款已全部付清。该建设用地使用权批准文件是国有建设用地使用权出让合同。合同签订后，王某、陈某按合同约定向兴某公司支付全部的购房款271,000.00元。在2016年6月30日前，兴某公司未将办理商品房转移登记有关文书交付给王某、陈某。故王某、陈某诉至法院。

另查明，2012年8月1日，兴某公司与某市国土资源局某分局签订了《国有建设用地使用权出让合同》，取得了涉案项目的建设用地使用权。2018年6月30日，某市某关区房屋征收管理局出具《证明》，证明涉案地块上的居民所建房屋，在2016年3月才得以拆迁完毕。2018年6月30日，某市德某建设开发投资有限公司出具《证明》，载明"我公司将德某新区支干道路网工程经十路市政工程委托贵州省市某建业有限公司组织施工（该道路位邻盛某小区）。但因该建设地块中的居民住宅未按时拆除，导致该道路工程自2016年3月开始修建至今尚未竣工验收，不能投入使用"。

【案件争点】

兴某公司逾期办证是否适用情形变更规则？

【裁判要旨】

一审法院认为：对于被告兴某公司提出的因行政机关拆迁及交地滞后致其逾期办证，而主张适用情势变更规则将交付办理商品房转移登记有关文书的时间变更为涉案商品房取得竣工验收备案表之后30个工作日之内的反诉请求，根据《合同法》第121条[①]"当事人一方因第三人的原因造成违约的，应

[①] 《中华人民共和国合同法》已于2021年1月1日被废止。《中华人民共和国合同法》第121条第三人原因造成违约时违约责任承担规则现规定于《中华人民共和国民法典》第593条。

当向对方承担违约责任。当事人一方和第三人之间的纠纷,依照法律规定或者按照约定解决"之规定,第三人原因不能免除被告根据合同约定应承担的违约责任。涉案商品房不能在约定的时间取得商品房初始登记并非不能预见、无法获得别的救济、非不可抗力造成的不属于商业风险的重大变化,兴某公司主张的情形并不符合情势变更的构成要求,故对兴某公司的反诉请求,不予支持。

二审法院认为:上诉人所称政府原因,属于第三人原因,根据《合同法》第121条的规定,即便上诉人系由于政府原因不能如期向被上诉人履行合同义务,亦应按照合同约定向被上诉人承担相应的违约责任。上诉人主张其违约系情势变更所致,据此主张变更合同约定,缺乏事实依据,法院不予支持。

三、裁判规则提要

(一)适用情势变更规则的前提是必须有情势发生变更的客观事实

所谓情势,针对合同而言,乃是泛指作为法律行为成立基础或环境的一切客观事实。可见,情势首先是一种客观事实,与当事人的主观意思无关。对于情势的具体范围,学界存在争议,有"小情势说"和"大情势说"之分。持"小情势说"的论者认为,情势仅指物价平稳、币值近似不变、和平状态、自然状态等大范围的情况;持"大情势说"的论者认为,情势二字的范围十分广泛,除天灾、地变、政治金融混乱、法律制度的变更等可称为情势外,特定合同标的物的灭失、合同当事人特定行为能力的丧失、给付与对待给付之间的比例关系发生剧变等情况也可视为情势。[①] 分析发现,"小情势说"主要适用于合同履行不能的情况,"大情势说"则主要适用于合同目的不达的情况,且对于哪些情况属于情势还应当根据合同的性质、目的等进行考虑,具体案件具体分析。

---

① 参见于定明:《也谈情事变更制度的构成要件》,载《法学杂志》2005年第2期。

（二）情势变更发生在合同依法订立后、合同关系消灭前

情势变更规则适用的时间条件要求，情势变更发生在合同依法订立后，合同关系消灭前。或者表述为"情势变更发生在合同成立生效以后，合同关系消灭以前（履行终止以前）"。二者的差别主要在于，是要求情势变更发生在合同成立后还是要求其发生在合同成立并生效后。相形之下，前者的观点更为妥当。合同成立与合同生效是两个既有区别又有联系的概念。有的合同一经成立即生效，合同成立的时间就是合同生效的时间，而有的合同（如附条件或附期限的合同）成立后要待所附生效条件成就或所附期限到来才能生效，此时合同成立的时间与合同生效的时间并不一致，而且这个时间间隔可能很长。对于社会一般人来说，即使是订立附条件或附期限的合同，订立合同的依据也只能是当时的情势，而不可能是一段时间以后发生的巨大情势变更。所以，情势变更如果发生在合同订立之后生效之前，也可以适用情势变更规则。

在情势变更规则适用的时间方面，还有一个值得注意的问题，那就是迟延履行或受领迟延期间发生情势变更，能否适用情势变更规则？债务人因迟延履行或受领迟延已构成违约的，为了体现惩罚和制裁违约行为的法治思想，对于在迟延期间发生情势变更所造成的损害，应由其自己承担不利的后果，而不得主张适用情势变更规则，否则必然会在很大程度上鼓励债务人的违约行为。当然，如果违约方能证明即使其不违约，该情势变更仍会发生并致其履行不能，则情势变更与其履行不能构成所谓的"假想因果关系"，债务人仍然可以因此免责。

（三）情势变更的发生不可归责于当事人

当事人在引用情势变更规则请求变更或者解除合同时，负有举证情势变更非因自己的主观过错而发生的责任。对此，比较法上有类似的立法例。例如，《法国民法典》第1147条规定："凡债务人不能证明其不履行债务系由于

不应由其个人负责的外来原因时,即使其在个人方面并无恶意,债务人对其不履行或迟延履行债务,如有必要,应支付损害的赔偿。"① 应当指出的是,情势变更规则是在无法采取其他救济手段的情况下才适用的。所以,此处对于情势变更发生不具有可归责性的主体不仅指合同双方当事人,还应当包括合同当事人之外的第三人。只有当情势变更的发生既非当事人引起,也不可归责于第三人时,才能适用情势变更规则;否则,应当由引起情势变更的责任人承担赔偿责任。另外,情势变更的发生虽然不可归责于双方当事人,但是合同双方应当负有采取相应措施防止损失扩大的义务;否则,扩大的损失应当由当事人自己承担。

(四)情势变更的发生不能为当事人所预见

一般而言,如果当事人在订约时已经预见到情势变更事宜的发生,则表明当事人愿意承担情势变更的风险,自然不能适用情势变更规则。此外,在适用情势变更规则时还应当注意以下几点:(1)在现代市场经济中,许多交易行为本身就带有一定的投机性和风险性,如股票交易。在这种高风险、高投机的交易过程中,即使发生了出乎当事人意料的行业风险,也不可适用情势变更规则。(2)虽然当事人在事实上没有预料到,但是根据诚实信用原则应当可以预见的,应当认定为当事人主观上有过错,而不能主张适用情势变更规则。(3)情势变更在客观上仅能为一方当事人所预料的,善意的不能预料的相对方可以主张适用情势变更规则。(4)可以预见到情势变更的一方已经预见到将来发生情势变更必定会致使合同履行显失公平或使相对方合同目的无法实现,却仍然与相对方签订合同的,应当认定该当事人主观上有过错,其应当对不能预见情势变更发生的相对方的损失负赔偿责任。

---

① 参见李昊、刘磊:《〈民法典〉中不可抗力的体系构造》,载《财经法学》2020年第5期。

（五）因第三人原因导致合同无法履行应适用违约责任

因第三人原因造成一方当事人违约的，如第三人迟延交货造成一方当事人迟延履行的，该当事人应当承担违约责任。该当事人承担违约责任后，可以向第三人追偿。第三人原因引发意外事故进而致使一方当事人违约，且第三人无力赔偿的，损失由双方当事人分担。法律明确规定因第三人原因造成违约时第三人直接承担责任的，第三人应当直接承担责任。《民法典》第593条规定，当事人一方因第三人的原因造成违约的，应当依法向对方承担违约责任。当事人一方和第三人之间的纠纷，依照法律规定或者按照约定处理。据此，《民法典》对因第三人原因违约的处理规则主要有：（1）由合同一方向对方承担违约责任。基于合同的相对性原理，在因第三人原因违约的情况下，第三人并不直接向债权人承担违约责任，债权人亦不得向第三人提出承担违约责任的请求。（2）当事人一方与第三人的关系依法律规定或约定处理。虽然在因第三人原因违约的情形中，违约一方当事人应首先向合同相对方承担责任，但这并不意味着第三人不承担任何责任。违约一方当事人因第三人原因违约而遭受了损失的，当然可向第三人主张损害赔偿。

四、关联规定

《民法典》

第513条 执行政府定价或者政府指导价的，在合同约定的交付期限内政府价格调整时，按照交付时的价格计价。逾期交付标的物的，遇价格上涨时，按照原价格执行；价格下降时，按照新价格执行。逾期提取标的物或者逾期付款的，遇价格上涨时，按照新价格执行；价格下降时，按照原价格执行。

第593条 当事人一方因第三人的原因造成违约的，应当依法向对方承担违约责任。当事人一方和第三人之间的纠纷，依照法律规定或者按照约定处理。

专题二　情势变更的适用

情势变更裁判规则第 9 条：
无效合同不适用情势变更规则

> 〔规则描述〕情势变更规则的目的在于平衡契约严守原则与诚实信用原则、公平原则。《民法典》第533条第1款将情势变更事由发生在"合同成立后"作为适用情势变更规则的构成要件之一，尽管该条文并未明晰合同成立但无效的情形是否适用情势变更规则，但基于对情势变更规则的理论基础、适用条件之分析，应当明确只有"有效成立后"的合同才对当事人具有拘束力，此时才有适用契约严守原则的余地，才存在援引情势变更规则变更或解除合同的必要性。因此，有必要通过对《民法典》所规定的"合同成立后"进行目的解释和限缩解释，将其解释为"合同有效成立后"，从而明确无效合同不适用情势变更规则。

一、类案检索大数据报告

时间：2021年4月9日之前，案例来源：Alpha数据库，案件数量：67件，数据采集时间：2021年4月9日，检索关键词：合同无效/无效合同；不适用情势变更/不属于情势变更/不构成情势变更。经排除无关案例后，本次检索获取了2021年4月9日前共67份裁判文书，其中支持无效合同不适用情势变更规则的案件有67件，占比100%。从是否支持"无效合同不适用情势变更规则"裁判思路的比例来看，检索到的所有判决或裁定均支持这一观点。检索整体情况如图9-1所示：

■ 支持无效合同不适用情势变更规则（占比100%）

图9-1 是否支持无效合同不适用情势变更规则

如图9-2所示，从案件年份分布情况可以看出当前条件下案例数量的变化趋势。

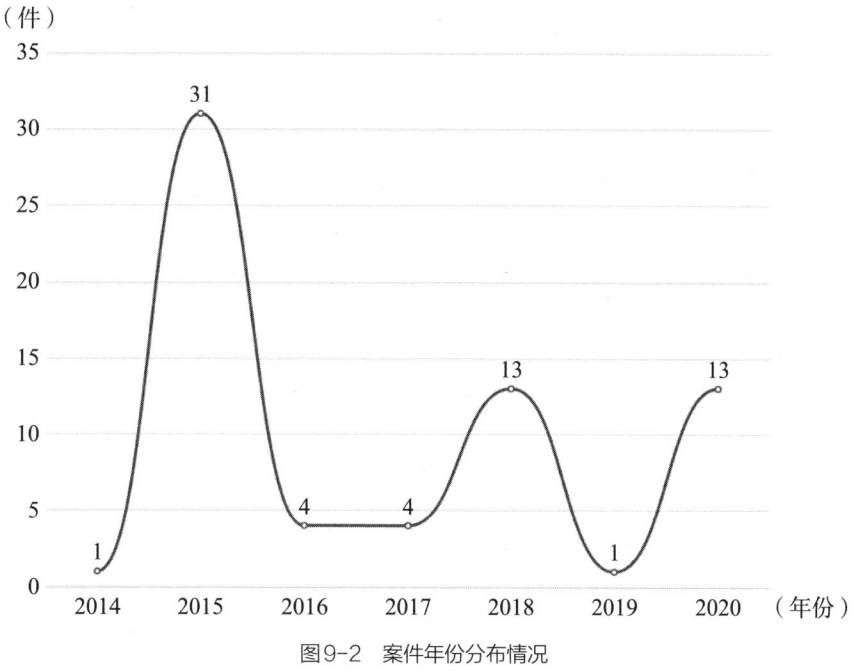

图9-2 案件年份分布情况

如图9-3所示，从案件地域分布情况来看，当前案例主要集中在江苏省、云南省、内蒙古自治区、北京市、吉林省，其中江苏省的案件量最多，达到32件。

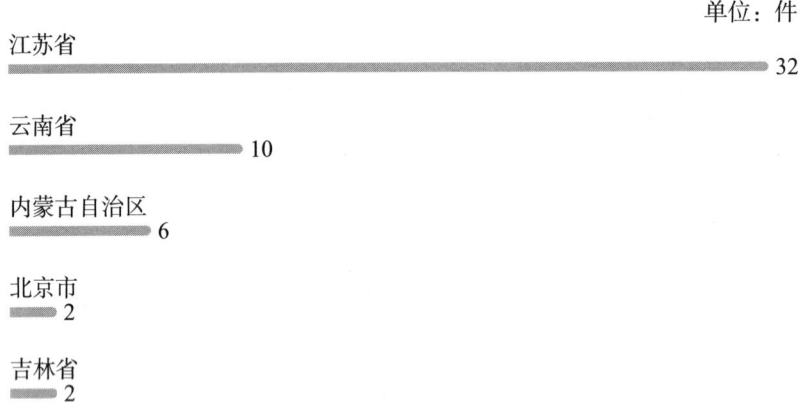

图9-3 案件主要地域分布情况

如图9-4所示,从案件案由分类情况可以看出,当前最主要的案由首先是合同、准合同纠纷,有60件,占一半以上;其次是物权纠纷;最后是与公司、证券、保险、票据等有关的民事纠纷,婚姻家庭、继承纠纷。

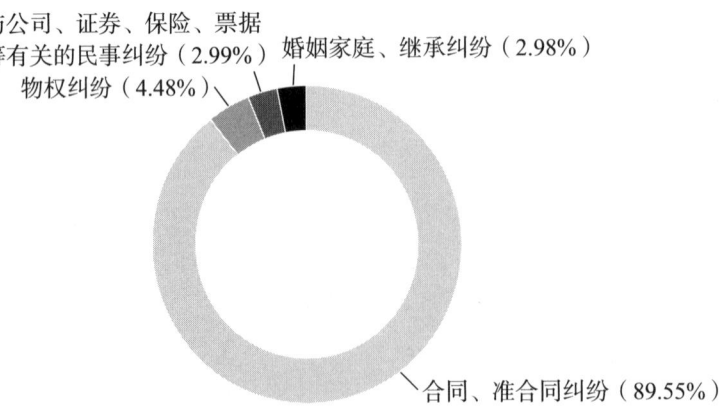

图9-4 案件案由分类情况

二、可供参考的例案

例案一 | 九某附属医院与清某医疗器械有限公司联营合同纠纷案
【法院】
最高人民法院
【案号】
（2018）最高法民申4142号
【当事人】
再审申请人（一审被告、二审上诉人）：九某附属医院
法定代表人：黄某某，副院长
再审被申请人（一审被告、二审上诉人）：清某医疗器械有限公司
法定代表人：刘某，执行董事兼总经理
【基本案情】
2012年11月30日，九某附属医院（以下简称九某附属医院）作为甲方与清某医疗器械有限公司（以下简称清某公司）作为乙方签订了《医院眼科中心管理合同》，合同约定：双方合作建设眼科中心，甲方提供中心开展业务必需的医疗场地和原有设备，乙方补充提供相应设备建立一个眼科中心租赁给甲方使用，并负责眼科设备的维修与保养及眼科中心的管理。合作结束后，乙方将所有专业设备的产权全部无偿转让给甲方。

2016年3月29日，九某市卫计委发文《关于开展规范全市公立医疗机构医疗服务专项整治行动的通知》（以下简称《专项整治通知》），通知第3条规定："重点整治内容为重点查处医疗机构将科室或房屋出租、承包给非本医疗机构人员或者其他机构开展诊疗活动的行为，以及未经批准的医疗合作行为。"

2016年4月27日，九某市卫计委在其网站发布《市卫计委医疗服务专项整治行动组到附属医院督导检查》，该文显示："本次督查是对医院医疗行为

全面的检验和考核，经检查，九某附属医院不存在房屋出租、科室承包及未经批准的医疗合作等问题。"

2016年6月28日，九某附属医院向清某公司发出《合同终止函》，表示因《医院眼科中心管理合同》中含有九卫电发〔2016〕6号《专项整治通知》需整改内容，故按该政策规定要求与清某公司终止合同。

一审法院和二审法院均认为案涉《医院眼科中心管理合同》系双方当事人的真实意思表示，合同内容不违反我国法律法规的强制性规定，对双方当事人均具有约束力。九某附属医院的单方终止合同行为构成违约。

二审判决后，九某附属医院申请再审，主张涉案《医院眼科中心管理合同》因违反国家法律、行政法规和相关政策的强制性规定，损害社会公共利益，应属无效。

【案件争点】

1.涉案《医院眼科中心管理合同》的效力。

2.九某市卫计委开展的专项整治行动是否构成情势变更？

【裁判要旨】

一审法院认为：九某附属医院与清某公司之间签订的《医院眼科中心管理合同》，系双方当事人的真实意思表示，合同内容不违反我国法律法规的强制性规定，对双方当事人均具有约束力。早在1994年国务院就出台了《医疗机构管理条例》，之后国家卫生行政主管部门也相应出台了相关管理规定，对公立医疗机构医疗服务行为作出了具体规范。因此，九某市卫计委开展的专项整治行动，不属于情势变更情形，九某附属医院抗辩理由没有事实依据，不予采信。九某市卫计委关于对九某附属医院督导检查的结论是，九某附属医院不存在房屋出租、科室承包及未经批准的医疗合作等问题。因此，九某附属医院单方终止合同，不向清某公司分配联营收入，构成违约。

二审法院认为：卫生行政部门根据《医疗机构管理条例》对医疗机构的执业活动检查，在签订该案《医院眼科中心管理合同》之前早已存在，不属于新出现的客观事实，《专项整治通知》不能认定为合同法规定的情势变更事由。因此，九某附属医院2016年6月28日向清某公司发出《合同终止函》，并随后单方解除《医院眼科中心管理合同》，其行为构成违约。

再审法院认为：原审中九某附属医院主张其解除合同系基于情势变更；现申请再审期间九某附属医院又以《医院眼科中心管理合同》违反法律、行政法规的强制性规定，损害社会公共利益为由，主张无效；同时九某附属医院还认为即使合同有效，其也系根据卫生主管部门的政策要求进行整改而解除合同，不属于违约。九某附属医院的前述主张自相矛盾。卫生主管部门对九某附属医院提出的整改要求不能成为其免除违约责任的理由。因此，原审判决认定《医院眼科中心管理合同》合法有效，九某附属医院单方解除合同构成违约，并无不当。

例案二｜某青鸟有限责任公司等与天某矿山设备安装有限责任公司等股权转让纠纷案

【法院】

最高人民法院

【案号】

（2016）最高法民终224号

【当事人】

上诉人（一审被告、反诉原告）：某青鸟有限责任公司

法定代表人：徐某某，董事长

上诉人（一审被告、反诉原告）：某青鸟能源矿业有限公司

法定代表人：侯某，总经理

被上诉人（一审原告、反诉被告）：天某矿山设备安装有限责任公司

法定代表人：王某某，总经理

被上诉人（一审原告、反诉被告）：某市华某投资有限责任公司

法定代表人：王某某，董事长

被上诉人（一审原告、反诉被告）：康某机电科技有限公司

法定代表人：魏某，董事长

被上诉人（一审原告、反诉被告）：徐某、姜某某

【基本案情】

2007年10月18日，新疆维吾尔自治区国土资源厅作为出让人，新疆兴某煤矿有限公司（以下简称兴某煤矿公司）作为受让人，共同签订《采矿权出让合同》。

2012年2月3日的XH201201A号《股权转让协议》显示，某青鸟有限责任公司（以下简称青鸟公司）为受让方，天某公司、华某公司、康某公司和汶某公司合称转让方，兴某煤矿公司为目标公司。

2013年12月的《股权转让补充协议》显示，某青鸟能源矿业有限公司（以下简称青鸟能源公司）为甲方（受让方），天某公司、华某公司、康某公司和汶某公司合称乙方（转让方），兴某煤矿公司为目标公司。协议载明，根据原协议（XH201201A号《股权转让协议》和2012年3月16日《协议书》），青鸟能源公司受让目标公司的股权转让对价为7亿元，青鸟能源公司已向转让方指定的收款方（天某科工贸有限责任公司）支付股权转让款4.5亿元。

二审法院查明，2011年11月4日，新疆维吾尔自治区人民政府下发了《关于对某矿区和南山景区煤矿进行综合整治的通知》，该通知载明"煤炭资源开发利用必须坚持'环保优先、生态立区'，必须遵循'资源开发可持续、生态环境可持续'，今后不得批准新建煤矿项目，现有煤矿不得扩大产能，禁止在南山景区进行矿产资源勘察开发和污染环境的项目建设，不得批准原有煤矿扩产增能，要按照'利用3年到5年时间逐步关停南山景区内所有煤矿'的要求，制订切实可行的计划，列出具体时间表，使南山景区内所有煤矿逐步减产，直至关闭"。二审庭审中，青鸟公司、青鸟能源公司主张其系在接受股权转让方移交的兴某煤矿公司相关资料时获知该政策文件。

另查明，青鸟公司、青鸟能源公司认可股权转让方已经按照协议约定编

制并向自治区煤炭管理局报送了改扩建的初步设计、安全专篇方案，但认为股权转让方隐瞒了因政策原因相关主管职能部门已经停止审批的事实。

【案件争点】

本案是否适用情势变更规则？

【裁判要旨】

一审法院认为：青鸟公司、青鸟能源公司主张，根据新疆维吾尔自治区环境保护厅于2014年2月发布的《新疆维吾尔自治区重点行业环境准入条件（试行）》、新疆维吾尔自治区人大常委会2014年7月25日发布的《新疆维吾尔自治区煤炭石油天然气开发环境保护条例》的规定，兴某煤矿公司最终将会被关停，其受让股权的目的已无法实现。但是，该项目并非不能继续进行。此外，上述规范性文件颁布于2014年，而青鸟能源公司早在2012年就完成了目标公司的股权变更登记，且全面接收了兴某煤矿公司。即使兴某煤矿公司因上述规范性文件的颁布而面临关停，也是青鸟公司、青鸟能源公司在受让目标公司以后所应当独自承担的经营风险，而不属于情势变更。

二审法院认为：所谓情势变更，系指合同有效成立后，因不可归责于双方当事人的事由发生重大变化而使合同的基础动摇或者丧失，若继续维持合同会显失公平，因此允许变更合同内容或解除合同。该案中，新疆维吾尔自治区人民政府下发《关于对某矿区和南山景区煤矿进行综合整治的通知》的时点早于各方签订《股权转让协议》之时。上述事实表明在合同成立之前，青鸟公司、青鸟能源公司所主张的情势变更事由已经出现。且该案中并无证据表明股权转让方刻意隐瞒相关政策性文件，青鸟公司、青鸟能源公司亦具备获知该政策规定的能力和途径。既然该事由出现在合同订立之前，那就意味着该事由并非为当事人所不能预见，亦表明其知晓可能产生的相应风险，并自愿予以承担，故不适用情势变更规则。

例案三丨城某建设有限公司与东某置业有限公司建设工程施工合同纠纷案

【法院】

山东省高级人民法院

【案号】

（2020）鲁民终638号

【当事人】

上诉人（一审原告）：城某建设有限公司

法定代表人：朱某某，董事长

被上诉人（一审被告）：东某置业有限公司

法定代表人：黎某某，总经理

【基本案情】

2017年8月9日，东某置业有限公司（以下简称东某公司）作为甲方与乙方城某建设有限公司（以下简称城某公司）签订《建设工程施工合同》一份，约定乙方承建甲方开发的宏某苑1#、2#、3#、4#楼住宅工程。

就上述建设工程，东某公司于2017年3月9日办理了建设用地规划许可证，于2017年7月25日办理了建设工程规划许可证，于2017年9月7日办理了建设工程施工许可证，于2017年3月14日就工程建设用地办理了不动产权证，土地使用权面积为9590平方米。

上述建设工程施工合同签订后，东某公司于2017年8月12日下发通知，通知载明：8月12日至8月16日为前期施工准备阶段，2017年8月17日正式开工后城某公司进场施工，施工至2018年7月25日，城某公司向监理单位东某公司发送工作联系函一份。该函载明："我项目部因资金问题决定本工地于2018年7月25日暂停施工，工人放假，在停工期间本工地除生活区外所有用电、机械等安全事故概不负责，特此通知。"工程施工期间，截至2018年7月19日，东某公司向城某公司支付工程款13,748,004元。

【案件争点】

本案是否适用情势变更规则？

【裁判要旨】

一审法院认为：关于双方所签订的《建设工程施工合同》效力问题。涉案建设工程施工合同签订于2017年8月9日，按照合同签订时《工程建设项目招标范围和规模标准规定》的规定，涉案建设工程属于必须进行招投标的工程，但合同签订后，国家发展和改革委员会于2018年6月6日公布的《工程建设项目招标范围和规模标准规定》将商品房住宅项目从必须招标的项目中去除。从合同法的立法目的和精神角度而言，合同无效、合同解除、违约责任等制度中无不贯彻着鼓励交易的基本原则，对宣告合同无效、判决解除合同等作了充分的限制。在不违反法律明确规定的情况下，宣告涉案合同有效更加契合立法目的和法律原则。从该案的具体情节考虑，城某公司与东某公司签订涉案合同后，参与了办理直接发包登记的过程，应当推定其在签订合同时对于不经招投标而办理直接发包登记是明知的，认定合同有效不违反城某公司缔约时的心理预期。相较而言，东某公司办理直接发包备案登记和与城某公司签订书面合同的顺序，对当事人权利义务的影响较小，不足以据此认定涉案合同违反法律规范的效力性强制性规定。综上，认定诉讼双方签订的《建设工程施工合同》为有效合同。

二审法院认为：缩小必须招标的建设项目范围是大势所趋，且涉案合同的签订系当事人的真实意思表示，其内容不违反法律规定，在实际施工过程中也没有损害社会公共利益或案外第三人的利益。在这种情况下，原审认定涉案的建设工程施工合同为有效合同并无不当。

情势变更规则适用的前提是在合同有效成立后，因当事人不可预见的事情发生。该案中，材料价格和人工费的变化是签订合同时必须要考虑的因素，故在没有不可预见的事情发生的情况下，该部分费用的上涨不属于情势变更。而且，城某公司在该案二审中，一方面主张合同无效；另一方面又主张基于合同有效而适用的情势变更，其上诉理由自相矛盾。

三、裁判规则提要

（一）客观情势在合同成立之前或者订立之时已经出现的，当事人对该客观情势的发生并非不能预见，故不适用情势变更规则

根据《民法典》第533条第1款①的规定，情势变更规则适用的前提是合同基础条件发生变化的时间点在合同成立之后履行完毕之前。客观情势在合同成立之前或者订立之时已经出现，且当事人对该情势变更事由明知或应当知道的，即使该情势变更事由导致继续履行合同将显失公平，也应当视为受不利影响一方当事人自甘冒险。在合同当事人自愿承担因客观情势造成的损失的情况下，法律没有依据情势变更规则对其予以特别保护的必要。其中，当事人对该情势变更事由是否明知或应当知道，法院应当结合当事人的主体特征以及客观条件，并结合案件其他证据综合认定。在例案二中，法院认为案件事实表明在合同成立之前，青鸟公司、青鸟能源公司所主张的情势变更事由已经出现。而且，该案中并无证据表明股权转让方刻意隐瞒相关政策性文件，青鸟公司、青鸟能源公司亦具备获知该政策规定的能力和途径。既然该事由出现在合同订立之前，就表明该事由并非为当事人所不能预见，亦表明其知晓可能产生的相应风险并自愿予以承担，故不适用情势变更规则。

另外，如果情势变更事由在订立合同之前或者订立之时已经发生，而当事人并不知道，该客观情势导致合同的履行对一方当事人显失公平的，虽不构成情势变更，但可以适用有关错误的规则。②在我国，即援用《民法典》第147条关于重大误解的规定："基于重大误解实施的民事法律行为，行为人有

---

① 《中华人民共和国民法典》第533条第1款规定："合同成立后，合同的基础条件发生了当事人在订立合同时无法预见的、不属于商业风险的重大变化，继续履行合同对于当事人一方明显不公平的，受不利影响的当事人可以与对方重新协商；在合理期限内协商不成的，当事人可以请求人民法院或者仲裁机构变更或者解除合同。"

② 参见韩世远：《合同法总论》，法律出版社2018年版，第505页。

权请求人民法院或者仲裁机构予以撤销。"

（二）适用情势变更规则的前提是合同有效成立，无效合同不适用情势变更规则

情势变更规则，是指合同有效成立后，因不可归责于双方当事人的原因发生情势变更，导致合同基础动摇或丧失，若继续维持合同原有效力将导致显失公平，故允许法院或仲裁机构根据当事人的请求确定是否变更或解除合同的规则。适用情势变更规则需满足以下构成要件：（1）有情势变更的事实发生；（2）情势变更发生于合同成立之后履行完毕之前；（3）情势变更是当事人在缔约时不可预见的；（4）客观情势的发生不可归责于合同当事人；（5）情势变更导致继续履行原合同会显失公平。也就是说，只有当情势变更发生于合同成立之后履行完毕之前时，才有适用情势变更规则的可能。

情势变更规则的适用基础是因不可归责于双方当事人原因的客观情势，致使合同基础动摇或丧失，若继续维持合同原有效力将导致显失公平。究其本质，情势变更规则的目的在于平衡契约严守原则与诚实信用原则、公平原则之间的关系，而只有依法成立并有效的合同才对各方当事人具有法律约束力，才有适用契约严守原则的空间。因此，尽管《民法典》第533条第1款只将情势变更发生在"合同成立后"作为适用情势变更规则的构成要件之一，但对"合同成立后"应当作目的解释和限缩解释，即应将其解释为"合同有效成立后"，从而明确无效合同不适用情势变更规则。

（三）因一方当事人过错导致合同无效的，受不利影响一方虽然不得主张适用情势变更规则，但可以要求对方承担缔约过失责任

根据《民法典》第500条规定："当事人在订立合同过程中有下列情形之一，造成对方损失的，应当承担赔偿责任：（一）假借订立合同，恶意进行磋商；（二）故意隐瞒与订立合同有关的重要事实或者提供虚假情况；（三）有其他违背诚信原则的行为。"

缔约过失责任，是指在合同订立过程中，一方当事人在因违背其依据诚实信用原则所产生的先合同义务而致另一方受有信赖利益损失时，应承担的损害赔偿责任。《民法典》沿袭原《合同法》第42条的规定，将承担缔约过失责任的情形分为前述三种类型。其中，第三种实际上是兜底性条款，赋予司法解释和司法裁量空间。原《合同法司法解释（二）》第8条增加列举的依法依约应当申请批准或登记手续的类型，被《民法典》吸收成为效力独立型条款，从而不再成为缔约过失责任类型。实践中因合同订立中的行为导致合同无效的，也能产生缔约过失责任。实践中较为常见的一种案件类型是在建设工程合同中，因发包方未办理相关审批手续或承包方不具有相应资质或应当招投标的项目未进行招投标等原因，导致建设工程施工合同无效。在对方当事人对合同无效具有过错的情况下，受不利益一方可以根据《民法典》第157条的规定，要求对方当事人承担因其过错导致合同无效的缔约过失责任。当然，对于合同的无效，受不利益一方也有过错的，双方应当各自承担相应的责任。

四、关联规定

《民法典》

第143条　具备下列条件的民事法律行为有效：

（一）行为人具有相应的民事行为能力；

（二）意思表示真实；

（三）不违反法律、行政法规的强制性规定，不违背公序良俗。

第147条　基于重大误解实施的民事法律行为，行为人有权请求人民法院或者仲裁机构予以撤销。

第157条　民事法律行为无效、被撤销或者确定不发生效力后，行为人因该行为取得的财产，应当予以返还；不能返还或者没有必要返还的，应当折价补偿。有过错的一方应当赔偿对方由此所受到的损失；各方都有过错的，应当各自承担相应的责任。法律另有规定的,依照其规定。

第483条 承诺生效时合同成立,但是法律另有规定或者当事人另有约定的除外。

第500条 当事人在订立合同过程中有下列情形之一,造成对方损失的,应当承担赔偿责任:

(一)假借订立合同,恶意进行磋商;

(二)故意隐瞒与订立合同有关的重要事实或者提供虚假情况;

(三)有其他违背诚信原则的行为。

第533条 合同成立后,合同的基础条件发生了当事人在订立合同时无法预见的、不属于商业风险的重大变化,继续履行合同对于当事人一方明显不公平的,受不利影响的当事人可以与对方重新协商;在合理期限内协商不成的,当事人可以请求人民法院或者仲裁机构变更或者解除合同。

人民法院或者仲裁机构应当结合案件的实际情况,根据公平原则变更或者解除合同。

情势变更裁判规则第10条：
情势变更规则的适用应由当事人提出请求

> 〔**规则描述**〕《民法典》第533条规定，发生情势变更情形后，当事人在合理期限内协商不成的，可以请求人民法院或者仲裁机构变更或者解除合同。然而，该法条并未明确规定法院或者仲裁机构能否主动适用情势变更规则变更或者解除合同。因此，司法实践中仍然存在法院主动适用情势变更规则进行裁判的情形。应注意的是，《民法典》第5条[①]规定了自愿原则，该原则的实质内涵即为意思自治。[②]在合同领域，自愿原则体现为合同自由。情势变更规则是对合同自由的一种例外修正，但在当事人未请求的情况下法官依职权对合同的内容主动作出变更甚至解除合同，显然是对合同自治的不当干涉。因此，对于情势变更，法院或仲裁机构应当尊重当事人的请求，根据公平原则并结合案件的实际情况作出裁判，不能依职权主动适用情势变更规则。

一、类案检索大数据报告

时间：2021年4月9日之前，案例来源：Alpha案例库，案件数量：34件，数据采集时间：2021年4月9日，检索关键词：情势变更；主动适用；提出请求。经排除无关案例后，本次检索获取了2021年4月9日前共34份裁判文书，其中支持情势变更规则的适用应由当事人提出请求的案件有34件，占比100%。从是否支持"情势变更规则的适用应由当事人提出请求"裁判思路的比例来看，检索到的所有判决或裁定均支持这一观点。检索整体情况如图

[①] 《中华人民共和国民法典》第5条规定："民事主体从事民事活动，应当遵循自愿原则，按照自己的意思设立、变更、终止民事法律关系。"

[②] 参见最高人民法院民法典贯彻实施工作领导小组主编：《中华人民共和国民法典总则编理解与适用》，人民法院出版社2020年版，第55页。

10-1所示：

■ 情势变更规则的适用应由当事人提出请求（占比100%）

图10-1 是否支持情势变更规则的适用应由当事人提出请求

如图10-2所示，从案件年份分布情况可以看出当前条件下案例数量的变化趋势。

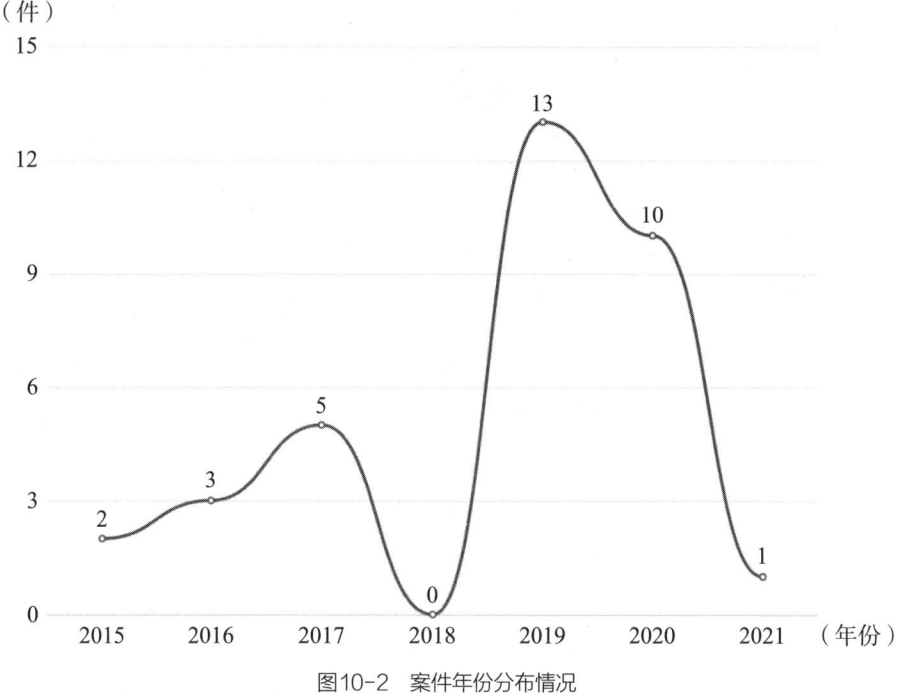

图10-2 案件年份分布情况

如图10-3所示，从案件地域分布情况来看，当前案例主要集中在广东省、内蒙古自治区、安徽省、四川省、最高人民法院，其中广东省的案件量最多，达到13件。①

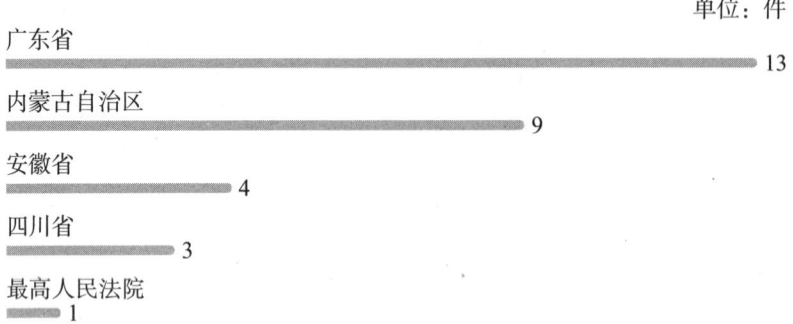

图10-3 案件主要地域分布情况

如图10-4所示，从案件案由分类情况可以看出，当前最主要的案由首先是房屋买卖合同纠纷，有14件，占比41.18%；其次是土地承包经营权合同纠纷；再次是租赁合同纠纷；最后是农业承包合同纠纷，广告合同纠纷。

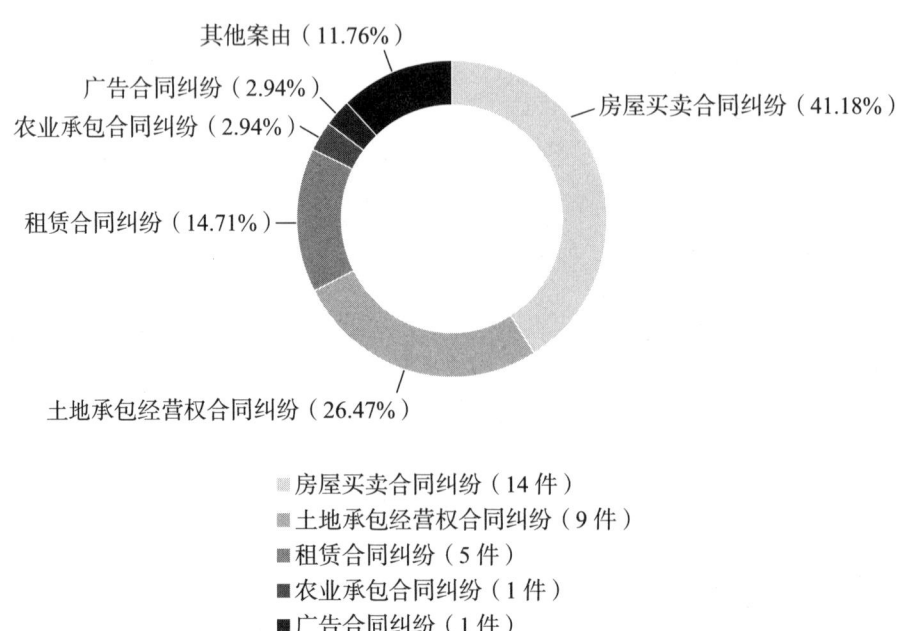

图10-4 案件案由分类情况

---

① 图表中显示地域为"最高人民法院"的案件原审地为陕西省。

二、可供参考的例案

例案一 | 刘某某与某县瑞某煤矿有限公司合同纠纷案

【法院】

最高人民法院

【案号】

（2016）最高法民终342号

【当事人】

上诉人（一审原告）：刘某某

被上诉人（一审被告）：某县瑞某煤矿有限公司

法定代表人：温某某，执行董事

【基本案情】

2013年3月27日，刘某某作为乙方与甲方某县瑞某煤矿有限公司（以下简称瑞某煤矿）签署《煤矿治理项目转让协议书》，双方约定将瑞某煤矿采空区综合治理项目转让给刘某某。2013年9月11日，瑞某煤矿又与圣某公司、担保方温某某在北京市东城区签订了《府某县瑞某煤矿采空沉陷区综合治理工程项目承包协议书》。瑞某煤矿将同一项目二次转让。刘某某以瑞某煤矿违约诉请解除合同并返还定金。

【案件争点】

本案是否可以适用情势变更规则解除案涉协议？

【裁判要旨】

一审法院认为：该案中刘某某解除合同的实际原因是现在的煤炭市场不景气，并非合同根本目的不能实现。鉴于刘某某已明确表示不再履行合同的情况，刘某某和瑞某煤矿于2013年3月27日签署的关于府某县瑞某煤矿采空区综合治理项目的《煤矿治理项目转让协议书》由于情势变更予以解除。

二审法院认为：《合同法司法解释（二）》第26条①规定："合同成立以后客观情况发生了当事人在订立合同时无法预见的、非不可抗力造成的不属于商业风险的重大变化，继续履行合同对于一方当事人明显不公平或者不能实现合同目的，当事人请求人民法院变更或者解除合同的，人民法院应当根据公平原则，并结合案件的实际情况确定是否变更或者解除。"情势变更规则的适用，必须严格区分情势的重大变化与正常市场风险，并应由当事人提出请求。煤炭市场不景气以及价格涨跌属于正常商业风险，对此双方当事人在订立合同时均应当能够预见。且刘某某与瑞某煤矿均未以情势变更为由请求人民法院变更或者解除合同，并同时上诉主张该案不属于情势变更的情形。故一审法院关于刘某某解除合同的实际原因是现在煤炭市场不景气并非合同根本目的不能实现，鉴于刘某某已明确表示不再履行合同，双方所签《煤矿治理项目转让协议书》由于情势变更予以解除的认定，属于适用法律错误。

例案二 | 孙某先、齐某某与孙某辉、李某某、某县阿某镇太某行政村村民委员会等农业承包合同纠纷案

【法院】

陕西省高级人民法院

【案号】

（2019）陕民再85号

【当事人】

抗诉机关：陕西省人民检察院

申诉人（一审原告、二审上诉人）：齐某某、孙某先

被申诉人（一审被告、二审上诉人）：某县阿某镇太某行政村村民委员会

---

① 《最高人民法院关于适用〈中华人民共和国合同法〉若干问题的解释（二）》已于2021年1月1日被废止。该解释第26条情势变更规则现规定于《中华人民共和国民法典》第533条。

负责人：孙某刚，小组组长

被申诉人（一审被告、二审上诉人）：孙某辉、李某某等

【基本案情】

1993年春季，原告与被告某县阿某镇太某行政村村民委员会（以下简称太某村委会）时任的村支书、村主任和会计共同协商约定由原告承包太某村上岭果园35亩，并于1993年农历2月6日由会计孙某权执笔拟定《老果园改造合同》一份。虽该合同仅盖有被告太某村委会公章，原告未在合同上签字，但原告齐某某实际对果园进行了经营管理，被告太某村委会共收取原告所交承包费26,400元，原告经营果园22年。

2013年11月27日，经村支部会议决定，被告太某村委会以原告没有合同而实际经营果园，且未完全履行合同（欠交承包费）为由，以村委会的名义单方向原告发出终止果园管理的通知，终止原告的果园经营行为。被告太某村委会又将诉争果园另行发包给了本村八户村民，即该案的16名被告，并收取了承包费21万元。八户村民以自己取得了果园承包经营权为由，要求管理经营果园。原告诉至法院，请求确认原告对所承包的35亩土地有合法的土地承包经营权；确认被告太某村委会和其余被告签订的土地承包合同无效。

一审判决后，双方当事人均不服原审判决，提起上诉。原审原告齐某某、孙某先上诉称，《老果园改造合同》没有上诉人签名，是被上诉人单方拟定，不能作为认定案件事实的依据；原审判决以"情势变更规则和公平原则"为由，将承包单价由200元增至1000元明显错误，一审法院漏判其诉讼请求属违反法律程序，请求二审法院撤销原判，予以改判。

二审法院认为一审判决认定事实清楚，适用法律正确，故判决驳回上诉，维持原判。申诉人齐某某、孙某先不服二审判决，向检察机关申诉，陕西省人民检察院向陕西省高级人民法院提出抗诉。

陕西省人民检察院抗诉认为，在一审原告、二审上诉人齐某某、孙某先未增加诉讼请求，原太某村委会和其他八户村民未提出反诉的情况下，生效判决依据情势变更规则增加承包费，属适用法律错误。该案中土地承包价格

的变化是当事人可以预见的情况，且《老果园改造合同》关于承包费的约定也是呈阶段性上涨的趋势，原太某村委会客观上预见了承包价格应作增加的调整。因此，不存在当事人无法预见、非不可抗力造成的不属于商业风险的重大变化，原审在当事人未申请的情况下，主动适用情势变更规则增加承包费，显属不当。

【案件争点】

法院能否在当事人未申请的情况下主动适用情势变更规则？

【裁判要旨】

一审法院认为：根据《老果园改造合同》的约定，原告承包果园至2014年，应交承包费为81,700元。除已交的26,400元外，其余承包费55,300元及承包押金1000元，因原告无证据证明已足额交纳，应予补足。距合同约定的承包期限届满还有三年，原合同约定的果园承包价格明显低于农村果园市场承包价格，原告亦表示愿意适当增加承包费，故根据情势变更规则和公平原则，酌情将土地承包价格从2015年开始每亩每年由200元增至1000元。

二审法院认为：《老果园改造合同》系双方的真实意思表示，符合法律规定，应属有效合同。合同约定的果园承包价格明显低于农村果园市场承包价格，根据相关法律规定，原审法院酌情增加土地承包价格并无不当。一审判决认定事实清楚，适用法律正确，程序合法，判决结果公正，应予维持。

再审法院认为：原审判决在申诉人及被申诉人未提出请求或反诉的情形下，适用情势变更规则对承包价格予以调整，对承包期满后树木和添附设施进行处理，超出了当事人诉讼请求范围。原审对于情势变更的认定，属适用法律错误。

例案三｜闫某元、闫某义与宋某租赁合同纠纷案

【法院】

呼和浩特市中级人民法院

【案号】

（2016）内01民终2838号

【当事人】

上诉人（一审原告）：闫某元、闫某义

被上诉人（一审被告）：宋某

【基本案情】

2011年8月1日，闫某义与宋某签订《租地协议书》，协议约定的主要内容为：闫某义将三卜树村的一宗8亩土地租给宋某使用，租期为5年，租金为每年20,000元；租金支付方法是当年一次性给付。协议未约定租地用途。在协议履行过程中，宋某已给付前3年的租金，现该宗土地上的房屋已全部拆除。宋某当庭陈述称2014年4月其与政府签订了拆迁协议。

【案件争点】

本案是否存在情势变更情形使得涉案协议的权利义务已终止？

【裁判要旨】

一审法院认为：闫某义与宋某签订的《租地协议书》是双方在平等的基础上自愿协商达成的协议，是双方的真实意思表示，没有违反法律、行政法规的禁止性规定，应认定为有效。在租赁协议履行的前3年，宋某按协议约定履行了给付租金义务。该案中，拆迁事由出现导致双方发生分歧。拆迁事由发生在闫某义居住的村内且在庭审中闫某义对拆迁事由的存在与时间并无异议，故对宋某主张的拆迁事由应予确认。拆迁事由出现使宋某失去了土地的使用权，致使其合同的目的不能实现，应视为协议的权利义务已终止。

二审法院认为：《合同法司法解释（二）》第26条①规定："合同成立以后客观情况发生了当事人在订立合同时无法预见的、非不可抗力造成的不属于

---

① 《最高人民法院关于适用〈中华人民共和国合同法〉若干问题的解释（二）》已于2021年1月1日被废止。该解释第26条情势变更规则现规定于《中华人民共和国民法典》第533条。

商业风险的重大变化，继续履行合同对于一方当事人明显不公平或者不能实现合同目的，当事人请求人民法院变更或者解除合同的，人民法院应当根据公平原则，并结合案件的实际情况确定是否变更或者解除。"可见，在合同的履行过程中，即使出现情势变更的情形，合同的解除或者变更也需以当事人提出请求为前提。该案中，宋某在签订拆迁协议的过程中，并未提供证据证明其向出租方或者人民法院提出了解除或者变更合同的请求，且宋某于2016年5月方始搬离涉案土地，其一直在使用涉案土地。一审法院以"拆迁事由出现使宋某失去了土地的使用权，致使其合同的目的不能实现"为由，认定涉案协议的权利义务已终止，属于适用法律不当。闫某义、闫某元是在2016年4月14日起诉提出解除合同等诉讼请求，双方又均陈述宋某是在2016年5月搬走。根据案件事实，应当认定双方于2016年5月宋某搬走后已经自行解除了合同。故二审法院确认上诉人闫某义与被上诉人宋某签订的《租地协议书》已于2016年5月自行解除。

三、裁判规则提要

（一）"当事人再交涉"是受情势变更不利影响一方提起诉讼或申请仲裁的前置程序

《民法典》第533条第1款规定，在出现情势变更事由后，受不利影响的一方当事人可以与对方重新协商，在合理期限内协商不成的，该方当事人可以请求人民法院或者仲裁机构变更或者解除合同。也就是说，在发生情势变更的情形下，"当事人再交涉"是受不利影响一方当事人提起诉讼或申请仲裁的强制前置程序。受不利影响一方当事人只有在合理期限内与对方协商不成的，才可以请求人民法院或仲裁机构变更或者解除合同。

《合同法司法解释（二）》第26条并未对再交涉义务作相应规定，但与该解释配套的司法政策明确了前置程序。有法官撰文称："《合同法司法解释

（二）》第26条虽然未明确规定再交涉义务，但在解释上应当肯定再交涉义务的存在。"①

关于再交涉义务的性质，目前我国民法理论界主要有权利说和义务说两种学说。一般认为义务说是理论通说。但是，由于法律仅规定受不利影响的一方当事人"可以"与对方重新协商，故义务说仍然有进一步探讨的余地。对此，韩世远教授认为，鉴于再交涉义务在一定程度上限制了意思自治，那么此种义务应当是一种行为义务而非结果义务。②也就是说，受不利影响的一方当事人只需证明其向对方当事人提出了协商的请求并进行了诚信的再交涉即可，不要求当事人一定要达成某一特定的结果。但由此带来的问题是，如果将"再交涉义务"确定为"行为义务"，那么当事人完全可以共同协商绕过这一规定，直接向法院提起诉讼，从而导致再交涉这一"义务性"前置程序的制度目的落空。我们认为，义务说在诉讼或仲裁程序意义上是正确的，而对于合同相对人而言，勿宁说是受不利影响的一方当事人的权利。

再交涉制度的定位与定性究竟为何，仍然有待理论与实践贡献有益智慧。但就《民法典》第533条第1款的规范意旨而言，应当明确当事人再交涉是诉讼或仲裁的前置程序，当事人唯有举证在合理期限内仍然协商不成的，才可以请求法院或仲裁机构变更或者解除合同。

（二）情势变更规则的适用须由当事人提出，法院或仲裁机构不得主动适用情势变更规则变更或者解除合同

情势变更规则的意义在于通过司法权力的介入，强行改变合同已确定的条款或者解除合同，在合同双方当事人的缔约意志之外，重新分配交易双方在交易中应当获得的利益和承担的风险。因此，情势变更规则赋予了法官一定的自由裁量权，可能造成法官对情势变更判断的恣意。

---

① 王闯：《当前人民法院审理商事合同案件适用法律若干问题》，载《法律适用》2009年第9期。
② 韩世远：《合同法总论》，法律出版社2018年版，第510页。

《民法典》第5条规定了自愿原则,该原则的实质内涵即为意思自治。在合同领域,自愿原则体现为合同自由。虽然情势变更规则本质上是对合同自由,即双方当事人合意的修正,但这种修正仍然应当尊重合同当事人的意思,由当事人决定是否援引情势变更规则以请求法院或仲裁机构变更或者解除合同。如果允许法院或仲裁机构主动适用情势变更规则,依职权变更或者解除合同,那么这将违背《民法典》合同编当事人意思自治的立法精神,造成对合同自治的不当干涉。

（三）法院依据情势变更规则判决解除合同,该判决属于形成判决,合同解除时间可由法院根据履行障碍发生时点或其他合适时点进行确定

如前所述,情势变更规则的适用须由当事人提出,法院或仲裁机构基于当事人的请求,结合案件的实际情况,根据公平原则变更或者解除合同。也就是说,能否根据情势变更规则变更或者解除合同,该决定权属于法院或仲裁机构,当事人并不享有直接变更合同内容或者解除合同的权利。因此,如果最终法院判决解除合同,那么该裁判结果应当视为对原法律关系的一项形成性干预,该判决应属于形成判决,而非确认判决。

在合同因情势变更被解除的情形中,一方面,法院基于当事人请求,依据情势变更规则裁判解除合同,该情形有别于当事人通过行使解除权[①]解除合同,故合同解除效果的发生时点不能简单地采取通知到达主义,即不能简单地以受不利影响一方当事人向对方提出解除合同的时点或起诉状副本送达对方的时点为合同解除效果的发生时点。另一方面,情势变更规则的目的在于根据不可归责于双方当事人的客观情势修正原合同法律关系的内容,公平分配合同利益与风险,故合同解除效果的发生时点也不宜机械地确定为判决生效之日。因此,相较而言,由法院根据履行障碍发生时点或其他合适时点确定合同解除效果的发生时点较为适宜。

[①] 此处的解除权指《民法典》第562条第2款的约定解除权和第563条的法定解除权,为一般形成权。

四、关联规定

《民法典》

第533条 合同成立后,合同的基础条件发生了当事人在订立合同时无法预见的、不属于商业风险的重大变化,继续履行合同对于当事人一方明显不公平的,受不利影响的当事人可以与对方重新协商;在合理期限内协商不成的,当事人可以请求人民法院或者仲裁机构变更或者解除合同。

人民法院或者仲裁机构应当结合案件的实际情况,根据公平原则变更或者解除合同。

第562条 当事人协商一致,可以解除合同。

当事人可以约定一方解除合同的事由。解除合同的事由发生时,解除权人可以解除合同。

第563条 有下列情形之一的,当事人可以解除合同:

(一)因不可抗力致使不能实现合同目的;

(二)在履行期限届满前,当事人一方明确表示或者以自己的行为表明不履行主要债务;

(三)当事人一方迟延履行主要债务,经催告后在合理期限内仍未履行;

(四)当事人一方迟延履行债务或者有其他违约行为致使不能实现合同目的;

(五)法律规定的其他情形。

以持续履行的债务为内容的不定期合同,当事人可以随时解除合同,但是应当在合理期限之前通知对方。

第565条 当事人一方依法主张解除合同的,应当通知对方。合同自通知到达对方时解除;通知载明债务人在一定期限内不履行债务则合同自动解除,债务人在该期限内未履行债务的,合同自通知载明的期限届满时解除。对方对解除合同有异议的,任何一方当事人均可以请求人民法院或者仲裁机构确认解除行为的效力。

当事人一方未通知对方，直接以提起诉讼或者申请仲裁的方式依法主张解除合同，人民法院或者仲裁机构确认该主张的，合同自起诉状副本或者仲裁申请书副本送达对方时解除。

情势变更裁判规则第11条：
情势变更规则主要适用于合同法领域，还扩张适用于其他法律领域

> 〔规则描述〕当合同订立后，作为合同基础条件的客观情况发生了当事人不可预见的、非商业风险的重大变化，导致一方当事人承受明显不公平结果时，情势变更规则为受不利影响的当事人提供了从利益显著失衡的原合同关系中解脱出来的机会。不可预见且不属于正常商业风险的客观情况的重大变化导致原定行为内容出现利益明显失衡的情况，不仅存在于《民法典》合同和劳动合同领域，也存在于商标权行政许可等其他法律实践中。基于诚信、公平等理念，在这些法律领域也需要为受不利影响方提供类似的解脱机会，情势变更规则的扩展适用也具有了正当性与必要性。

一、类案检索大数据报告

时间：2021年4月9日之前，案例来源：Alpha数据库，案件数量：2568件，数据采集时间：2021年4月9日，检索关键词：客观情况发生重大变化；情势变更；行政纠纷；劳动争议、人事争议；知识产权与竞争纠纷。经排除无关案例后，本次检索获取了2021年4月9日前共2568份裁判文书，其中支持本案件的裁判文书有2568件，占比100%。从是否支持"情势变更规则不仅适用于合同法领域，还扩张适用于其他法律领域"裁判思路的比例来看，检索到的所有判决或裁定均支持这一观点。检索整体情况如图11-1所示：

■ 支持情势变更规则可扩张适用于其他法律领域（占比100%）

图11-1　是否支持情势变更规则可扩张适用于其他法律领域

如图11-2所示，从案件年份分布情况可以看出当前条件下案例数量的变化趋势。

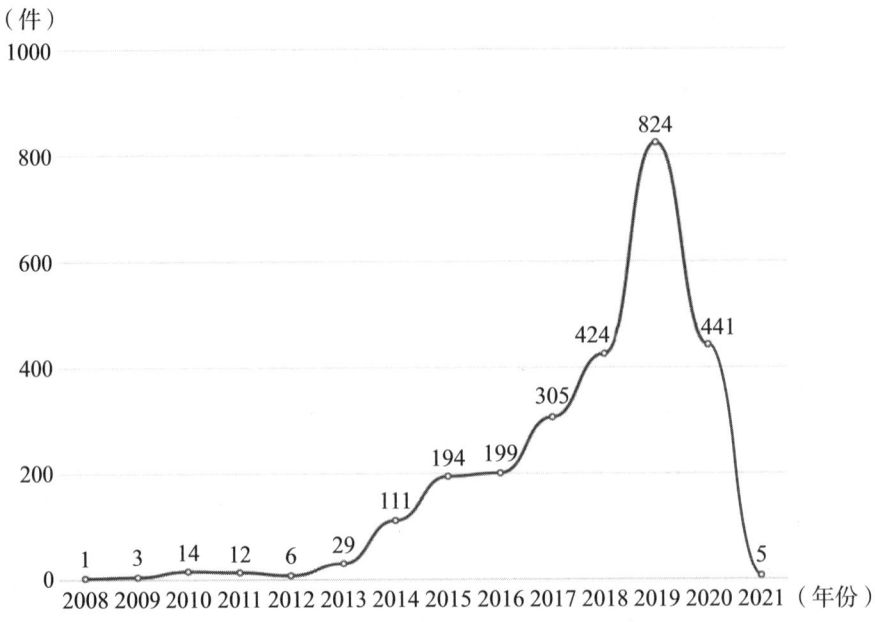

图11-2　案件年份分布情况

如图11-3所示,从案件地域分布情况来看,当前案例主要集中在北京市、上海市、广东省、山东省、江苏省,其中北京市的案件量最多,达到1539件。

图11-3 案件主要地域分布情况

如图11-4-1、图11-4-2所示,从案件案由分类情况可以看出,行政案件有1756件,占比68.38%;民事案件有812件,占比31.62%。从民事案由分类情况来看,最主要的首先是劳动争议、人事争议,有470件,占一半以上;此后依次是婚姻家庭、继承纠纷,人格权纠纷。

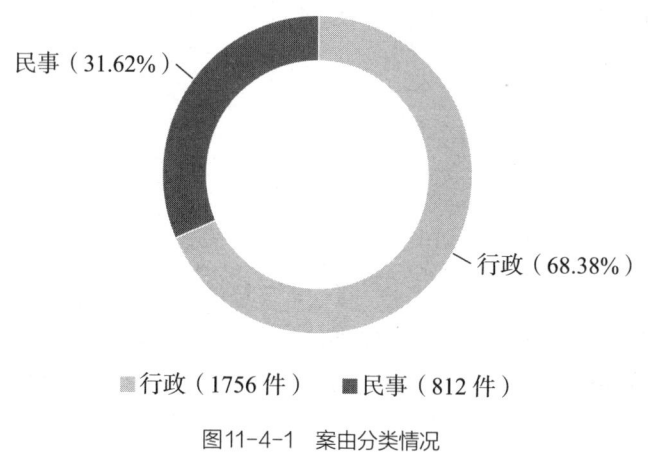

图11-4-1 案由分类情况

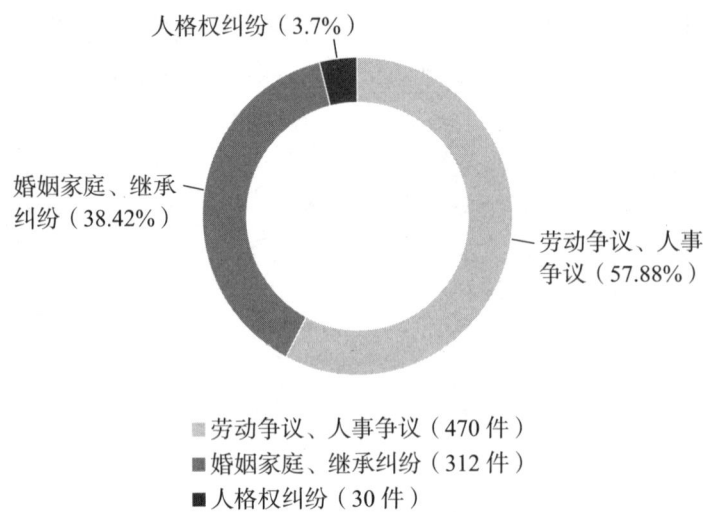

图11-4-2 民事案由分类情况

二、可供参考的例案

例案一｜博某公司与国家工商行政管理总局商标评审委员会商标行政管理（商标）纠纷案

【法院】

最高人民法院

【案号】

（2018）最高法行再132号

【当事人】

再审申请人（一审原告、二审上诉人）：博某公司

法定代表人：迈克尔·某某某，副总顾问

再审被申请人（一审被告、二审被上诉人）：国家工商行政管理总局商标评审委员会

法定代表人：赵某，主任

专题二　情势变更的适用

【基本案情】

2014年5月14日，博某公司提出了商标注册申请，商品使用范围为第9类。2016年7月25日，商标评审委员会作出商评字〔2016〕第655**号《关于第150986**号图形商标驳回复审决定书》，以该申请商标与引证商标一、引证商标二、引证商标三构成近似为由，驳回注册申请。博某公司不服该复审决定，遂向人民法院提起行政诉讼。

2017年6月6日，商标局作出《关于第47915**号"C"注册商标连续三年不使用撤销申请的决定》，并于2017年8月27日公布第1565期商标公告，引证商标二在"计算机；计算器"上的注册申请已被公告撤销，保留的商品类别为"计数器；时钟（时间记录装置）；电子积分器；照明用电池；电池；手电筒电池；太阳能电池"。

2017年7月27日，商标局作出《关于第70797**号"卓电Z"注册商标连续三年不使用撤销申请的决定》，并于2018年1月6日公布第1582期商标公告，引证商标三在"计算机周边设备"上的注册申请已被公告撤销，保留的商品类别为"与外接显示器或监视器连用的娱乐器具；诱杀昆虫电子装置；电池充电器"。

【案件争点】

申请商标与引证商标一、引证商标二、引证商标三是否构成近似商标？

【裁判要旨】

一审法院认为：由于引证商标一、引证商标三已被撤销，商标评审委员会关于申请商标与引证商标一、引证商标三构成近似商标的认定错误，但申请商标与引证商标二构成使用在相同或类似商品上的近似商标。

二审法院认为：申请商标与引证商标二构成近似商标，且至二审审理时，引证商标二为有效注册商标，可构成申请商标获准注册的在先权利障碍。

再审法院认为：申请商标与引证商标一、引证商标二、引证商标三构成近似商标，商标评审委员会与一审、二审法院依据决定或判决作出时引证商标的权利状态，对申请商标在复审商品上的申请予以驳回并无不妥。但是，根据再审审查查明的事实，该案三个引证商标在二审判决后在"计算机、计算机周边设备"等商品上均已经被撤销。所保留的商品类别与申请商标的商品类别在功能、用途、销售场所等方面存在较大区别，不构成相同或类似商品。因此，引证商标一、引证商标二、引证商标三已不构成申请商标予以注册的权利障碍。由于该案为驳回复审行政诉讼，申请商标的注册程序尚未完结。在这一过程中，由于申请商标是否应予核准注册的事实基础发生根本性变化，即该案中权利障碍已经消失，若仍以二审判决作出时的事实状态为基础去考量申请商标是否应予核准注册，将导致显失公平的结果。据此，根据情势变更规则，应对被诉决定、一审及二审判决的结论予以纠正。

例案二｜盖某公司与国家工商行政管理总局商标评审委员会商标驳回复审行政纠纷案

【法院】

最高人民法院

【案号】

（2016）最高法行再第16号

【当事人】

再审申请人（一审原告、二审上诉人）：盖某公司

法定代表人：帕某某，副总裁

再审被申请人（一审被告、二审被上诉人）：国家工商行政管理总局商标评审委员会

法定代表人：何某某，主任

【基本案情】

申请商标系第62649**号"小熊图形"商标，由杰某公司（原申请人）于2007年9月7日向国家工商行政管理总局商标局（以下简称商标局）提出注册申请，指定使用在第18类旅行包、骑自行车用背包等商品上。2010年6月28日，经商标局核准申请商标转让于盖某公司。引证商标二系第10038**号"K&;

M及图"，注册人为革新鞋业有限公司，申请日期为1995年11月30日，1997年5月14日获准注册，核定使用商品类别为第18类，经续展至2017年5月13日。2009年10月12日，商标局作出第ZC62649**BH1号《商标驳回通知书》。杰某公司不服，向商标评审委员会提出复审申请。2013年12月9日，商标评审委员会作出第1309**号决定，认定申请商标与引证商标二构成近似商标，并决定：对指定使用在伞商品上的申请商标的注册申请予以初步审定，其余商品上的注册申请予以驳回。盖某公司不服该复审决定，遂向人民法院提起行政诉讼。

【案件争点】

申请商标与引证商标是否构成近似商标，应否核准注册？

【裁判要旨】

一审法院认为：引证商标二仍为有效注册商标，申请商标与其构成近似商标。引证商标二的权利人已解散，不能作为申请商标应予核准注册的理由。

二审法院认为：申请商标与引证商标二构成近似商标，即使引证商标二的权利人处于解散状态，但目前仍为有效商标，构成申请商标注册的在先权利障碍。引证商标二正处于三年未使用的撤销程序中，不属于应当中止审理的法定事由。

再审法院认为：引证商标二在二审判决作出前尚为有效的注册商标，且与申请商标构成核定使用在相同或类似商品上的近似商标，商标评审委员会、一审及二审法院依据决定或判决作出时引证商标二的权利状态，对申请商标的注册申请予以驳回的做法并无不妥。但是，二审判决作出后，引证商标二已经被商标局以连续三年停止使用为由予以撤销，且各方当事人均未对撤销决定启动后续行政及司法审查程序。由于申请商标是否应予核准注册的事实基础发生根本性变化，即唯一的权利障碍已经消失，若仍以二审判决作出时的事实状态为基础去考量申请商标是否应予核准注册，将导致显失公平的结果。据此，根据情势变更规则，应当对第1309**号决定、一审及二审判决的结论予以纠正。

例案三 | 某市信某大药房有限公司与国家工商行政管理总局商标评审委员会商标驳回复审行政纠纷案

【法院】

最高人民法院

【案号】

（2016）最高法行再83号

【当事人】

再审申请人（一审原告、二审上诉人）：某市信某大药房有限公司

法定代表人：张某某，总经理

再审被申请人（一审被告、二审被上诉人）：国家工商行政管理总局商标评审委员会

法定代表人：赵某，主任

【基本案情】

申请商标系第111367**号"长寿山及图"商标，由某市信某大药房有限公司（以下简称信某公司）于2012年6月29日提出注册申请，指定使用在第5类商品。引证商标一系第34614**号"长寿山"商标，申请日期为2003年2月19日，专用权期限至2024年11月27日，核定使用在第5类商品，现已转让至信某公司名下。引证商标二系第34614**号"长寿山"商标，由案外人于2003年2月19日提出注册申请，专用期限至2024年7月27日，核定使用在第30类商品。引证商标三系第37135**号"长寿仙LongevityFairy及图"商标，由广州市天某实业有限公司于2003年9月12日提出注册申请，专用期限至2016年1月27日，核定使用在第5类商品。

2013年4月23日，国家工商行政管理总局商标局（以下简称商标局）向信某公司发出编号为ZC111367**BH1的《商标驳回通知书》，驳回注册申请，理由是申请商标与在类似商品上在先注册的引证商标一、引证商标二、引证商标三近似。

信某公司不服，向商标评审委员会申请复审，并放弃在"医用营养品"商

品上的注册申请，引证商标二已不构成申请商标注册的在先权利障碍。2014年12月30日，商标评审委员会作出商评字〔2014〕第1149**号《关于第111367**号"长寿山及图"商标驳回复审决定书》，认定申请商标与引证商标一之间的权利冲突现已不存在。申请商标指定使用的其余商品与引证商标二核定使用的全部商品不属于类似商品，在除医用营养品以外的商品上申请商标与引证商标二不构成使用在类似商品上的近似商标。申请商标与引证商标三整体构成相近，相关公众不易区分。申请商标与引证商标三使用类别相似，易使消费者对商品来源产生混淆或误认，构成近似商标，遂决定驳回注册申请。

信某公司不服复审决定，向北京知识产权法院提起诉讼。

【案件争点】

申请商标与引证商标三是否构成近似商标，应否核准注册？

【裁判要旨】

一审法院认为：申请商标与引证商标三的中文显著部分仅一字之差，使用范围上类似，构成近似商标。

二审法院认为：申请商标与引证商标三构成近似商标，虽然引证商标三处于撤销中，但目前仍为有效商标，将其作为申请商标应否核准注册的评价依据并无不当。

再审法院认为：引证商标三在二审判决作出前尚为有效的注册商标，且与申请商标构成近似商标，故商标评审委员会、一审及二审法院根据当时的权利状态，对商标注册申请予以驳回的做法并无不妥。但二审判决作出后，引证商标三已经被商标局以连续三年停止使用为由撤销了部分核定使用商品上的注册，没有证据证明各方当事人对撤销决定启动了后续行政及司法审查程序，该撤销决定已经生效。该案为商标驳回复审行政诉讼，申请商标的注册程序尚未完结。在此过程中，由于申请商标是否应予核准注册的事实基础发生根本性变化，即申请商标核准注册的权利障碍已经消失，若仍以二审判决作出时的事实状态为基础去考量申请商标应否核准注册，将导致显失公平的结果。根据情势变更规则，被诉决定以及一审、二审判决的结论应当予以纠正。

三、裁判规则提要

（一）私法自治中的行为自由与效果自主理念，在其他法律领域中也有一定体现，行为主体可基于客观情境而自主确定行为内容与法律效果时，即存在情势变更规则的扩张适用余地

一般认为，私法自治包括行为自由与责任自负两个方面，在法律行为与意思表示上具体表现为行为自由与效果自主。当事人能够自主确定行为内容，且该行为会依当事人约定的内容产生其所欲实现的法律效果。虽然学界在法律行为的效力基础问题上，存在因行为内容合法而赋予其规范效力和只要不违反效力性强制规范即自动具有法律效力的争论，但多数学者认可只要法律行为内容合法即在当事人之间具有规范效力，凯尔森将其定性为区别于一般规范之个别规范。[①]

据此，民事法律关系中的当事人可综合考虑现有和将来可能发生的客观与主观情境状况，基于对自身利益的最大化考量来确定行为内容，并期待能够按照自主确定的行为内容发生相应法律效果。那么，合同订立后，作为合同订立基础条件的客观情况发生了不可预见、不属于商业风险的重大变化时，由于该变化是当事人在订立合同时无法纳入考量范围但事关合同订立基础的，若造成履行障碍或者对一方当事人明显不公平，应当为受不利影响方提供基于变更后的情势重新调整失衡利益关系的机会。

若此，只要当事人能够基于客观与主观情境预先作出具有个别规范效力的行为安排，且能够依行为内容而发生相应法律效果，即具有行为自由与效果自主的法律特征。那么当该个别规范形成后发生了不可预见的客观情况的异常变化，动摇了个别规范的情境基础，严守规范效力会造成明显不公

[①] [奥]凯尔森：《法与国家的一般理论》，沈宗灵译，商务印书馆2013年版，第210-211页。

平的后果时,即应当有情势变更规则的扩展适用余地,以对失衡利益重作调整。

(二)情势变更规则的具体扩张适用

一般地,法律规范可分为公法、私法与社会法("第三法域")三类。私法以意思自治为基本理念,又可细分为民法与商法。出于保障商事交易安全与效率等特殊目的,商法较之于民法存在大量强制性规范,但多属于对行为形式而非内容的强制。不过,即使当事人不遵守该形式强制,原则上法律行为的效力也不会被完全否认。事实上,商主体在法律行为内容形成上较之于一般民事主体甚至有更大的自主空间。一般而言,社会法是基于保护交易中弱势一方的经济利益等目的,在对私法进行反思与修正的基础上产生和发展起来的。以《消费者权益保护法》《产品质量法》为例,社会法在行为形式与内容上均存在大量强制性规范,但在强制性规范的作用范围内,当事人尚存在较大的自治空间,法律行为的自治属性并未被完全否定。以行政法为代表的公法,出于规制公权力行使之目的,对行政权限范围、行政程序等作了明确细致的规定,这些规定大多是不得被行政主体变更或排除适用的强制性规范,但行政主体在裁量范围内仍有一定自主空间。即使对于行政协议,学界对其性质为民事抑或行政法律关系尚存在较大争议,双方主体也存在较大的内容形成自由与法律效果自治空间。

事实上,由于情势变更规则在原《合同法》[①]起草过程中争议极大,"第三法域"的《劳动合同法》首先在法律层面对情势变更规则作出明确规定,其第40条第3项规定"劳动合同订立时所依据的客观情况发生重大变化,致使劳动合同无法履行,经用人单位与劳动者协商,未能就变更劳动合同内容达成协议的","用人单位提前三十日以书面形式通知劳动者本人或者额外支付劳动者一个月工资后,可以解除劳动合同",明确了劳动合同订立所依据的客

[①] 《中华人民共和国合同法》已于2021年1月1日被废止。

观情况发生重大变化而造成履行障碍,经重新协商不成的,用人单位享有解除权。《合同法司法解释(二)》第26条①在制定过程中也参考了该条款。

在行政法律关系中,若行政行为作出后,发生了不可归责于任意一方的、作为行为基础的客观情况的重大变化,造成了行政行为的履行障碍或者明显不公平后果,虽然有信赖保护原则的束缚,但也应允许行政主体基于变化后的情况来变更或者撤销行政行为内容,尤其是在该撤销或者变更有利于行政相对人或者重大公共利益的保护时。一般认为,行政协议也有情势变更规则的适用余地,且较之于在已得到普遍认可的行政优益权基础上的行政机关单方变更、解除权,情势变更规则能够避免行政机关以"公共利益"之名肆意违约,且使非行政主体的一方当事人也有了从行政协议中得以解脱的机会。

(三)情势变更规则扩展适用的边界

社会法与公法毕竟不同于私法,分别具有保护弱势一方当事人利益和约束公权力行使等独特理念,因此在这些法律领域,行为主体的行为自由与效果自主应受到一定限制,扩展适用情势变更规则时应当注意避免与之相悖。具体而言,生活消费合同中的经营者、劳动合同中的用人单位等处于强势地位的一方当事人提出适用情势变更规则时,应予以严格审查,以免造成对弱势一方经济利益的过分不利影响,特别注意避免发生强势一方以优越条件诱使弱势方签订合同后再依据情势变更规则要求变更合同内容的情况。行政行为的效力内容包括公定力、确定力、拘束力、执行力,较之于民事主体对民事法律行为的信赖利益,行政相对人或相关人对行政行为的确定性具有更强的信赖利益,即使客观情况发生了重大变化,原则上行政主体的变更或撤销权也应受到严格审查。

三个例案均系商标驳回复审行政纠纷案件,均涉及同一法律问题:引证

---

① 《最高人民法院关于适用〈中华人民共和国合同法〉若干问题的解释(二)》已于2021年1月1日被废止。该解释第26条情势变更规则现规定于《中华人民共和国民法典》第533条。

商标在二审判决作出时尚为有效的注册商标，与系争申请商标是核定使用范围相同或者类似的近似商标，商标评审委员会、一审及二审法院据此驳回注册申请并无不妥；二审判决作出后，引证商标被撤销，申请注册系争商标的权利障碍已消除，再审法院均以应否核准注册的事实基础发生根本性变化，维持原生效判决将导致显失公平的结果为由，根据情势变更规则予以改判。三个例案系情势变更规则在知识产权行政纠纷案件再审程序中的具体适用。

四、关联规定

《民法典》

第533条 合同成立后，合同的基础条件发生了当事人在订立合同时无法预见的、不属于商业风险的重大变化，继续履行合同对于当事人一方明显不公平的，受不利影响的当事人可以与对方重新协商；在合理期限内协商不成的，当事人可以请求人民法院或者仲裁机构变更或者解除合同。

人民法院或者仲裁机构应当结合案件的实际情况，根据公平原则变更或者解除合同。

《劳动合同法》

第40条 有下列情形之一的，用人单位提前三十日以书面形式通知劳动者本人或者额外支付劳动者一个月工资后，可以解除劳动合同：

（一）劳动者患病或者非因工负伤，在规定的医疗期满后不能从事原工作，也不能从事由用人单位另行安排的工作的；

（二）劳动者不能胜任工作，经过培训或者调整工作岗位，仍不能胜任工作的；

（三）劳动合同订立时所依据的客观情况发生重大变化，致使劳动合同无法履行，经用人单位与劳动者协商，未能就变更劳动合同内容达成协议的。

《商标法》

第30条 申请注册的商标，凡不符合本法有关规定或者同他人在同一种商品或者类似商品上已经注册的或者初步审定的商标相同或者近似的,由商标局驳回申请,不予公告。

第34条 对驳回申请、不予公告的商标,商标局应当书面通知商标注册申请人。商标注册申请人不服的,可以自收到通知之日起十五日内向商标评审委员会申请复审。商标评审委员会应当自收到申请之日起九个月内做出决定,并书面通知申请人。有特殊情况需要延长的,经国务院工商行政管理部门批准,可以延长三个月。当事人对商标评审委员会的决定不服的,可以自收到通知之日起三十日内向人民法院起诉。

专题三 情势变更中止履行的法律责任

情势变更裁判规则第12条：

情势变更事由成立，受不利影响的当事人及时请求再协商，双方尚未就变更或者解除合同达成一致，一方中止履行合同的，适当承担违约责任

〔规则描述〕《民法典》将重新协商作为申请法院或仲裁机构依据情势变更规则变更或解除合同的法定前置程序。情势变更规则只是合同严守原则的例外，情势变更事由发生后，受不利影响方应及时提出变更或解除合同的请求并说明理由。如未及时提出再协商请求或者未达成一致便自行中止履行合同，则前者系违反附随义务，后者系违反给付义务。若相对方的部分或全部损害有情势变更事由的原因力，则在认定违约责任时应当部分或全部免除。

一、类案检索大数据报告

时间：2021年4月9日之前，案例来源：Alpha数据库，案件数量：130件，数据采集时间：2021年4月9日，检索关键词：情势变更；中止履行；协商；违约责任。经排除无关案例后，本次检索获取了2021年4月9日前共130份裁判文书，其中支持本条裁判规则的案件有130件，占比100%。从是否支持"情势变更事由发生后，双方尚未就解除合同达成一致，一方中止履行合同的，应承担违约责任"裁判思路的比例来看，检索到的所有判决或裁定均支持这一观点。检索整体情况如图12-1所示：

专题三　情势变更中止履行的法律责任

■ 支持承担违约责任（占比100%）

图12-1　是否支持情势变更事由发生后，双方尚未就解除合同达成一致，一方中止履行合同承担违约责任

如图12-2所示，从案件年份分布情况可以看出当前条件下案例数量的变化趋势。

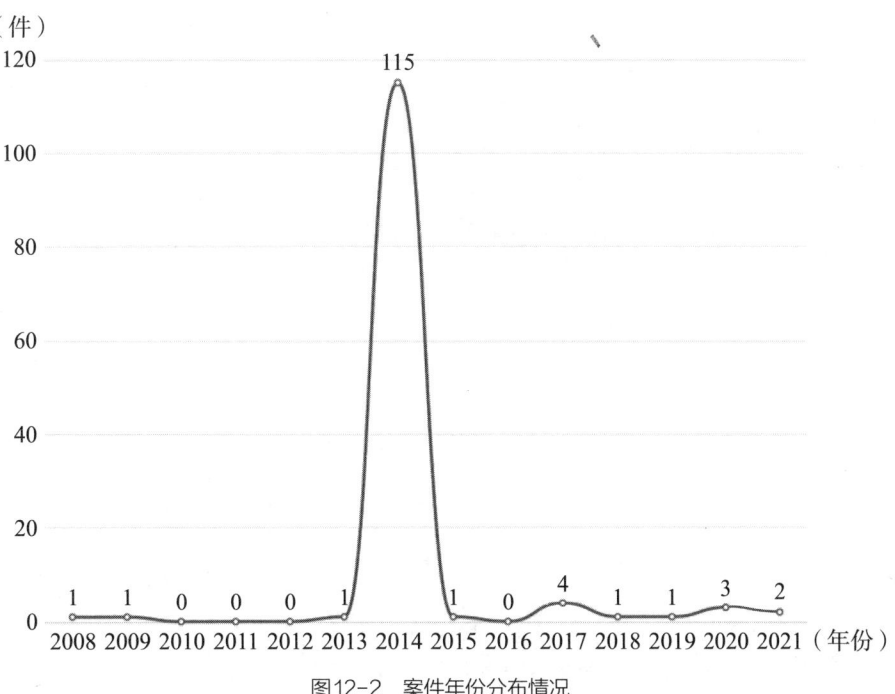

图12-2　案件年份分布情况

如图12-3所示，从案件地域分布情况来看，当前案例主要集中在广东省、

315

江苏省、浙江省、北京市、四川省，其中广东省的案件量最多，达到115件。

图12-3 案件主要地域分布情况

如图12-4所示，从案件案由分类情况可以看出，当前最主要的案由首先是合同、准合同纠纷，有116件，占一半以上；此后依次是买卖合同纠纷、房屋买卖合同纠纷、承揽合同纠纷。

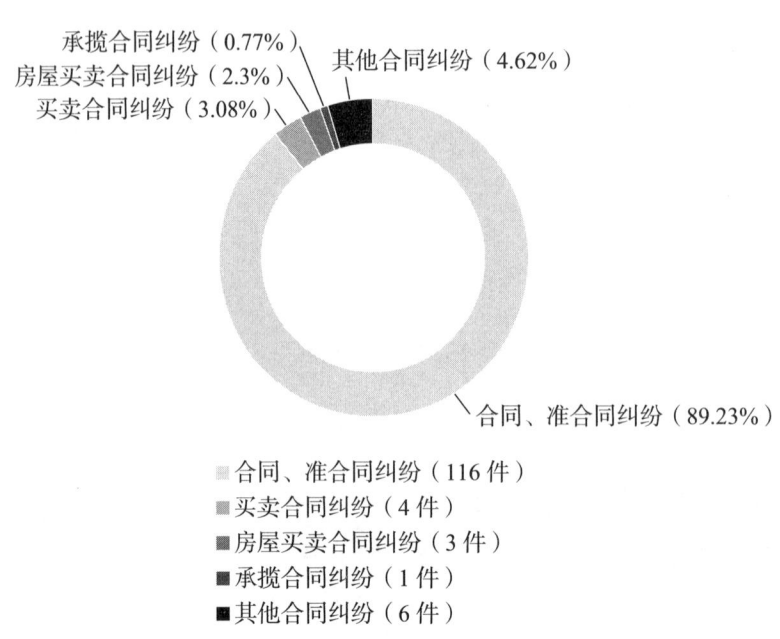

图12-4 案件案由分类情况

二、可供参考的例案

例案一 | 覃某某与富某商场经营管理有限公司房屋租赁合同纠纷案

【法院】

广东省广州市中级人民法院

【案号】

（2020）粤01民终22491号

【当事人】

上诉人（一审被告）：富某商场经营管理有限公司

法定代表人：陈某某

被上诉人（一审原告）：覃某某

【基本案情】

2019年4月17日，富某商场经营管理有限公司（以下简称富某公司）与覃某某签订《某商铺租赁合同》，富某公司将一处商铺出租给覃某某做商业经营使用。覃某某依约支付保证金、租金等，富某公司亦将商铺交付覃某某使用。

2020年1月15日，覃某某以生意太差为由提出减租要求，次日富某公司回复予以拒绝。1月23日，广东省政府决定启动重大突发公共卫生事件一级响应。1月29日，覃某某以疫情影响亏损为由，基于情势变更规则请求终止合同；次日富某公司回复要求提供相关材料并签订合同解除协议，覃某某认为解除协议显失公平。1月31日，覃某某报警，在警方协调下搬离商铺。富某公司收回商铺，但并未退还相应押金。2020年3月10日，覃某某起诉要求返还押金、租赁保证金等。

【案件争点】

覃某某在未就合同解除达成一致的情况下搬离商铺，是否应承担违约责任？

【裁判要旨】

一审法院认为：该案合同解除不属于协商一致解除或因不可抗力不能实现合同目的而解除。合同履行期间，覃某某可以通过协商减免租金方式继续履行，而不应以自行搬离商铺的方式要求解除合同。富某公司被迫收回商铺，不能认定为双方已协商解除合同并免除覃某某的违约责任。鉴于疫情对双方经营均有影响，基于公平原则酌定富某公司仅需退还一半押金。

二审法院认为：覃某某并非恶意违约，而是受疫情影响，因履约能力恶化而采取止损措施。虽然覃某某对解除合同行为确应承担违约责任，但鉴于疫情属于并非双方所能预见和控制的风险范围，结合双方损失程度以及解约过程，一审法院判决退还一半押金以减轻覃某某违约责任，并未导致双方利益失衡，二审予以认可。

例案二 | 周某某与陈某某房屋租赁合同纠纷案

【法院】

浙江省绍兴市中级人民法院

【案号】

（2020）浙06民终3846号

【当事人】

上诉人（一审原告、反诉被告）：周某某

被上诉人（一审被告、反诉原告）：陈某某

【基本案情】

2016年6月17日，周某某与陈某某签订租赁合同，约定周某某将一处房屋出租给陈某某用于开店，租期五年。2020年6月10日，陈某某付清截至2020年6月17日的租金。2020年6月10日，陈某某向周某某发微信称经营困难，请求降低租金。6月18日，陈某某通知称因协商不成已搬离房屋，周某某回复称拒绝解除合同。次日，陈某某将钥匙邮寄给周某某。

2020年7月14日，周某某提起诉讼。8月5日，陈某某以情势变更为由反诉请求判令解除合同、退还部分租金等。2020年9月7日，经法院准许周某某撤回本诉。

【案件争点】

承租人单方解除合同是否合法？

【裁判要旨】

一审法院认为：解除租赁合同，或者是经双方协商一致，或者是一方行使约定解除权或法定解除权。该案中，双方并未就合同解除事宜达成一致，陈某某也无约定解除权，双方在合同履行过程中对降低租金未达成一致也不属于法定解除权情形。虽然陈某某已搬离所承租的房屋，房屋为空置状态，但租赁合同并未直接解除。客观上，案涉房屋系用于开店，该地客流量变小且承租人已到其他地方开店，为真正发挥案涉房屋的价值，以解除租赁合同为宜。承租方陈某某作为违约方应承担违约责任，但出租方周某某并未主张，本案不予处理。

二审法院对一审裁判理由予以认可。

例案三｜刘某与鑫某汽车销售服务有限公司租赁合同纠纷案

【法院】

湖南省长沙市中级人民法院

【案号】

（2019）湘01民终13782号

【当事人】

上诉人（一审被告）：刘某

被上诉人（一审原告）：鑫某汽车销售服务有限公司

法定代表人：杜某，总经理

【基本案情】

2016年8月9日，鑫某汽车销售服务有限公司（以下简称鑫某公司）与刘某签订《汽车租赁合同》和《汽车租赁补充合同》，约定鑫某公司将某辆汽车出租给刘某，用于网约车经营。

2017年4月1日，长沙市政府颁布实施《长沙市网络预约出租汽车经营服务管理实施细则（暂行）》，涉案车辆不符合拟从事网约车经营的车辆条件。刘某交纳租金至2017年7月9日，但一直占有车辆。

2019年5月7日，鑫某公司提起诉讼，要求解除合同、刘某支付2017年7月9日至2019年4月19日的租金及滞纳金等。

【案件争点】

本案中政策出台是否构成情势变更？

【裁判要旨】

一审法院认为：合同主要目的是刘某租赁涉案车辆从事网约车运营，涉案车辆不符合规定的安全标准，不得进行网约车经营，符合情势变更的情形，故对解除合同的诉请予以支持，但解除时间应以刘某收到起诉状副本之日为当。刘某辩称政策出台致使车辆无法使用，故不应当支付租金，但涉案车辆至今仍由刘某占有使用，其应按照合同约定的计算方式支付租金和滞纳金至车辆实际返还之日。

二审法院认为：涉案车辆不符合规定的安全标准，不得进行网约车经营，属于情势变更，合同目的无法实现，一审判决解除合同正确。合同解除系政策原因，双方均无过错。合同解除后，刘某与鑫某公司各自负有返还义务。刘某应按照约定支付租金和滞纳金，但管理费用应从租金中扣除。

例案四｜孟某诉某国际旅行合作社旅游合同纠纷案

【法院】

北京市第一中级人民法院

【来源】

《最高人民法院公报》2005年第2期

【当事人】

原告：孟某

被告：某国际合作旅行社

法定代表人：贾某某，总经理

【基本案情】

2004年"五一"期间，被告某国际合作旅行社（以下简称某旅行社）组织了"三亚自由人旅行团"，某旅行社为该旅行团提供的具体服务是为游客提供往返机票和入住酒店，游客到达后自由活动。

4月21日，原告孟某为参加该旅行团，与某旅行社签订《中某国际合作旅行社三亚协议》。协议约定：旅行社为孟某及其余5人提供4月30日北京去海南三亚和5月4日返回北京的机票，并提供6人入住三亚某大酒店的3间花园房，每人为此支付的费用是3580元。协议还约定：某旅行社提供的机票为团队折扣票，不得签转、退换、更改。协议签订后，原告当即交付了6人的全部费用共计21,480元。4月22日，某旅行社向某大酒店交付旅游团全部预订房费，共计43,804元，其中原告及其余5人的预订房费为5460元，人均910元；并向某国际旅行社交付了往返包机票费用106,680元，预订42位包机的往返机位，每位往返机票为2540元，其中为原告及其余5人预订的往返机票交款15,240元。

4月24日，原告以北京市及外地出现"非典"疫情为由，口头提出退团，并要求某旅行社退还全款。某旅行社表示，可以代为转让机位和酒店，但不同意全部退款，双方未能达成一致意见。4月26日，原告到北京市旅游局反映情况，该局调解未果。4月28日，原告传真通知某旅行社退团，某旅行社以原告未正式办理退团手续为由，拒绝解除合同。4月30日，原告及其余5人未参团旅游，某旅行社预订的CZ3112航班空余6个座位；原告及其余5人亦未入住被告预订的某大酒店客房。关于某旅行社已预付的机票和住店费用，某旅行社表示，该机票费用属包机票款，按约定不能退款；某大酒店表示，"五一"黄金周期间的订房有专门约定，客人未入住亦不退款。

【案件争点】

"非典"疫情在本案中是否构成不可抗力免责？

【裁判要旨】

一审法院认为：旅游合同是诺成性双务有偿合同，原、被告双方达成协议时合同成立。原、被告签订的旅游合同是双方的真实意思表示，内容不违背有关法律规定，属有效合同，双方均应严格遵守，自觉履行。在被告履行了自己的义务之后，原告以出现"非典"疫情为由，要求解除合同。关于合同解除权的行使，《合同法》规定只有在法定情况下，一方才能够行使单方解除权。当时我国虽然出现了"非典"病例，但疫情范围很小，未对普通公众的日常生活形成危害，因此原告不能以当时"非典"疫情的出现作为免责解除合同的依据。且根据法律规定，不可抗力因素亦不是当事人不承担解除合同责任的必然条件，故原告以此为由，单方面要求解除合同并由对方承担全部责任的主张，缺乏事实和法律依据。

二审法院认为：一方当事人提出解除合同时，有权要求对方当事人采取合理措施，尽可能减少因解除合同所造成的损失，但无权在未与对方协商一致的情况下，单方面强行解除合同，并要求对方承担解除合同的全部损失。该案中，上诉人提出解除合同和要求退款是可以理解的，但某旅行社亦有权提出异议。在双方没有达成一致时，仍应继续履行合同所规定的权利和义务，违反合同约定的一方，应承担合同违约的责任。上诉人在双方未对是否解除合同达成一致意见时，拒绝对方减少损失的建议，坚持要求对方承担解除合同全部损失，并放弃履行合同，致使损害结果发生，故应承担全部责任。二审法院驳回上诉，维持原判。

三、裁判规则提要

（一）情势变更事由发生后，合同主体负有法定再协商义务

《合同法司法解释（二）》第26条虽然没有明文规定情势变更事由发生后受不利影响一方当事人再主动磋商的义务或程序，但其解释说明中从鼓励交

易、最大限度地维护合同关系稳定出发，明文鼓励当事人基于诚实信用原则继续谈判[1]，较之于原《合同法司法解释（二）》第26条、《民法典》第533条增加了"受不利影响的当事人可以与对方重新协商"，"在合理期限内协商不成的"，才"可以请求人民法院或者仲裁机构变更或者解除合同"的规定，即将重新协商作为法定前置条件。参考《国际商事合同通则》第6.2.3条第1款"提出此要求应毫不迟延，而且说明提出该要求的理由"，受不利影响方负有及时提出变更或者解除请求并说明理由的义务，合同相对方也负有及时回应和认真磋商的义务，二者系基于诚实信用原则而产生的附随义务，旨在实现鼓励交易之目的。

关于重新协商的性质，有学者认为是一种过程义务或行为义务，当事人可以共同协商绕过再交涉机制而直接提起诉讼[2]；也有论者认为是一种权利，甚至将其进一步定性为"形成权"，即受不利影响方有权请求再交涉，而对方当事人须进行实质性交涉。[3]《民法典》第533条将重新协商作为法定前置程序，但若双方或任意一方无意进行实质磋商，法律实无强制双方磋商之必要，故应认定为程序义务。考虑到受不利影响方提出协商请求也能促使对方当事人预先作出补救安排，故该款不应认定为任意规范，不允许当事人在情势变更发生前预先排除适用，唯可对"合理期限内协商不成"之"合理期限"作出约定，使其强制性适度"软化"。

（二）重新协商未达成一致前，原则上任何一方尤其是受不利影响方不得擅自中止履行合同

关于重新协商期间能否中止履行的问题。有观点认为，为防止合同当事

---

[1] 参见中国审判理论研究会民事审制理论专业委员会编著：《民法典合同编条文理解与司法适用》，法律出版社2020年版，第127页。《最高人民法院关于适用〈中华人民共和国合同法〉若干问题的解释（二）》已于2021年1月1日被废止。该解释第26条情势变更规则现规定于《中华人民共和国民法典》第533条。

[2] 参见韩世远：《合同法总论》，法律出版社2018年版，第510页。

[3] 朱广新、谢鸿飞主编：《民法典评注：合同编通则》（第1册），中国法制出版社2020年版，第528-529页。

人恶意启动重新协商程序，拖延乃至逃避履行合同，破坏合同的稳定性，原则上不允许中止履行。①最高人民法院民法典贯彻实施工作领导小组在其主编的合同编书籍中则认为，再协商义务的立法目的在于调整失衡的利益关系，认为债务人享有中止履行抗辩权。如果债务人已经履行义务后再经协商予以返还，则将给债务人造成严重负担和损害，裁决机构依据公平原则调整失衡利益，实际上肯定了债务人不履行有合法原因，不属于违约。②

情势变更规则只是合同严守原则之例外，只是为受不利影响方提供一个通过重新协商或者裁判从原合同内容中解脱出来的机会。如果受不利影响方一旦提出重新协商之请求便有权中止履行，那么无异于将提出重新协商之法定义务等同于单方享有中止合同效力之"形成权"，较之于将重新协商视为使相对方须进行实质性交涉之"形成权"犹有过之，似乎过于强调对受不利影响方的保护，且无法律依据。如果债务人在再磋商期间履行债务，依据情势变更规则对失衡利益作出调整后，相对方负有利益返还义务。虽然这种做法会造成一定的履行负担，但在合同变更或解除的利益衡量中可以一并纳入考量范围，不会造成严重损害。如果情势变更事由确实造成严重履行障碍或者导致继续履行将产生明显不公平结果，则应考虑通过事实上或者经济上履行不能规则来解决，无必要在情势变更规则框架内"节外生枝"地创设出受不利影响方中止履行的权利。

（三）受不利影响方擅自中止履行合同的行为应认定为违约行为，但在责任范围内可根据情势变更事由的影响程度予以减免

重新协商期间，原合同内容仍然有效。若不存在履行不能，则受不利影响方仍应继续履行债务，否则构成违约。受不利影响方提出再协商请求，不必然使相对方预见到其后续擅自中止履行的违约行为并及时作出相应救济措

---

① 张素华、宁园：《论情势变更原则中的再交涉权利》，载《清华法学》2019年第3期。
② 最高人民法院民法典贯彻实施工作领导小组主编：《中华人民共和国民法典合同编理解与适用（一）》（第1册），人民法院出版社2020年版，第491—492页。

施，故中止履行合同的受不利影响方应对相对方的履行利益损失承担损害赔偿等违约责任。

受不利影响方擅自中止履行后，双方当事人未能就变更或解除合同达成一致，法院或仲裁机构也未认定构成情势变更的，违约责任范围的确定无疑应采用全部赔偿原则。双方当事人在重新协商期间就变更或解除合同达成一致的，由于双方当事人一般也会对违约行为的处理一并作出考量，因而原则上不得再追究违约责任。法院或仲裁机构适用情势变更规则变更或者解除合同的，由于法院或仲裁机构一般也会对双方当事人此前的违约行为一并考量后再作出利益调整，因而原则上也不允许再追究违约责任；确未考量违约事实的，合同相对方事后主张违约责任，不存在对违约行为的重复评价问题，一般也不会产生新的利益失衡，法院不宜一概驳回诉讼请求。

合同相对方所受损害若并非一概由违约行为本身所导致，亦有情势变更事由等其他因素的影响。若要求受不利影响方对非单纯因违约行为造成的损害承担全部责任，那么情势变更规则调整失衡利益的机能将难以有效发挥，故在人民法院或者仲裁机构确认情势变更事由成立的情况下，这种确认对于及时不拖延地提出再协商请求一方当事人自行中止履行的行为，具有溯及既往的效力，即不应当追究其违约责任。个案当中，根据情势变更事由的影响程度，部分或全部免除违约责任。

四、关联规定

《民法典》

第533条 合同成立后，合同的基础条件发生了当事人在订立合同时无法预见的、不属于商业风险的重大变化，继续履行合同对于当事人一方明显不公平的，受不利影响的当事人可以与对方重新协商；在合理期限内协商不成的，当事人可以请求人民法院或者仲裁机构变更或者解除合同。

人民法院或者仲裁机构应当结合案件的实际情况，根据公平原则变更或者解除合同。

第590条 当事人一方因不可抗力不能履行合同的，根据不可抗力的影响，部分或者全部免除责任，但是法律另有规定的除外。因不可抗力不能履行合同的，应当及时通知对方，以减轻可能给对方造成的损失，并应当在合理期限内提供证明。

当事人迟延履行后发生不可抗力的，不免除其违约责任。

最高人民法院《涉新冠疫情民事案件指导意见（二）》

第2条 买卖合同能够继续履行，但疫情或者疫情防控措施导致人工、原材料、物流等履约成本显著增加，或者导致产品大幅降价，继续履行合同对一方当事人明显不公平，受不利影响的当事人请求调整价款的，人民法院应当结合案件的实际情况，根据公平原则调整价款。疫情或者疫情防控措施导致出卖人不能按照约定的期限交货，或者导致买受人不能按照约定的期限付款，当事人请求变更履行期限的，人民法院应当结合案件的实际情况，根据公平原则变更履行期限。

已经通过调整价款、变更履行期限等方式变更合同，当事人请求对方承担违约责任的，人民法院不予支持。

编写后记

本书由曹守晔（西南政法大学兼职教授、博导，最高人民法院前资深高级法官）、侯国跃（西南政法大学民商法学院教授、博导）担任主编，由谢鹏（全国优秀律师、重庆坤源衡泰律师事务所监事会主席）、丁磊（法学博士、重庆坤源衡泰律师事务所合伙人）担任副主编。

参加编写人员还有：刘玖林（法学博士、重庆大学法学院弘深青年学者）、何龙英（珠海市中级人民法院法官助理）以及夏梦（法学硕士，君合律师事务所律师）、西南政法大学民商法学院研究生杨卓、尹梁宇、段小卫、余林潞、王娜、杨楠、岳相融、肖妍柔、张翔。具体分工情况如下：

不可抗力裁判规则第一条、第五条由王娜编写；

不可抗力裁判规则第二条、第三条由杨楠编写；

不可抗力裁判规则第六条由何龙英编写；

不可抗力裁判规则第四条、第七条由岳相融编写；

不可抗力裁判规则第八条由刘玖林编写；

不可抗力裁判规则第九条由谢鹏编写；

不可抗力裁判规则第十条、第十一条由尹梁宇编写；

不可抗力裁判规则第十二条由丁磊编写；

情势变更裁判规则第一条、第四条由余林潞编写；

情势变更裁判规则第二条、第三条由肖妍柔编写；

情势变更裁判规则第五条、第六条由张翔编写；

情势变更裁判规则第七条、第十一条由段小卫编写；

情势变更裁判规则第八条由侯国跃编写；

情势变更裁判规则第九条、第十条由杨卓编写；

情势变更裁判规则第十二条由夏梦编写。

各部分编写完成后，首先由杨卓、尹梁宇完成全部书稿的汇编和校对，形成本书初稿。其次由杨俊芳对书稿形式初审，由刘玖林、何龙英、王琴、唐田完成第一次统稿修改工作，由谢鹏、丁磊、王文远完成第二次统稿修改工作，由侯国跃、毛祖明、李晓钰完成第三次统稿修改工作，最后由曹守晔统审定稿。

情势变更规则在立法上是《民法典》吸收司法解释而新设立的，因而如何正确理解其实质要义及其与既有的不可抗力规则的关系，学界不无争议。然而，本书不是对学界争议问题的终结或者一锤定音，而是对人民法院在审判工作中运用情势变更规则能动司法实践的总结和系统疏理。本书也是重庆市社会科学规划英才计划项目"国家治理现代化视阈下民法典的中国特色、实践特色、时代特色研究"（项目号：2022YC057）的阶段性成果。期望这项工作对于切实实施《民法典》，对于统一法律适用提高司法审判质量和司法公信力等发挥积极的参考指导作用。囿于水平和见识，书中恐难免有词不达意甚或错误之处，还望广大读者不吝赐教。

图书在版编目(CIP)数据

民法典不可抗力与情势变更裁判规则 / 曹守晔，侯国跃主编. —北京：中国法制出版社，2023.11

ISBN 978-7-5216-3777-9

Ⅰ.①民… Ⅱ.①曹… ②侯… Ⅲ.①民法-法典-法律适用-中国 Ⅳ.①D923.05

中国国家版本馆CIP数据核字（2023）第140873号

策划编辑/责任编辑：黄会丽　　　　　　　　　　封面设计：杨泽江

民法典不可抗力与情势变更裁判规则
MINFADIAN BUKEKANGLI YU QINGSHI BIANGENG CAIPAN GUIZE

主编/曹守晔　侯国跃
经销/新华书店
印刷/三河市紫恒印装有限公司
开本/710毫米×1000毫米　16开　　　　　印张/21.75　字数/310千
版次/2023年11月第1版　　　　　　　　　2023年11月第1次印刷

中国法制出版社出版
书号 ISBN 978-7-5216-3777-9　　　　　　　　　　　定价：88.00元

北京市西城区西便门西里甲16号西便门办公区
邮政编码：100053　　　　　　　　　　　　　传真：010-63141600
网址：http://www.zgfzs.com　　　　　　　　编辑部电话：010-63141785
市场营销部电话：010-63141612　　　　　　　印务部电话：010-63141606
（如有印装质量问题，请与本社印务部联系。）